EVEREST
1892

AYŞE KULİN

ESERLER

1. *Güneşe Dön Yüzünü* (Öykü)
2. *Bir Tatlı Huzur* (Biyografi)
3. *Foto Sabah Resimleri* (Öykü)
4. *Adı: Aylin* (Biyografik Roman)
5. *Geniş Zamanlar* (Öykü)
6. *Sevdalinka* (Roman)
7. *Füreya* (Biyografik Roman)
8. *Köprü* (Roman)
9. *İçimde Kızıl Bir Gül Gibi* (Deneme)
10. *Babama* (Şiir)
11. *Nefes Nefese* (Roman)
12. *Kardelenler* (Araştırma)
13. *Gece Sesleri* (Roman)
14. *Bir Gün* (Roman)
15. *Bir Varmış Bir Yokmuş* (Öykü)
16. *Veda* (Roman), *Veda* (Çizgi Roman)
17. *Sit Nene'nin Masalları* (Çocuk Kitabı)
18. *Umut* (Roman)
19. *Taş Duvar Açık Pencere* (Derleme)
20. *Türkan-Tek ve Tek Başına* (Anı-Roman)
21. *Hayat-Dürbünümde Kırk Sene* (Anı-Roman)
22. *Hüzün-Dürbünümde Kırk Sene* (Anı-Roman)
23. *Gizli Anların Yolcusu* (Roman)
24. *Saklı Şiirler* (Şiir)
25. *Sessiz Öyküler* (Öykü Derlemesi)
26. *Bora'nın Kitabı* (Roman)
27. *Dönüş* (Roman)
28. *Hayal* (Anı)
29. *Handan* (Roman)
30. *Tutsak Güneş* (Roman)
31. *Kanadı Kırık Kuşlar* (Roman)
32. *Kördüğüm* (Roman)
33. *Son* (Roman)

ÖDÜLLER

1988-89 / Tiyatro ve TV Yazarları Derneği, En İyi Çevre Düzeni Dalında Televizyon Başarı Ödülü
1995 / Haldun Taner Öykü Ödülü Birincisi
1996 / Sait Faik Hikâye Armağanı Ödülü
1996 / 3. UAT En Başarılı Yazar Ödülü
1997 / Oriflame Roman Dalında Yılın En Başarılı Kadın Yazarı Ödülü
1997 / Nokta Dergisi *Doruktakiler* Edebiyat Ödülü
1997 / İ.Ü. İletişim Fakültesi, Roman Dalında Yılın En Başarılı Yazarı Ödülü
1998 / Oriflame Edebiyat Dalında Yılın En Başarılı Kadın Yazarı Ödülü
1998 / İ.Ü. İletişim Fakültesi Roman Dalında Yılın En Başarılı Yazarı Ödülü
1999 / Oriflame Edebiyat Dalında En Başarılı Kadın Yazarı Ödülü
1999 / İ.Ü. İletişim Fakültesi Roman Dalında Yılın En Başarılı Yazarı Ödülü

2000 / Rotaract Yılın Yazarı Ödülü
2001 / Ankara Fen Lisesi Özel Bilim Okulları Yılın Yazarı Ödülü
2002 / Tepe Özel İletişim Kurumları Yılın En İyi Edebiyatçısı Ödülü
2003 / AVON Yılın En Başarılı Kadın Yazarı Ödülü
2003 / Best FM Yılın En Başarılı Yazarı Ödülü
2004 / İstanbul Kültür Üniversitesi Yürekli Kadın Ödülü
2004 / Pertevniyal Lisesi Yılın En İyi Yazarı Ödülü
2007 / Bağcılar Atatürk İ.Ö. Ok. & Esenler-İsveç Kardeşlik İ.Ö. Ok. Yılın Edebiyat Yazarı Ödülü
2007 / Türkiye Yazarlar Birliği *Veda* isimli romanı ile Yılın En Başarılı Yazarı
2008 / European Council of Jewish Communities Roman Ödülü
2009 / TED Bilim Kurulu Eğitim Hizmet Ödülü
2009 / Kocaeli, 2. Altın Çınar Dostluk ve Barış Ödülü
2009 / Kabataşlılar Derneği Yılın En İyi Yazarı Ödülü
2010 / Best FM 1998-2008, 10 Yılın En Başarılı Kitabı
2010 / Kabataşlılar Derneği Yılın En İyi Yazarı Ödülü
2011 / İTÜ EMÖS Yaşam Boyu Başarı Ödülü
2011 / Orkunoğlu Eğitim Kurumları, Yılın En Başarılı Yazarı Ödülü
2011 / ESKADER Kültür & Sanat Ödülleri, Hatırat Dalında *Hayat & Hüzün*
2011 / *Farewell* (*Veda*) ile Dublin IMPAC Edebiyat Ödülü Ön Adayı
2012 / Medya ve Yeni Medya En İyi Yazar Ödülü
2013 / Kültür ve Turizm Bakanlığı, Toplumsal Duyarlılığa Katkı Ödülü
2013 / Lions Başarı Ödülü
2014 / 22. İTÜ EMÖS Ödülü; Yılın En Başarılı Kitabı - *Handan*
2015 / Eryetiş & Balkanlar Eğitim Kurumları / Yılın En İyi Romanı: *Tutsak Güneş*
2016 / *Permio Roma Ödülü* / Çeviri Dalında En İyi Roman / *Nefes Nefese.*
2016 / İstinye Rotary Kulübü Meslekte Üstün Hizmet Ödülü
2016 / İTÜ İşletme Mühendisliği Yazarlar Kategorisinde Sosyal Medya Ödülü
2017 / İzmir Rotary Kulübü Meslekte Üstün Hizmet Ödülü
2018 / Rumeli'nin En'leri, Yılın En İyi Yazarı
2018 / Işık Okulları, Yılın En İyi Yazarı
2018 / İTÜ, Yılın En İyi Yazarı
2019 / Kristal Lale Ödülü, Prof. Dr. Mümtaz Turhan S.B.L
2019 / UKKSA Yaşam Boyu Onur Ödülü
2019 / Mevlana Ödülü

Sevdalinka'nın Bosna-Hersek telif geliri savaş mağduru çocuklara, *Kardelenler*'in telif geliri Kardelen Projesi'ne, *Sit Nene'nin Masalları*'nın telif geliri UNICEF Anaokulu Projesi'ne, *Türkan-Tek ve Tek Başına*'nın özel baskısının ve *Türkan* tiyatro oyununun telif gelirleri ise ÇYDD eğitim projelerine bağışlanmıştır.

AYŞE KULİN
HER YERDE KAN VAR

§

Yayın No 1892
Türkçe Edebiyat 769

Her Yerde Kan Var
Ayşe Kulin

Editör: Mehmet Said Aydın
Arka kapak fotoğrafı: Fethi Karaduman
Kapak tasarımı: Magnet Creative Branding
Sayfa tasarımı: Muzaffer Aysu

© 2019, Ayşe Kulin
© 2019 bu kitabın Türkçe yayın hakları
Everest Yayınları'na aittir.

1. Basım: Kasım 2019 (200.000 adet)

ISBN: 978 - 605 - 185 - 444 - 1
Sertifika No: 43949

Baskı ve Cilt: Melisa Matbaacılık
Matbaa Sertifika No: 45099
Çiftehavuzlar Yolu Acar Sanayi Sitesi No: 8
Bayrampaşa/İstanbul
Tel: (0212) 674 97 23 Faks: (0212) 674 97 29

EVEREST YAYINLARI
Ticarethane Sokak No: 15 Cağaloğlu/İSTANBUL
Tel: (0212) 513 34 20-21 Faks: (0212) 512 33 76
e-posta: info@everestyayinlari.com
www.everestyayinlari.com
www.twitter.com/everestkitap
www.facebook.com/everestyayinlari
www.instagram.com/everestyayinlari

Everest, Alfa Yayınları'nın tescilli markasıdır.

HER YERDE
KAN VAR

ROMANDAKİ TAHT SIRASI

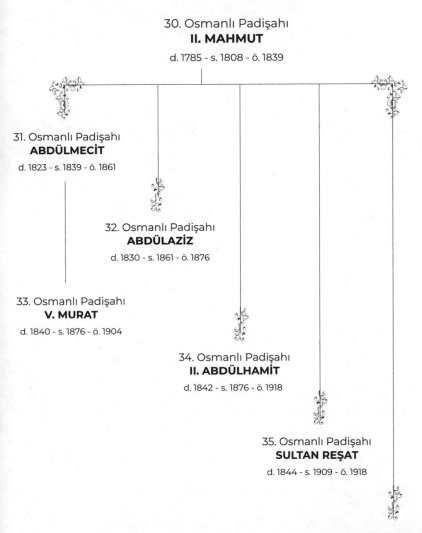

30. Osmanlı Padişahı
II. MAHMUT
d. 1785 - s. 1808 - ö. 1839

31. Osmanlı Padişahı
ABDÜLMECİT
d. 1823 - s. 1839 - ö. 1861

32. Osmanlı Padişahı
ABDÜLAZİZ
d. 1830 - s. 1861 - ö. 1876

33. Osmanlı Padişahı
V. MURAT
d. 1840 - s. 1876 - ö. 1904

34. Osmanlı Padişahı
II. ABDÜLHAMİT
d. 1842 - s. 1876 - ö. 1918

35. Osmanlı Padişahı
SULTAN REŞAT
d. 1844 - s. 1909 - ö. 1918

36. Osmanlı Padişahı
VAHDETTİN (VI. Mehmet)
d. 1861 - s. 1918 - ö. 1926

1. Bölüm

ÇİLE

Seni tahttan indirdiler
Üç çifteye bindirdiler
Topkapı'ya gönderdiler
Uyan Sultan Aziz uyan
Kan ağlıyor şimdi cihan

1. GÜN

MEKTUP

Pertevniyal Valide Sultan'dan Oğlu Abdülaziz Han'ın
Ablası Adile Sultan'a Mektup

(Topkapı Sarayı Harem Dairesi, 30 Mayıs 1876, saat 07:00)

Her daim adaletli, şefkatli ve faziletli, gözümün nuru Adile Sultanım,

Aceleyle yazılmış bu mektup elinize hiç geçmeyebilir. Ben yine de şansımı denemek istedim. Aziz aslanımı bu sabah şafak sökmeden tahttan indirdiler. Sarayın etrafını geceden sarmış olacaklar, beni sabah erken saatte yangın var bahanesiyle uyandırdılar. Vaziyeti penceremden dışarı baktığımda anladım. Deniz tarafında Hünkâr'ın bizzat ihya ettiği, gözbebeği donanması hıyanet içinde, toplarını saraya çevirmişti, bahçe tarafında ise silahlı askerlerle kuşatılmıştık. Yanımıza hiçbir şey almamıza izin vermeden, ite kaka saraydan çıkartıp, silahları bize doğrultulmuş askerlerin önünden yürüterek rıhtıma getirdiler. Aslanımı şehzadesi Yusuf İzzettin Efendi ile ayrı bir kayığa bindirdiler. Ben, kadınefendiler ve ikballerle, diğer şehzade ve harem mensupları da başka kayıklarla yola çıktık. Neşerek gelinim benim kayığımdaydı, birkaç günden beri rahatsızdı; kayığa bindirilirken sarındığı yün şalını, arasına altın saklamıştır bahanesiyle, üzerinden çekip aldılar. Önce Sarayburnu'na yanaştık, sonra da şiddetli yağmura rağmen bir şemsiye dahi çok görülerek, yine itilip kakılarak yaya olarak Topkapı Sarayı'na getirildik, harem dairesinin rutubetli, soğuk odalarına kapatıldık. Neşerek'ciğim şu anda şiltesiz bir divanda ateşten kendini bilmez halde yatmakta, sürekli öksürmektedir ve üzerlerimizde hâlâ ıslak giysilerimizden başka bir şey yoktur. Öğrendim ki aslanımı, amcası III. Selim Han'ın şehit edildiği odaya koymuşlar. Allah sonunu amcasınınkine benzetmesin diye sürekli dua etmekteyim. Halimiz perişandır. Bizi birbirimizle de görüştürmüyorlar. Kim olduğumuzu unutup hürmette kusur ediyorlar. Az önce bir tas soğumuş çorbayı dahi kaşıksız verdiler. Hastama çorbasını içiremedim. Rica üzerine bize bir tahta kaşık getiren kişinin merhametine sığınarak, ondan aileme mektup yazıp hayatta olduğumuzu bildirmek ve kuru çamaşır ile elbise getirtmek için kalem kâğıt istedim. Yazacağım mektubu size ulaştıracak olursa, bol bahşiş alacağına yemin ettim. Bana inanır da mektubumu size ulaştırırsa, her zaman adı gibi adil ve merhametli Adile Sultan'ım, yalvarırım bizi şu anda Valide Sultan makamına oturmuş olduğunu tahmin ettiğim Şevkefza'nın insafına düçar eylemeyin. Bizleri bu feci durumdan kurtarmak, yaşanabilir bir mekâna sevk etmek için elinizden geleni yapınız, kurban olduğum sultanım. Üvey oğlum Murat Efendi'miz üzerinde hakkınız vardır, sizi kırmaz, sıhhat ve afiyetine, selametine her zaman duacı olduğum Adile Sultan'ım,

İmza: İhanete uğramış biraderiniz Abdülaziz Han'ın bahtsız ve biçare validesi Pertevniyal.

ADİLE SULTAN

II. Mahmut Han'ın Kızı, Tahttan İndirilen Abdülaziz Han'ın
Ablası, Padişah İlan Edilen V. Murat Han'ın Halası
Adile Sultan'ın Tophane'deki Yalısı
(30 Mayıs 1876, saat 08:25)

Namaz vakti geçti, kahvaltı zamanı değil, benim namazdan sonra yatağıma geri dönüp uyumayı sevdiğimi bildiği halde sabahın bu saatinde odamın perdelerini niye aralıyor Gülfidan Kalfa?

Hayırdır inşallah!

Dün kulağıma gelen haberler aslında hayırlara vesile değildi, lakin ben bugün Beşiktaş Sarayı'na gidip bu söylentilerin doğruluğunu bizzat tespit edene kadar, duyduklarıma inanmamayı tercih etmiştim çünkü saray halkının dedikoduya pek meraklı olduğunu bilirim. Felaket haberi imal etmede üzerlerine yoktur. Şu yaşıma gelene kadar, bu kulaklar neler duydu, bu gözler neler gördü. İşte bu yüzden kolayca kül yutmam ben!

Gülfidan'ın halinde bir tuhaflık var! Beti benzi atmış sanki! Göğsünün üzerine mukaddes emanet gibi bastırdığı şeyi bana uzatıyor ama nedense bakışları hep yerde.

"Nedir o, mektup mu? Bana mı gelmiş? Ver bakayım..."

15

Aldım elinden neredeyse sakınarak uzattığı katlanmış kâğıdı. "Perdeyi iyice aç," dedim, "odaya ışık girsin."

Dul kaldığımdan beri köşeme çekilip sadece şiirlerimle haşır neşir olmayıp, dertlinin derdine derman, öksüzün de acısına merhem olmaya çalıştığım için çok name alırım böyle. Yardımıma başvuranlar bir sultana hitap etmekte olduklarını bildikleri için, gayet itinayla sunarlar mektuplarını. Oysa bu elimde tuttuğum kim bilir hangi densizin mektubu ki, bir zarfa koyma nezaketini bile göstermemiş!

Baş ucumdaki komodinin üzerine bıraktım.

"Bir de Hamza Efendi'den bir tezkere gelmişti," dedi Gülfidan.

"Baş ucuma bırakıver... Bakarım sonra."

Hamza benim hususi hafiyem.

Yıllar önce rahmetli kocam Mehmet Ali Paşa yüzünden başlamıştım hafiye kullanmaya. Çapkın zevcimin gönül maceralarını hafiyelerim sayesinde takip etmiş, lüzumlu tedbirleri almış, ara sıra da kocama, kırdığı cevizlerin farkında olduğumu belirten işaretler bırakmıştım. Mesela, mesire gezintilerinde arabasını yol kenarına çektirip, gelip geçen güzel kadınlara laf atan Paşa'nın önünden, kiraladığım landoyla tanınmayacak bir kıyafete bürünüp, yüzümü yelpazemle gizleyip birkaç kere geçince, Mehmet Ali Paşa zamanın âdetlerine uyarak, markalı mendilini arabama atıvermişti. Akşam konağa hayli geç dönen Paşa, beni yatağımda uyurken bulmuştu ama sabah göz süzüp bıyık burduğu hanımın arabasına attığı markalı mendil de kendi yastığının üzerinde katlanmış vaziyette duruyordu. Derin uykuda olduğumu sansın diye hiç aralamamıştım gözlerimi, bu yüzden mendili bulduğunda yüzünde beliren ifadeyi ve mendili ne yaptığını göremedim. Ertesi sabah ben uyanmadan çıkıp gitmişti konaktan. Mendili yanına almış olmalı, yatağın içinde yoktu. Ertesi akşam önemli işi var bahanesiyle eve çok geç geleceği haberini yollatmıştı. Sabah uyandım ki, kendisi yatakta değildi ama benim mendili bıraktığım yastığının üzerinde, çarşafımı tutturmak için, kuyruğu yakut ve zümrütlerle işlenmiş muhteşem tavuskuşu bir broş duruyordu.

Padişah kızları veya kız kardeşleri bizler, babalarımızın ya da erkek kardeşlerimizin bizzat seçtiği sadık kullarıyla izdivaca mahkûmduk. Kimimiz zaman içinde severdik, kimimiz hiç alışamazdık kocalarımıza. Sevememek boşanma sebebi olamazdı da, ihanete veya kötü muameleye düçar olduğumuzda, hemen boşayabilirdik kocalarımızı. Ara sıra tersi de görülse, boş düşen damatların çoğu zaman kayınpederlerinin de gözünden düşüp, makamlarını kaybetmeleri âdettendi. Bu yüzden bizleri hoş tutarlardı kocalarımız.

Benimki ise, beni hoş tutardı da, nefsini tutamaz idi.

Ben, kadınlara düşkünlüğü iflah olmaz zevcimi ne Hünkâr pederime ne de Hünkâr kardeşlerime asla şikâyet etmedim. Hiç kıyamadım ona. Evet, çapkındı ama gönül almasını, suçunu bağışlatmasını iyi bilirdi.

Bir haziran günü, Haydarpaşa sahrasında, padişah kasrının önüne kurulan muazzam çadırda tertip edilen mükellef düğünümüz yedi gün yedi gece sürmüştü. İstanbul'da mukim küllü sefir ve maslahatgüzarın haremleriyle birlikte davet edildikleri gün, baloncu Komaski'nin uçurduğu dev balonu temaşa edenler hayran kalmışlardı. Bir hafta boyunca halk bu çayırlarda yedi, içti, saçılan paraları topladı. Yedinci gün, Beylerbeyi Sahil Sarayı'ndan süslü sandala bindirilerek, denizde tertip edilen alayla, Neşatabad Sarayı'na gelin getirildim ve işte o günün şerefine de pek çok rütbe ve nişanlar dağıtıldı, memlekette hafif suçlular affa uğradı.

Böyle güzel başlayan izdivacımızda, iyi günlerimiz kadar kötü günlerimiz de oldu, birlikte ne acılar paylaştık, ipek kızlarımızı, beyzade evladımızı verdik kara toprağa, kanayan kalplerimizin figanı en çok ikimizi perişan bırakırken, birbirimizi yine en iyi biz teselli ettik.

Kız kardeşlerimle analıklarım hiç anlayamadılar beni defalarca aldatan kocamı neden her seferinde bağışladığımı.

Benim huyum değişiktir diğer sultanlardan. Saray hanımlarının arasından çok şair çıkar ama divanı olan yegâne kişi ben oldum; bir divan meydana getirmek sabır, sebat ve ilham ister, çünkü. Ayrıca adımın da Adile olduğunu unutmayalım. Adıma kazınmış kaderimdir, adil olmak! Bu yüzden şöyle düşünürdüm hep; hünkâr babalarımız ve şehzade kardeşlerimiz karşı cinsin letafetine karşı koyamayıp gözlerinin değdiği her dilberi arzu ederken, damatlardan bu mevzuda dirayet beklemek haksızlık değil miydi? Yüce Rabbimin erkek kulları müsavi hislerle donanmış olarak fakir, zengin, saraylı, rütbeli ya da sıradan insanlar olarak bu dünyaya çıplak geliyor ve yine hepsi sadece bir kefen bezine sarılıp gidiyorlarsa, yani Rabbimin katında imtiyazsız iseler, o halde nedendi bu tefrik?

Üstelik, şehzade anneleri, sarayı oğullarına sunulacak güzel kızlarla doldururlar ve o kızları padişah ya da şehzadelere göndermeden önce, inci gibi işlerler haremde. *Kur'an* hatmettirir, dinî bilgilerle donatır, okuma yazma, tarih, edebiyat, aritmetik, muhasebe, şarkı terennüm etmeyi, bir veya iki musiki aleti çalmayı hatta raks öğretirler. Lisana kabiliyetli olanlara

Arapça, Farsça da öğretilir. Büyük amcam III. Selim Han'dan itibaren hareme girecek kızlar Çerkez ve Gürcü güzellerinden tercih edilmeye, pederim Mahmut Han'dan itibaren Fransızca öğrenmeye de başladılar. Oturup kalkmayı, giyinmeyi, süslenmeyi, münasip bir şekilde sohbetlere katılmayı talim etmek de cabası! Etrafları bunca latif huriyle donanmış saray erkekleri çapkın olmasınlar da ne yapsınlar?

İşte böyle düşünür, kimseye şikâyet etmezdim kocamı ama ne fındıklar kırdığını da illa bilmek isterdim. Hamza ile adamları bana haftada bir jurnallerlerdi yaramazlıklarını. Bu şekilde herhangi bir gönül macerasının uzamasını önlerdim.

Kaptanıderyalığa terfiinin, Hünkâr ağabeyimden ona, izdivacımızın hediyesi olduğunu bilen Mehmet Ali Paşa'nın da işine gelirdi bu durum.

Zaman içinde yine evlat acısıyla sarsıldığımızda, acısını hafifletmek maksadıyla sadrazamlığa getirilmesinin de Hünkâr'dan bir teselli mükâfatı olduğunu bildi... de... uzun sürmemişti sadareti. Abdülmecit biraderimin vakitsiz ölümüyle hayatımız bir anda alt üst olmuştu.

Hovarda ve müsrif eniştesinden hiç hoşlanmayan bir sonraki hünkârımız küçük biraderim Abdülaziz'in ilk işi, sanki kendisi hiç müsrif ve hovarda değilmiş gibi, kocamı sadaretten almak oldu. Oysa hareminde yedi kadınefendisi, beş ikbali, sayısız gözdesi ve cariyesi vardı. Onun da hemcinsleri gibi, her alımlı kadına gözü ve aklı takılırdı. Fransa İmparatoriçesi Eugenie'nin İstanbul'u ziyareti sırasında mesela, Eugenie'nin kaldığı Beylerbeyi Sarayı'na yaptığı akşam ziyaretleri, saray kadınlarının diline düşmüştü.

19

Hünkâr kardeşimin Paris'i ziyareti sırasında birbirlerine âşık olup, halvet imkânı bulamadıkları için, imparatoriçenin İstanbul'a geldiği dedikodusu elbette doğru değildi. İmparatoriçe Süveyş Kanalı'nın açılış töreni için Mısır'a giderlerken yolu İstanbul'dan geçmekte olduğu için buradaydı da, küçük biraderimin o çok hususi misafirine armağan ettiği, her biri ayrı bir servet olan müthiş gösterişli mücevherlere ne demeli!

Yaşça büyüğü olduğumdan, yaradana sığınıp, müsrifliği de aşan cömertliğini tenkit etmiştim!

Ne dese beğenirsiniz! Verdiği mücevherler ve hediyeler imparatorluğun itibarıymış! Sanki gözü bir dilbere takıldığında, hünkâr kardeşimin imparatorluğun itibarını unutuverdiğini bilmezmişim gibi!

Kuruçeşme'deki sahil sarayımda Mısır Hıdivi İsmail Paşa şerefine verdiğim ziyafette, hıdivin güzel kızı Tevhide Hanım'ı pek beğenmişti. Onu cariye gibi alamayacağı için, izdivaç teklif etmeye kalkışmaz mı! Ben vaziyeti fark ettiğim an, sadrazam Fuat Paşa'yı araya sokmasaydım, az daha bir skandal yaşayacaktık.

Bu kusurlarını Hünkâr kardeşimin yüzüne vurmazdım, çünkü saray geleneğinde padişaha asla karşı gelinmezdi! Değil yaşça ondan büyük ve çok itibarlı hanım sultanlar, valide sultanlar dahi yapmazlardı bunu. Fakat birkaç kere ona eğer erkek doğaydım şimdi padişah bendim, diye hatırlattığım olmuştur.

Her seferinde "Ne büyük isabet olmuş!" diyerek şakaya vurmuştu.

Nemelazım, iyi tarafları da çoktur Aziz'in. Yardımseverdir, şaka kaldırır ve çok yufka yüreklidir. Kin tutmaz, çocuk gibi saftır. Pehlivan yapısıyla güreş tutmayı çok sever ve hiç kimse padişah olduğundan değil, güçlü kuvvetli oluşundan onu alt edememiştir. Gırtlağına da ne düşkündür, ah bilseniz! Bir oturuşta bir kuzuyu yiyivermekle iftihar eder. Meraklarının arasında horoz dövüşü de vardır, deve dövüşü de. Hafiyelerim gerçi sadece iki kerecik jurnallemişlerdi sarayda horoz dövüştürüldüğünü ama bende öyle bir tasavvur yer etti ki, arkaya bakan iki odaya kümes kokusu sindiğini ve koridorlarda ansızın birkaç tüyün uçuşuvereceğini düşünür oldum.

Kabahat bende değil! On beş yıl öncesine kadar piyano, keman seslerinin, opera aryalarının yükseldiği salonlardan kukurikuuu diye çığıran horoz sesleri duymayı farz etmek pek çoğumuzun hiç hoşuna gitmemişti doğrusu. Ne var ki, ben sarayda herhangi bir horozla karşılaşmadığım gibi, Hamza da ilk tahta çıktığı yılın, bir de geçen haftanın dışında, bir daha böyle bir malumat getirmedi bana.

Belki de bu bir yakıştırmaydı, çünkü Hünkâr kardeşim, merhum büyük biraderimiz Abdülmecit Han'ın aksine, dans etmeyi, vals yapmayı, opera veya klasik garp müziği dinlemeyi sevmez. O köçek oynatmayı, Karagöz ile Hacivat seyretmeyi, saz heyetini dinlemeyi tercih eder. Velhasıl merhum pederimiz II. Mahmut Han ve rahmetli ağabeyimiz Abdülmecit Han gibi zarif ve alafranga değil de, tıpkı göründüğü gibi toraman ve dobradır.

Biz o günleri bilenler, peder-i şahanem Mahmut Han ile biraderim Mecit'in saltanatları esnasında meğer ne güzel yaşamışız diye düşünür, o günlerin hasretini çekeriz. Neyse ki hepimiz kendi hususi konaklarımızda, köşklerimizde istediğimiz müziği dinleyerek, istediğimiz kitapları okuyarak, kendi tarzımızda yaşayabilme hakkını haiziz.

Hünkâr kardeşim hayatlarımıza asla müdahale etmez.

Yarabbi, ne yapıyorum ben! Hatıralara dalmış, abesle iştigal ediyorum!

Halbuki Hamza'dan istihbarat gelmiş yine. Bakalım neler olmuş!

Komodinin üzerinde duran zarfa uzandım ki, altından o zarfsız mektup çıktı. Okumadan yırtıp atsam mı acaba diye düşündüm lakin merakım galebe çaldı, Hamza'nın zarfını kucağıma koydum, mektuba göz attım.

HAFAZANALLAH! HAFAZANALLAH! HAFAZA-NALLAH!

Neler olmuş ben uyurken!

Neden bu melanetten benim zamanında haberim olmadı?

Geçen hafta kardeşim Abdülaziz Han'ın sarayın arka salonunda yine horoz dövüştürdüğünü bana gammazlamaya değer bulan Hamza ile şürekâsı, dün gecenin sabahında olacaklardan bihaber miydiler yoksa bana hizmetten vazgeçmişlerdi de ben mi bilemedim?

Yoksa almakta oldukları maaşı mı az buldular?

Düşüncesi dahi midemi bulandırdı.

Hamza'nın babası kâtip Rafet Efendi, rahmetli pederim Mahmut Han'ın yetiştirmesiydi. Haşmetli pederimin Rafet'in nezdindeki hatırı o kadar büyüktü ki, oğlu da bana katiyetle ihanet etmez diye düşündüğüm için, en gizli işlerimi Hamza'ya tevdi etmiştim. Ne Hamza ne de yardımcıları bugüne kadar hiçbir sırrımı kimselere faş etmediler. Hatta gün geldi marifetlerimi birilerine benim anlattığım oldu da, onların ağzından, Allahları var su sızmadı. Dudakları mühürlüdür, sadıktırlar diye bildim onları hep.

Bunları düşünmenin zamanı değil!

Kardeşimi haletmişler.

Bir an önce giyinip saraya gitmeli, neler olup bittiğini kendi kulaklarımla duymalı, gözlerimle görmeliyim.

Ne zamandır sarayın karşısına zırhlılar demirliydi. Donanmanın tekâmülüne, türlü yeni cihazlarla teçhizine çok itina etmiş ve para dökmüş Hünkâr biraderime donanma mensupları medyunu şükrandır diye bilirdim. Bahriyeliler nasıl oldu da göz yumdular bu işe?

Belki de olup bitenden haberleri bile yoktur!

Böyle düşününce, içimde bir ümit kımıldadı. Eğer geç kalınmadıysa, elimden gelebilecek bir şey vardır elbette!

Etrafımda dolanıp duran Gülfidan'a, "Söyle de kahvaltımı bir tepside hemen odama getirsinler, arabamı da hazırlat, yer yemez erkenden çıkacağım bu sabah," dedim.

"Hayır ola Sultanım?"

"Hayırsız haber Gülfidan, biraderimi haletmişler! Kim nasıl yaptı bilmiyorum ama ben teferruatı öğrenene kadar ağzını sıkı tut, bakarsın bir hatadır, tahtına iade edilir."

"Hafazanallah! Başımıza taş yağacak! Mektubu getireni göndereyim mi? Hâlâ bekliyormuş kapı önünde."

"Hazinedarıma söyle, adama bolca bahşiş versin. Bahşişini ikiye katlamak istiyorsa, akşam üstü yine uğrasın ki vereceğim mektubu bu defa da Pertevniyal Valide'ye götürsün. Kendi gelemez ise, güvendiği birini yollasın. Nihal de dört etekli brokar entarimi ve şal kuşaklarımın en gösterişlisini odama getirsin hemen. Ona sakın bir şey belli etme."

Birazdan yapacağım ziyaret için Avrupai bir kıyafet seçmek uygun olmazdı. Eğer Murat'ı henüz tahta oturtmamışlarsa, kardeşimin tahta iadesi için görüşeceğim paşalar üzerinde şanıma layık tesir bırakmalıydım.

Velakin eğer cülus tamamlandıysa, yeni hünkâra biatı bir padişah kızına yakışır ağırlıkta, geleneksel saray elbisesi ile yapmak usuldendir.

Aman aman! Sakın olmasın böyle bir şey! Olduysa da tez vazgeçilsin. Aziz eceliyle vefat ettiğinde, sırası gelir, hakkıyla oturur tahtına Murat.

Ben severim Murat yeğenimi, çok iyi anlaşırım onunla. Harika piyano çalar, besteler yapar, eli resme de yatkındır, Fransızcası kusursuzdur, malumatlıdır. Sırası gelip tahta çıktığında kusursuz bir hakan olması için, Murat'ın tahsil ve terbiyesine çok itina ettiydi merhum biraderim. Onun vefatından sonra da ben elimi hiç çekmedim üzerinden.

Hamza, Murat'la alakalı da malumat getirirdi bana, edebiyat dünyasındaki yazarlarla ahbaplığını da bilirim, Jön Türklerle düşüp kalktığını da. Hatta onlara gizlice para yardımı yaptığını da...

Meşrutiyetçilerle sıkı fıkı olmasına Aziz hiç aldırmadıktan sonra, ben niye karışayım ki, diye düşünmüştüm. Aziz Han biraderimin tek derdi, yeğeninin ayağına dolanmamasıydı. Murat'ı tahtta gözü olmadığı sürece, ne isterse yapsın diye serbest bırakmıştı. Çok içmesine dahi karışmadı. Bense, rahmetli Abdülmecit biraderim gibi onun da sıhhati bozulacak diye korktuğumdan, içkisine fazlaca karışırım.

Son zamanlarda adının bazı siyasi vakalara karıştığını öğrenince de, kulağını çekmiştim Murat'ın. "Haşa," diyerek inkâr etmişti.

Bir de Murat'ın kapatmakta zorlandığı borçları var kusurlarının arasında ki, bu borçlar içkisinden de meşrutiyet merakından da vahimdir.

İyidir hoştur da çok müsriftir. Hamza'dan son aldığım rapor, borcunun nerdeyse bir milyon altına ulaştığını yazıyordu.

Acaba hünkâr amcası bu borcu öğrenecek ve aylığını kesecek diye mi korktu yeğenim, eğer onun parmağı varsa bu işte, bu yüzden mi tevessül etti hıyanete? Az sonra saraya varınca öğreneceğim her şeyi.

Murat'ın cülusu tamamlandıysa tahta geçmesine elbette itirazım olmayacak da, aklımın ucundan bile geçirmemişim günün birinde günahım kadar sevmediğim Şevkefza'nın valide sultanlığına şahit olacağımı.

Cülus toplarını duymadım henüz... İnşallah zamanında yetişir, ikna kabiliyetimi, yaşımın ve mevkiimin ağırlığını kullanarak mani olurum bu işe!

Murat'ımın üzerine lanet düşmesin!

Esvapçım Nihal'in getirdiği üç eteğin üzerine incilerle süslü brokar entarimi aceleyle geçirdikten sonra, ipek yaşmağımı başımdaki hotoza lal taşlarıyla işlenmiş gül broşla tutturdum; bir an boy aynasında kendimi süzdüm ve aynadan akseden suretimi beğendim. İlerlemiş yaşıma rağmen hâlâ alımlı sayılırdım ve duruşumda etrafımdan hürmet talep eden bir eda vardı. Ah, geç kalmamış olsam da sözümü dinletebilsem!

Şimdi sıra Beşiktaş Sarayı'na doğru yola çıkmaya ve dün geceki darbenin henüz vâkıf olmadığım teferruatını öğrenmeye gelmişti.

Dolmabahçe'ye kara yoluyla gitmek daha doğru olurdu. Arabamı konağın arka kapısına getirmelerini emir buyurdum ve arabamı beklerken pencere önündeki sedirin ucuna ilişip bir kere daha ve bu sefer çok dikkatle okudum biçare Pertevniyal'in mektubunu.

Zavallının ne halde olduğunu çok iyi tahmin edebiliyordum. O Pertevniyal ki, Abdülmecit Han'ın vefatı sonrasında, kadim töreye göre taht sırasındaki oğlu Aziz cülus için önce Topkapı Sarayı'na ve sonrasında kılıç kuşanmak için Eyüp Sultan'a götürülürken, ona yolda bir kötülük edilecek olursa müdahale etmek üzere, cülus alayını kendi arabasıyla adım adım takip etmişti.

Pertevniyal'in böyle vesveseli olmasının elbette bir sebebi vardı.

Ağabeyim Abdülmecit'in hastalığı ilerlediği sırada, zamanın seraskeri Rıza Paşa'nın, hünkârın vefatı halinde tahta, sıradaki Abdülaziz'i değil de Abdülmecit'in oğlu Murat'ı çıkartmak istediğini duymuş, herkesten şüphelenir olmuştu. İlahi Pertevniyal, diyelim ki korktuğu başına geldi, seraskerin sözünden asla çıkmayacak eli silahlı ordu mensuplarına karşı ne yapabilirdi ki kadın haliyle? Ayrıca, padişah öldürme âdeti yetmiş yıl öncesinde kalmış ve artık tarih olmuştu.

Vesveseli ana yüreği işte, diye düşünmüştüm!

Meğer korktuğu başına o gün değil, on beş yıl sonra gelecekmiş zavallı bedbaht kadının!

Pek de doğru değil aslında onu zavallı ve bedbaht addetmek.

Haremdeki onca genç kız arasında, Pertevniyal çok şanslılar arasında sayılırdı!

Pederim Mahmut Han'ın ikinci ikbali mertebesinden, Aziz'i doğurunca ancak dördüncü kadınefendiliğe yükselebi-

len Pertevniyal'e, ağabeyim Abdülmecit çok genç yaşta verem-
den vefat edince, valide sultanlık kapısı çabuk açıldı.

Hem de padişah evladı tarafından her sözü emir telakki
edilen ve bütün imtiyazlarını sonuna kadar kullandığı bir vali-
de sultanlık!

Benim gibi bir ulu padişahın kız evladı olmanın dahi çok
ötesinde, protokolde padişahtan hemen sonra gelen bir yüce
makam!

Eh, bu makamın hakkını vermişti Pertevniyal!

İnşası ve tefrişatı artık tamamen tamamlanan Beşiktaş
Sarayı'nın gösterişli valide sultan dairesine yerleşmiş, her
arzusunu yerine getiren padişah oğlu sayesinde dünyalığını iyi
tutmuştu.

Kurduğu vakıflara gelir sağlamak amacıyla sur dışında
birtakım arazileri, ki bunlara fasıl tarlaları deniyordu, ayrıca
sur içinde dükkânlarını, Üsküdar'da, Galata'da, Bahçekapı'da
arsalarını, Kadırga limanında katır ahırlarını ve Galata Köprü-
sü'nün yakınındaki ambar arazilerini vakıflarına tahsis etmişti.

Galata'daki araziye bir de bina inşa ettirip, giriş katındaki
dükkânları kiraya verdirmişti. Paşalimanı'ndaki arsasına da
buhar gücüyle çalışan bir dev değirmen yaptırıp tüccarlara
kiralamıştı.

İstanbul dışında ise Tırhala, Yenişehir, Alasonya, Persepe,
Filorina kazalarında ve daha pek çok yerde geniş araziler, çift-
likler, Bursa'da namazgâh ipek fabrikası, Kadırga limanındaki
ahırlar, daha neler de neler... hepsi gelirlerinden vakıf eserleri
inşa etmesi için ona verilmişti.

Hatta, hafiyelerimden duyduğuma göre, mahkemelere inti-
kal etmeyen bazı arazi anlaşmazlıkları hep Pertevniyal'in lehine

neticelenmiş, vakıflarına dair vergi muafiyetleri diğer vakıflara emsal teşkil etmemek üzere hemen tahakkuk ettirilmişti.

Dahası da var; Pertevniyal'in kethüdası olan Hasip Bey, İstanbul'un şehremini tayin edilince, bazı buyrukları Valide Sultan'dan alır ve Meclis-i Âliye'de onu temsil eder olmuştu ki, sadrazam Keçecizade Fuat Paşa saray savurganlıklarını ve askerî harcamaları kısmak istediğinde, tatsız meseleler zuhur etmişti diye duymuştum...Validesinin de kışkırtmasıyla, Sultan Aziz sadrazamına gücenip bir süre sarayından çıkmamıştı.

Büyük serveti ve müsrifliği hem nazara hem dedikodulara sebep oluyordu ama nemelazım, yiğidi öldür, hakkını ver demişler, ben Pertevniyal'in muhtaçlara, fakir fukaraya ettiği yardımları da asla göz ardı edemem. Borç yüzünden hapse atılmış kişileri Müslüman, Hıristiyan, Yahudi ayırt etmeksizin, birkaç kere borçlarını ödeyip mahpustan kurtardığını bilirim mesela.

Ya on yıl kadar önce, sekiz bin evle on dört cami ve mescidi kül eden eylül yangınında felaketzedelere yaptığı para yardımı... İki yıl önceki kıtlıkta ise Anadolu halkına destek çıkarak, Kırım'dan getirttiği öküzleri çiftçilere dağıtması!

Sadece dara düşen kullara değil, devlete de yardım etmişti Pertevniyal Valide.

Geçen yıl, gayet iyi hatırlıyorum, devlet memur maaşlarını ödeyemeyince, kendi aylık tahsisatı olan beş bin lirayı hazineye bağışlamıştı.

Birkaç yıl önce de kendi parasıyla yaptırdığı Valide Sultan Camii'nin arkasındaki Pertevniyal mektebinin inşası için cebinden dünya kadar altın harcamıştı. Aralarında en meşhuru Valide Sultan Camii'nin avlu kapısında olmak üzere sayısız çeşme, tersanede bir gemi inşa havuzu ki, ilk Osmanlı zırhlısı olan "Feth-i İslam" bu tezgâhtan çıkmaydı, Bektaşi şeyhi Laz Emin Baba için inşa ettirdiği zaviye de hayır niyetine yaptıklarının arasındadır.

Pertevniyal'in adını taşıyan, Aksaray'daki Valide Sultan Camii külliyesini, değişik bir üslubu olduğu için azıcık kıskanmış olsam dahi, itiraf etmeliyim ki büyük bir hayırseverdi ve hayır işlerine de henüz Valide Sultan mertebesine erişmeden, sadece kadınefendilerden biriyken başlamıştı.

Biz gelin görümce, gençliğimizde pek anlaşamazdık.

Ağabeyim Abdülmecit Han'ın saltanatı sırasında, sarayda yeniliklere öncülük etmem, alafranga giysiler diktirmem, kadınların cemiyet hayatına karışmaları hatta mesire yerlerine gidebilmeleri için gösterdiğim gayretler sebebiyle, Pertevniyal benden pek hoşlanmazdı. Ramazan ziyafetlerine tıpkı sefirlerin eşleri gibi, harem kadınlarının da çağrılmasına, saray salonlarında ve bazı konaklarda verilen alaturka, alafranga konserlere, edebiyat konuşmalarına katılabilmelerine ön ayak olduğum için tenkit ederdi beni. Bir keresinde de, konağımdaki ziyafetlerde nefis yemeklerimizi alafranga servislerle sunduğum için, beni "iş icat etmek"le suçlamıştı. Tahsil ve terbiyesinin sarayın aşırı muhafazakâr bir hazinedarına düşmüş olması, onun kabahati değildi elbette.

Çocuksu merakları yüzünden küçümsediğim lakin sevmekten hiç vazgeçmediğim müsrif biraderimin, kendi gibi müsrif fakat merhametli annesiyle ben zevcimi kaybettiğim yıl çok yakınlaştık.

Yeni gelin ettiğim yavrum Hayriye'mi bir sene dahi geçmeden kaybedince, Pertevniyal hem acımı dindirmeye uğraştı, hem de rahmetli kızımın hatırası için yaptığım hayırlarda bana destek oldu. Kurumuş çeşmelerin, harabeye dönmüş mekteplerin tamirinde, gelinlik kızlara çeyiz, yoksul hastalara hekim, ilaç, gıda temininde bana her zaman yardımcı olmuş, yol göstermişti.

İşte şimdi, yardım sırası bendeydi.

Pertevniyal'i ve bahtsız kardeşimi Topkapı zindanında bırakamazdım! İçten pazarlıklı Şevkefza'nın elinde oyuncak edemezdim. Mutlaka kurtaracaktım onları. Ve eğer Murat henüz tahta oturtulmamışsa, tahtı kardeşime geri vermek için elimden her geleni yapmaya hazırdım!

Arabam gelmiş.

Konağımın ön kapısına çıkıp, bahçeye yanaşan arabama kuruldum. Tam kalkmak üzereyken, Hamza nefes nefese yetişti.

"Sultanım, size nakletmem lazım gelen çok önemli malumatım var," dedi.

"Geç kaldınız! Ben şimdi saraya gidiyorum; belki elimden bir şey gelir."

"Sultanım, sanmıyorum... Murat Efendi için cülus töreni şu an yapılmakta!"

"Aaa? Daha saat kaç ki?"

"Erken saatte seraskerlik dairesinde yapıyorlar, Topkapı'da değil. Bu yüzden haberimiz olmadı. Şehzademizi merasim tahtına dahi oturtmadan hem de..." Lafını kestim:

"Ne diyorsunuz! Cülus tahakkuk etmedi o halde! Örf, anane var! Olmaz öyle şey!"

Araba harekete geçerken, "Evrakı tetkik buyursanız... Sultanım," dedi Hamza, elindeki dosyayı içeriye uzatarak.

"Dün akşam bıraktığınız zarfta da aynı malumat mı var?" diye sordum, "henüz okumaya vakit olmadı da..."

"O zarfta yazanlar rivayet mahiyetindeydi. Sabah erken hazırladığım dosya, hakikat, maalesef!"

Aldım. Hareket ettik. Kaç sayfa var burada... Neler yazmış bu adam? Okumaya başladım, Hamza'nın elime tutuşturduğu kâğıtları.

Kardeşimi tahttan indirmeyi kimlerin tertip ettiği yazmış. Dört kişinin adı geçiyor ama en başta Serasker Avni Paşa! Elbette! Böyle bir melaneti yapmak için, hain ve fesat Avni Paşa'dan başkası düşünülemezdi zaten! Ama ben her hainin aynı zamanda korkak olduğunu da bildiğimden, bu kadarına cesaret edemez diye düşünmüştüm.

O sınırsız kibrini hesaba katmamışım.

Murat'ı tahta geçirip kuklası gibi oynatmayı kim bilir ta ne zaman hesap etmiştir. Allah bilir Murat'ın dairesine kasalarla konyakları da o melun yollatıyordu yeğenim alışkanlık yapsın, alkol müptelası olsun diye.

Murat'ı tahtta oturtacak, gafil yeğenim zevküsefaya dalmış yaşarken, hain Paşa da Osmanlı mülkünü istediği gibi idare edecek, cebini dolduracak, yedi kuşak sülalesini besleyecek ölçüde çalıp çırpacak!

Her şeyi yapar, şeytana pabucunu ters giydirir bu adam.

Aaa! Mithat Paşa da aralarındaymış.

Şaşırmadım. Meşrutiyete her zaman karşı çıkan ve son zamanlarda giderek daha da sertleşen biraderimi indirip, Jön Türklerin gözdesi Murat'ı tahta çıkarmayı elbette istemiştir. Adam düşündüğünü ve arzusunu hiçbir zaman saklamadı ki! Aklını meşrutiyet diye bozmuş bir kişi o!

Veee... Sadrazam Mütercim Rüştü Paşa!

Hiç ummazdım, tuh, yazıklar olsun!

Rahmetli pederim Mahmut Han'ın, mütercimin Fransızca bilgisine hayran olup açtığı yeni askerî okullar için Fransızcadan kitaplar tercüme ettirdiği, bu sayede önü açılıp valilik, vezirlik hatta sadrazamlık makamına kadar getirilen, hünkâr pederim ve hünkâr biraderimin iltifatlarına mazhar olmuş, nankör ihtiyar seni!

Sen ne içten pazarlıklı imişsin meğer!

Halbuki korkaklığınla, tereddütlerinle, mesuliyet gerektiren herhangi bir durumla karşılaştığında hemen istifa edip kendini emniyete almanla nam salmış idin. Kimler ne gibi vaatlerde bulundular sana da kendini aştın böyle?

Elimdeki raporu okumaya devam ettim.

Aaaa! Yok artık! İşte bu olamaz! Bu kadarı sahiden olamaz!

Şeyhülislam Hayrullah Efendi!

Besle kargayı oysun gözünü!

Abdülaziz biraderimin sırf sesi güzel diye ilim ve görgüye sahip değilken, genç yaşında saray imamlığına, sonra da hiç hak etmediği halde ve küllü âlimleri küstürmeyi göze alarak, ilmiye sınıfının en yüksek maaşı ile şeyhülislamlık makamına tayin ettiği, ahlakı bozuk imam!

Abdülaziz'in Mısır ve Avrupa gezilerine de katılan ve harem kadınlarının pek gözdesi, yüksek maaşına rağmen, onlardan bahşiş ve ihsan almaktan da geri kalmayan soytarı seni!

Ah, şimdi hatırladım, şeyhülislam yapılmasını bizzat Rüştü Paşa istemişti biraderimden. Abdülaziz biraz garipsemişti ama yerine getirmişti sadrazamının arzusunu. Bu değersiz imamı kendime medyunu şükran edeyim ki hep avucumun içinde olsun, icabında hal fetvası dahi verebilsin diye düşünmüş olmalı, o melun sadrazam Rüştü Paşa! O yüzden tayin ettirmiştir en yüksek makama onu.

Allah topunuzun belasını versin!

Ah, koruyamadım Abdülaziz biraderimi!

Ah keşke daha dikkatli olaymışım!

Ah keşke Abdülmecit biraderimin saltanatı sırasında İstanbul'u ziyaret eden Mısır Valisi Mehmet Ali Paşa'nın Abdülmecit'e verdiği nasihatı her gün kafasına kakaymışım.

Tecrübeli ve ferasetli bu yaşlı devlet adamı, torunu yaşındaki padişah Abdülmecit'in hiç tereddüt göstermeden eteğini öpmüş ve samimi konuşmalarının sonunda, evladına nasihat edercesine ona üç tavsiyede bulunmuştu. Birincisi; nazırlar ihtiyaç duysalar dahi sakın ola ki yabancı devletlerden borç alma, faizi namütenahi artar, ödenemez hale gelir, bir daha iki yakan bir araya gelmez, demesiydi.

İkincisi; boş duran kamu arazilerini ahaliye dağıt ki, nehirler boşa akmasın, bu yerleri sulasın, göçebeler de buralara yerleşip tarımı inkişaf ettirsinler. Hem vergi toplarsın hem de yerleşik ahali zaman içinde ehlileşir, demişti.

Bugünleri görebilsem, bu sözlerin bekçisi olurdum! Hiç olmaz ise, hazinenin iflasına mani olunurdu.

Neyse ki, Mehmet Ali Paşa'nın fen, sanayi ve maarif alanında, Osmanlı'dan çok ileride olan Avrupa devletlerini yakalamak üzere mektepler açma tavsiyesini hem Abdülmecit hem de Abdülaziz biraderlerim çok ciddiye aldılar. Sübyan mekteplerinden başlayarak, harbiye, tıbbiye, baytarlık, mühendislik mekteplerini açtılar. Kızları dahi mekteplere yollar oldular.

Görünen o ki, gayretleri kâfi gelmemiş!

Ah keşke kafamı Aziz biraderimin horozlarına, köçeklerine takacağıma, etrafında dönen fesada taksaymışım! Bütün dikkatimi düşmanlarına vereymişim! Bunca hafiyeye rağmen gaflet uykusuna yatmışım ben! Validesinin içten pazarlıklı olduğunu iyi bilirim de, Murat yeğenimden hiç beklemezdim böyle bir ihanet. Ona ve validesine sonsuz müsamaha gösteren, Beşiktaş Sarayı'nda daire tahsis eden, her yerde serbestçe dolaşmasına izin veren, hatta Ziya ve Namık Kemal beyler gibi meşrutiyet taraftarları olmakla mimlenmiş kişilerle görüşmesine dahi tahammül gösteren amcasına nasıl yaptı bu hıyaneti?

Ben yeğenimi piyanosu, besteleri ve kitaplarıyla haşır neşir, etrafı alafranga düşkünü dostlarıyla çevrili, gününü gün eden, çok içki içmekten ve çok para harcamaktan başka kusuru olmayan, bir gün hasbelkader sırtına binecek olan büyük mesuliyet tatlı hayatını bozmasın diye amcasının uzun ömrüne duacı bir hovarda genç zannediyordum.

Şevkefza fesadı mı girdi oğlunun kanına?

Ah Hamza ah, bu kumpası bana vaktinde bildiremediğin için yıllarca ödediğim onca maaş haram olsun sana!

Bana pek ender olur lakin içimden ağlamak geliyordu... Tuttum kendimi. Rastıklarım akacak ağlarsam, maskaraya dönecek yüzüm, yanımda ayna da yok. Halbuki sarayda her karşılaştığım kişiye azamet ve hürmet telkin etmem lazım.

Saraya vasıl olduk.

Beşiktaş Sarayı'nın kapısında aşırı emniyet tedbirleri alınmış, kuş uçurmuyorlardı. Beni içeri sokmamaya yeltenen askerleri azarladım, arabanın kapısını açarak onlara kim olduğumu söyledim. Tam da o anda bir araba daha yanaştı kapıya. İçindeki indi, baktım Şeyhülislam Hayrullah nankörü! Arabamı tanıdı, vaziyete hâkim oldu ve içeri sokulmam için bir şeyler konuştu nöbetçilerle.

Ne günlere kaldık yarabbim!

Sayesinde şeyhülislam makamına yükselmiş imam bozuntusunun reva gördüğü fetvayla haledilip hücreye koyulan biraderimin sarayına, meğer onun tavassutu ile girecekmişim! Lanet olsun ki bugünü de görecekmişim!

Kapımı yüzüne kapattım.

Arabamın yanında dikilip divan durmuş, benden teşekkür bekliyor yüzsüz. Pencerenin perdesini aralayıp nefret ve tiksintiyle gözlerinin ta içine baktım.

Baykuş bakışlarını yere eğdi!

SADRAZAM AVNİ PAŞA

(30 Mayıs 1876, saat 10:00)

Ey Eşekçi Ahmet'in oğlu Hüseyin Avni!

Sen tut, Isparta'nın bir köyünde, Eğridir eşrafından Hacımemişoğulları ailesine uşaklık eden adamın oğlu olarak dünyaya gel, Cenabıhak sana "Yürü Ey Kulum" buyursun, sen de Rabbinin emrine boyun eğ ve yürü!

Nereye kadar?

Ta cihan devleti Osmanlıların sadaret makamına kadar!

Bitmedi!

Bu sabah öğlene kavuştuğunda, şu anda yolunu beklediğin uçarı şehzadeyi tahta çıkarmış olacaksın. İşte ondan sonradır ki, yolun ayağının altında bir çakıltaşına dahi takılmayacak şekilde, büsbütün açılmış olacak! Koca Devlet-i Osmanî'yi sadece sen sevk ve idare edeceksin. Tahtta oturan taçlı baş, senin emrinle hareket eden bir kukla olacak.

O henüz bunu bilmiyor!

Onu tam avcuna alıncaya kadar da bilmeyecek zaten. Nasıl ki senin ne zamandır ilmek ilmek örmekte olduğun bu ihtilali sadece birkaç gün önce öğrendi ve sesi sedası çıkmadı, yine öyle olacak.

En fazla bir ay içinde padişah V. Murat, senin sözünden çıkmayan bir kuklaya dönüşecek!

Düşün oğlum, düşün! Düşün ey eşekçinin oğlu!

İngiltere, Almanya, Fransa ve Rusya'dan sonra dünyanın en önemli beşinci devleti olan ve dünyanın en büyük dördüncü ordusuna, dünyanın en büyük üçüncü donanmasına sahip Osmanlı ki, elli sekiz müstakil dünya devleti içinde, nüfus bakımından dördüncü, toprak bakımından üçüncüdür; işte bu muazzam ülkenin idaresi, öğlen saatlerinden itibaren, sadece senin avuçlarında olacak!

Osmanlı mülkünü padişah değil bundan böyle, Avni Paşa idare edecek!

Yolunu uzun ve açık çizmiş Cenabı Allah!

Haydi işin rastgele!

Yolun hep açık ola!

Akıllı olursan, kim bilir belki ilerde... yok, yok... daha değil! O hayal için henüz erken!

Yavaş ol, eşekçinin oğlu, yavaş ol, eşeklik etme!

Az sonra Sultan V. Murat Han sanıyla tahta oturacak olan Osmanlı'nın otuz üçüncü padişahını seraskerlik binasına götürmek üzere arabama kurulmuş beklerken, içimden geçenler işte bunlardı.

Benim bu sabah bir darbeyle tahtından alıp, bizzat onun bana hediye ettiği beş çifteli, yaldızlı kayığımla zindana yolladığım Abdülaziz'in babası II. Mahmut Han, memlekete asker yetiştirmek üzere Harbiye'yi kurduğunda, Anadolu'nun belli başlı eşrafından, oğullarından birini bu mektebe yollamasını talep etmeseydi, benim kaderim nice olurdu acaba?

Düşünmek bile istemem!

Babamın yıllardır kapılarında uşaklık ettiği Isparta eşrafından Hacımemişoğlu ailesinin reisi, beni önce köy okuluna göndermiş sonra da Eğridir Medresesi'nde okutmuştu. Tahsilim bu kadarla iktifa ederdi, eğer Hacımemişoğlu oğullarının birinden olsun ayrılmayı göze alabileydi. Geniş topraklarına sahip çıkmak adına oğullarının hepsine birden mi ihtiyacı vardı, yoksa baba yüreği evlatlarının hiçbirinden ayrılmaya dayanamadığı için mi bilemem artık, padişah buyruğuna karşı gelemeyince, uşağının oğlu olan beni yollamıştı İstanbul'a. İstanbul'a ayak bastığımda on beş yaşındaydım. Babamla birlikte kara yoluyla gelmiş, yaylılarda çok eziyet çekmiştik. Babam beni bir medresede müderrislik yapan dayımın yanına bırakıp, memleketine döndü. Ben o sene Arapça ve *Kur'an* öğrendim. Ertesi yıl da Harbiye'nin ihzari sınıfına nefer olarak girdim. Sekiz ay sonra imtihanımı geçerek onbaşı oldum.

Altı yıl sonra aramızdan sadece beş teğmen, Mekteb-i Erkân-ı Harbiyye-i Şâhâne'ye ayrıldı ki, onlardan biri de bendim.

Yedi yıl sonra, Harbiye mektebinden erkân-ı harp kolağası rütbesiyle ve üçüncülükle mezun oldum.

Sonrası sürekli bir yükselme, daha ve daha da yükselme faslıdır ve bu yükselişte, Allah vergisi zekâm ile çalışkanlığımın, işimi bilirliğimin, sebatımın yanı sıra tesadüflerin de rolü vardır.

Mesela, Kırım Harbi esnasında, Rus ordusunu yendiğimiz Çatana muharebesinde, bir Rus güllesinin bindiğim atın başını koparması hayırlı bir tesadüftü.

Rus ordusu karşısında ilk zaferimizdeki bu kahramanlığım (!) sicilime işlendi ve bu olay benim önümün açılmasına neden oldu.

Başarılarımda kindarlığımın da yeri var, çünkü intikam hissim bende adeta bir ateşleyici vazifesi görmüştür. Bana yapılanı kimsenin yanına bırakmadım, bırakmam! Beni bir bey oğlu değil de bir bey uşağının oğlu diye küçümseyenlerden başlayarak, önümü kesen herkesten intikamımı almışımdır. Yediden yetmişe herkese zatıma hürmette kusur ettirmemişimdir.

Seraskerlik dahil çeşitli makamlarımdan beni incir çekirdeğini doldurmaz nedenlerle azat eden padişahıma da sıra gelecekti!

Onu da yazmıştım bir kenara!

Padişahlar dilberleri doldurdukları haremlerde keyif çatsınlar, her akşam bir başka güzeli alsınlar koyunlarına, bizlerse sözle hatta gözle dokunsak haremdeki kadınlara, rütbemiz sökülsün, gururumuzla oynansın, bir yılı aşkın cezalara düçar kalalım!

Olmaz öyle şey!

Hani padişahımın şahsına karşı bir kusurum, ihanetim görülse neyse de, bir cuma selamlığında, avludaki arabalarında bekleyen eşlerinden birine, bıyık burup sözle sarkıntılık ettiğim gerekçesiyle Hassa Ordusu Kumandanlığı'ndan alınıp on dört ay boyunca hiçbir vazifeye tayin edilmeden bekletilmemi bağışlardım, aynı durum bir kez daha tekrar etmeseydi!

Hey gidi günler!

İlk cezamın ardından gözü pek ve iyi bir asker olduğum için, affa uğratılıp önce Yanya ve Teselya'daki tümenlere komutan tayin edilmiş, ardından da başlayan ayaklanmaları bastırmak üzere Girit'e yollanmıştım.

Girit valiliğine tayinim ise, muvaffakiyetlerimin sonucunda çıktı.

İki yıl sonra, ordu içindeki en yüksek rütbeye erişmiş, serasker olmuştum!

Serasker olarak geçirdiğim iki yıl yedi ayın hakkını mükemmelen verdim. Ordu içinde hoşlanmadığım, ayağıma dolanacağını düşündüğüm kim varsa tayinlerini çıkartıp uzaklara sevk ettim ya da emekliye ayırdım. Bana sadık kalacakların, işime yarayacakların hepsini İstanbul'a tayin ettirdim.

Sonra ne oldu dersiniz?

Yine bir ırz ve namus meselesinden dolayı, rütbelerim söküldü askerlikten azledilerek Isparta'ya sürgüne yollandım.

Yahu, Padişahım, alan memnun veren memnun, sana ne haremde ilişki kurduğum kadınlardan? Birinci sefer, arabada oturan kişinin senin kadınefendin olduğunu bilememiştim. O hatuna bıyık burup laf attık diye cezamızı çektik, gıkımız çıkmadı.

Ama bu seferki cezayı anlayan beri gelsin!

Saraydaki bütün kadınların hepsi senin kadınefendin, ikbalin, gözden değil ki!

Hem senin nefsin var da benim yok mu? Sizlerin canınız, gönlünüz çeker de bizimki çekmez mi?

Neymiş? O kadınlar padişahın hareminde vazifeliymişler!

Odalar dolusu kadın... Aralarında hazinedarı var, kâhyası var, cariyesi var, elbisecisi var, ebesi var... Üstelik onların da canı var, duygusu var, ihtiyacı var!

Hem ne demişler; dişi köpek kuyruk sallamazsa... neyse!

Ben elbette İsminur Kalfa'nın bana kuyruk salladığını iddia edecek değilim, onu sarayın bahçesinde ilk görüşümde, gözlerinin güzelliğine vurulduğumu da itiraf ediyorum işte, velakin valilik, nazırlık, sadrazamlık ve seraskerlik makamlarına yükselmiş bir âli zatın iltifatlarına, bir bekâr kadın saraylı da olsa, kayıtsız kalabilir miydi?

Kalamadı!

Ben de kalamayacağını bildiğimden, üzerine gittim. Binbir bahane ile saraya çok sık gider, her gidişimde ise İsminur Kalfa'ya tesadüf eder oldum.

Güya rastlaşmışız gibi, kıyı köşede konuşmalarımız sıklaştı. Bir keresinde ise, onu saray dışında gördüm. Arabama alarak sohbet ettim.

Tiryal Kadınefendi'nin dairesinde yetiştiği, valide sultanın hazinedarlığını yaptığı gibi teferruatları, o sohbet sırasında öğrendim.

Asker adama âşık olmak yakışmaz elbette lakin hayatımda pek çok kadın vardı. Evdeki hanımlarım bana düzenli bir hayat temin etmekle vazifeliydiler.

Şehvetimi doyuracak hatunlar ise konaklarımın, ikametgâhlarımın çok uzağında bulunurlardı. Sayıları az değildi. Kimi bir salona bağlı çalışırdı hususi marifetleri vardı, kimine ben ev tutmuş idim; biri müthiş meze hazırlar, ut çalar türkü söylerdi, bir başkası pek cilveliydi, bir diğeri fal bakar gelecekten haber verir ve çok iyi göbek atardı. Hep ben onlara giderdim; keyfim, gönlüm o akşam hangisini çektiyse, ona!

Kadından yana sıkıntım yoktu, kısacası... Âşık olmak ise hiç hesapta yoktu.

Lakin oldum. Hem de sırılsıklam âşık oldum.

Elli yaşıma basmış, ihtiyarlık eşiğine ilk adımımı atmış iken, şu hayatta mevkice daha da yükselmenin peşinde koşmak, dikkatimi sadece bu emele teksif etmek lazım gelirken, başımda ilk defa sevda yelleri esiyordu.

41

Şaşkındım!

İsminur her an aklımdaydı... Sesi kulaklarımda... Narin, beyaz güvercin elleri sanki avuçlarımdaydı, uzun kuğu boynunu yana eğmiş, kocaman hareli gözleriyle bana bakıyordu. Ötesini de düşünüyordum, o güzel başı göğsümde, dudakları ağzımda, nefesi nefesimde...

Ah, ben âşık olmuştum! İlk defa bir kadının esiri olmuştum. Uykularımı bölüyordu, hayali gözlerimin önünden gitmiyordu. Ona sahip olmak için yanıp tutuşuyordum. Ne yapacağımı da bilemiyordum. İzdivaç teklif etsem, onu alıp diğer kadınlarımın yaşadığı konaklara götüremezdim ki!

İsminur'a nikâhsız sahip olmam da mümkün değildi.

Bir çare bulmalıydım, bu kadın benim olmalıydı. Yangınımı söndürmeliydi.

Uzun bir mektup yazdım ona. Hislerimi anlattım, birlikte olabilmemizin çarelerini konuşmak üzere buluşma yeri ve saati teklif ettim.

Mektup cebimde saraya gittiğim gün, İsminur'u göremedim.

Soruşturdum, müphem cevaplar aldım.

Deliye dönmüştüm.

İsminur'un sırdaşı olduğunu bildiğim Gülendam Kalfa'yı yakaladım bahçede. "Çerağ edildi," dedi, "evleniyor."

"Kiminle?"

"Vezirlerden birinin oğluyla."

Vezirin adını öğrendim. Veziri öldürtsem derdime deva olmaz... Oğlunu öldürürüm, sonra da ben evlenirim İsminur ile!

Akıl edip sordum, kim yaptı bu çöpçatanlığı diye.

Tiryal Kadınefendinin işiymiş! İsminur onun konağında kalmaktaymış son bir haftadır. Düğünlerini de Tiryal Kadınefendi, kendi konağında yapacakmış.

Lanet olası kocakarı!

Ben ondan evvel davranayım da görsün o!

Gözüm dönmüştü, hiç vakit kaybetmeden Abdülaziz Han'ın huzuruna çıkmayı düşündüm lakin bir padişahtan kız istemek yakışık almaz. Vazgeçtim, derdimi valide sultana anlatacaktım.

Nitekim bir gün sonra, Pertevniyal Valide'nin karşısındaydım. Pek hayırlı bir iş için geldiğimi söyledim. Lafı dolandırmadan, uzatmadan, sarayından bir hazinedar kalfaya talip olduğumu... Daha ben derdimi anlatırken kaşları çatıldı.

"İsminur Kalfa nişanlandı," dedi Valide Sultan, "Serasker Paşa, geç kaldınız dahi demeyeceğim, zira davul dengi dengine vurmalı. Sizin bildiğim kadarıyla bir hareminiz, hanımlarınız ve boyunuzca evlatlarınız var. İsminur Kalfa, kendi gibi ilk izdivacını yapan bir mülkiye kâtibimiz ile evleniyor. Onlara saadet dilemekten başka, her ikimizin de yapabileceği bir şey yok."

"İsmetli Valide Sultanım, bu izdivaca İsminur Kalfa'nın rızası var mıdır? Bazı haller vardır ki, gönül yaşa bakmaz. Onun tercihi belki de benim. İsminur Kalfa, Tiryal Validemizin konağında kalmakta imişler. Sizin tavassutunuz ile kendisiyle görüşebilir isem, fikrini sorarım."

"Sizi tercih edebileceğine neden ihtimal verebiliyorsunuz Paşa Hazretleri?"

"Zira ben İsminur Kalfa'ya müstakbel zevcinden misliyle fazla yüzgörümlüğü verebilirim, dünyayı eteklerine serebilirim..." Elinin bir hareketiyle susturdu beni, Valide Sultan.

"Benim haremimde vazifeli bir kalfa ile siz ne vakit böyle samimiyet tesis ettiniz Serasker Paşa?"

"Altı ay kadar oluyor, sultanım, saray bahçesinde karşılaşmış idik. Bizi Arz-ı Niyaz Kalfa tanıştırdı. Bir iki sohbetimiz oldu," dediğim anda, halt ettiğimi anladım. Lakin söz ağzımdan çıkmıştı, geri dönüşü yoktu.

Valide Sultan, gözlerini hafifçe kısmış, tuhaf bir ifade ile benim gözlerimin ta içine bakıyordu.

Hemen anladım, Valide Sultan duymuştu... biliyordu! Eyvah ki ne eyvah!

Gönlüm İsminur'a takılmadan önce, sarayda çok yüksek rütbeli bir başka hazinedar ile yakınlaşmış idim. Yaşça ve rütbece İsminur'dan büyüktü, otuzlarında, olgun muz kıvamında bir hatundu. Hakkımızda rivayet çıktığını duymuşluğumdan ziyade, İsminur'a olan aşkımdan dolayı uzaklaşmış idim ondan. Nerden ağzımdan kaçırdım bu ismi ben! Tuh!

Ter bastı, yüzüm kızarmıştır şimdi benim.

"Bu geçtiğimiz altı ay içinde, Rabbim uzun ve hayırlı ömür nasip etsin, sizin bir torunuz daha dünyaya geldi, Serasker Paşa, yavrumuzun altını bizzat yollamış olduğumdan, biliyorum. Torun torba sahibi bir kişi olarak, dünyayı kalfaların değil, evlatlarınızın ayakları altına sermeniz daha münasip olur kanaatindeyim," dedi kibrinden geçilmeyen kocakarı!

Elinin bir hareketiyle, beni dışarı uğurladığının işaretini verdi.

Saraydan çıktım. Pes etmeyi sevmem ben! Dosdoğru Tiryal Valide'nin konağına gittim. Kapıya serasker arabasının yanaştığını gören bendegân koşuştu, içeri buyur edildim. Azametle girdim saray yavrusu konağın holüne, salona doğru seri adımlarla yürüdüm. Her istediğimi her zaman almış idim ben. Yine öyle olacaktı.

Lakin bu sefer öyle olmadı! Kız yanıma dahi çıkmadı.

Aşağı yukarı Pertevniyal Valide ile yaptığımız konuşmanın bir benzerini de Tiryal Kadınefendi ile yaptık ve o da hiç yüz vermeyerek, bana kapıyı gösterdi.

O lanet olası konaktan İsminur'u yanıma katarak çıkmak bir yana, oraya rütbelerimi bırakarak çıktım!

Bu iki kocakarı valide, hangi ara şikâyete gittiler Padişaha ki, ertesi gün, rütbesiz bir asker olarak Isparta'ya on bir ay sürecek sürgünüme gidiyordum.

Kafası her kızdığında rütbelerimi söküveren Abdülaziz Han'dan soğumuş, ona sadakat duygumu kaybetmiş ve fena kinlenmiştim. Önüme çıkan, yolumu kesen herkes gibi, Hünkâr da iyi bir dersi hak ediyordu da, bir hünkâra ders vermek kolay mıydı? Hele de ne yapacağı önceden kestirilemeyen, çok yumuşak gözüküp aniden çok kızabilen ve günbegün huysuzluğu artan bir hünkâr ile baş etmek hiç mümkün değildir... Ola ki tahtından inmiş olsun!

Tahtından inmiş mi olsun?

Bu... mümkün olabilir miydi?

Keşke Abdülaziz'in tahtında, devlet idaresindeki tecrübesi sıfır olan ve zevküsefadan kafasını kaldıramayan Murat Efendi otursa, dizginleri hepten elime alıp Osmanlı mülkünü ne de güzel idare edebilirdim, diye düşündüm.

Önceleri sadece bir düşünce, bir temenniydi bu... Zaman geçtikçe önce tatlı bir hayale sonra bir hedefe dönüştü.

Memleket karışıktı. Her yerde ayaklanmalar vardı. İyi eğitilmiş, disiplinli, çok tecrübeli, üstelik gözü pek bir asker olarak, benim hizmetlerimden yine istifade etmek isteyeceklerinden emindim.

Padişah bir gün rütbelerimi eskiden olduğu gibi yine bana iade edecek olursa, yani beni bir kere daha seraskerliğe tayin eylerse... İşte ancak o zaman, hayalim hakikate azıcık da olsa yaklaşabilirdi!

Sabırla beklemeye ve bekleme zamanımı değerlendirmeye başladım.

Sabrın sonu selamettir.

Yılın on bir ayını Isparta'da rütbesiz geçirdikten sonra, sadrazamlığa tekrar tayin edilen Rüştü Paşa, beni önce vali yaptı, sonra da seraskerliğe yükseltti.

Seraskerliğe tayinimi kabul buyuran Padişahım, anlıyordum ki beni bağışlamıştı lakin ben onu asla bağışlamamıştım ve imkânsız gibi duran o tatlı hayalimi, yeni makamım sayesinde pek mümkün bir hedefe çevirmek için elimden geleni yapacaktım.

Neler yapmalıydım... Nasıl yapmalıydım... Kafamı buna yordum.

Bir darbe yapma fikri yeniden serasker olduğum günlerde düştü aklıma.

Devlet iflas etmişti. Halk gayrı memnundu. Darbe kurt gibi puslu havayı sever. Üstelik darbe hevesi içinde olanları tanıyor, biliyordum. Onları tahrik edip, bırakacaktım yapsınlar planlarını... Beceremezlerse vebali onların olurdu.

Muvaffak olurlarsa, o muvaffakiyet benim olacaktı!

İkbal, itibar, daha büyük bir servet... ve İsminur dahi benim olabilirdi!

Gecelerimi hem çeşitli planlar yaparak, hem beni mest eden hayaller kurarak geçirmeye başladım.

Hayalimde, Abdülaziz indirilmiş, yerinde kukla gibi iplerini benim çektiğim, sözümden çıkmayan Murat Efendi getirilmişti ki, zaten herhalde onun da canına minnetti mesuliyetsiz ömür sürmek... Ordudan başlayarak mülkiyeden hariciyeye, maliyeden bayındırlığa her alanın benden sorulduğu bir sistem hayal ediyordum... Her işin başında, her kararın arkasında ben! Hep ben! Sadece ben!

Bayındırlık dedim de aklıma geldi... Mesela Mithat Paşa abat ettiği vilayetlerle pek övünür gururlanırdı. Efendim, her gittiği yere mektepler, yollar, köprüler, fabrikalar yaptırmışmış! Onca parayı harcadıktan sonra, kim abat etmezdi ki tayin edildiği vilayetleri!

Eğrisi doğrusuna gelivermiş, yapmışsın işte, ne var bu kadar böbürlenecek! Padişahın gözüne girmesi ise, Avrupa gazetelerinde onu öven, göklere çıkaran haberler dolayısıyladır.

Gözüne girdi de ne oldu?

Onu önce Şura-yı Devlet reisliğine layık gören, daha sonraki yıllarda da sadarete getiren Padişahına rezil oldu. Bir yılı dolduramadan Şura'daki vazifesinden, iki ay sonra da sadaretten alındı.

Sadece çok çalışkan olup, şehirleri abat etmek yetmez; kıvrak zekâlı ve kurnaz da olacaksın, kime yaltaklanacağını, kimler hakkında fesat üreteceğini iyi hesaplayacaksın. Mithat budalasının ise bu işlere aklı yatmaz, kafası bir yere kadar işler ve o sadece yaptıklarıyla böbürlenir durur.

Avrupalıların kendine pek hayran olduğuna inanmıştır nedense. Zaten aşırı derecede Avrupai yaşam hayranıdır. Avrupa medeniyetine, nizamına ve zenginliğine âşık bu akılsız adam zanneder ki, İngiltere'deki meşruti idareyi Osmanlı'ya getirebilse, Osmanlı'da her şey hallolacak... ve tabii ki meşruti sultanlığın başındaki sadrazam da bizzat kendisi olduğu takdirde!

Bu kadar hayalperesttir yani.

Ben işe onunla başlamalıydım! İlk onun kanına girmeliydim, çünkü Murat Efendi ile arası pek iyiydi, ağzı da iyi laf yapardı... Şehzadeyi darbeye ikna edebilecek tek kişiydi. Eğer Mithat ön ayak olursa, Jön Türkleri, onlarla işim bitene kadar yanıma çekebilirdim. Diyelim ki işler ters gitti, ben hemen kenara çekilirdim, şehzade ile içli dışlı hukukunu inkar edemeyeceğine göre, kabahat tamamen Mithat'ın sırtına kalırdı.

Kafamda oyunu bu şekilde kurunca heyecanlandım!

Hayata bir uşağın oğlu olarak gelen ben, nice ikbal görüp, serasker ve sadrazam olabildimse, demek yükselmek benim kaderime yazılmıştı.

Önümü daha büyük muvaffakiyetlere, daha yüksek makamlara açmak üzere, tasavvurumu adım adım tatbik etmeye başladım.

İlk olarak, o sırada kabinede vezirlik yapmakta olan Mithat Paşa'ya ve Şirvanîzâde'ye yanaştım, memleketin ahvali hakkında görüşlerini öğrenmek istedim.

Her ikisi de devletin iyi idare edilmediği konusunda hemfikirdiler, üstelik tam düşündüğüm gibi Mithat Paşa sıkı bir meşrutiyetçiydi ve Murat yanlısı olduğunu hiç saklamıyordu. Ben, ürkekçe sordum, acaba tahta Murat Efendi geçse, durum değişir miydi diye. Mithat Paşa cesurane cevapladı: Murat tahta çıkarsa, meşrutiyet ilan edilir, her şey yoluna girerdi!

Şirvanîzâde mevzuya daha temkinli yaklaştıysa da, bir değişiklikten yana olduğunu saklamıyordu.

Bu konuşmadan kısa bir süre sonra, Şirvanîzâde sadrazam yapılmaz mı!

Yahu, ben ne halt ettim!

Ya Şirvanîzâde beni padişaha gammazlarsa diye, ödüm patladı. Tedbir almalıydım, hem de acilen!

Padişahımın huzuruna acil kaydıyla çıkarak, ona çok gizli bir sır ifşa ettim: Ordu içinde bir fısıltı geziniyordu, Şirvanîzâde'nin bir darbe tertip etmekte olduğunu, bu yüzden ordu içinde güvenebileceği askerleri araştırdığını duymuştum. Mesnetsiz bir rivayet dahi olsa, duyduklarımı padişahıma bildirmek boynumun borcuydu.

Padişah, Şirvanîzâde'yi o gün azledip, yerine beni sadrazam yaptı.

Üstelik seraskerlik makamı da uhdemde kalmak üzere!

Yarabbim, körün istediği tek göz, sen verdin bana iki göz!

Sana hamd ederim, şükrederim, bin kere teşekkür ederim, bana olan teveccühünü boşa çıkarmayacağım, Rabbim!

Lakin tedbiri asla ihmal etmemek gerekiyordu.

Sadrazam koltuğuna oturduğumda ilk işim, Şirvanîzâde'yi Hicaz valiliğine tayin ederek İstanbul'dan uzaklaştırmak oldu. Zavallının, kısa bir süre sonra da Taif'te yediği yemekten zehirlenerek vefat ettiği haberi geldi!

Konuşmaya, fesat üretmeye zaman bulamadan Hakk'ın rahmetine kavuşmuştu, Allah gani rahmet eylesin!

Kökünü kuruttuğum Şirvanîzâde'nin ahı tutmuş olmalı, benim de ikbalim uzun sürmedi, bu sefer de yabancı firmalardan rüşvet aldığım suçlamasıyla padişah beni her iki makamımdan da azletti, hem de kendimi savunmama fırsat dahi vermeden!

Komisyonun adı ne zaman rüşvet olmuş?

Abdülaziz Han'a mutlaka bir ders vermenin zamanı gelmişti!

Yeni bir plan yaptım!

Hastalandım, tedavi olmaya gidiyorum bahanesiyle, nabız tutmak üzere İngiltere'ye gittim. Londra'da İngiliz nazırlar, Abdülaziz'in indirilip, yerine Veliaht Murat'ın geçirilmesini konuşmaya cesaret edebilen bir eski serasker ve sadrazamı elbette ciddiye aldılar.

Avrupalıların zaten Galler Prensi Edward'ın yakın dostu olan ve Edward yüzünden mason locasına üye olduğu rivayetleri ağızdan ağıza dolaşan Şehzade Murat'a büyük sevgileri vardı.

Ayrıca, bu davada kader arkadaşım olacak Mithat Paşa da zaten bütün Avrupa'da tanınan, muteber bir devlet adamıydı ki, yabancılarla temaslarımda onun adını sık zikrediyordum.

Pek müspet ve hayırlı görüşmeler yapmış, İngiltere'den icazet almıştım madem, şimdi memlekete dönüp iş başı yapmalı, fazla geciktirmeden ve genel hava tam da son derece bulanık ve bir darbeye uygun ahval ve şerait içindeyken, her ne pahasına olursa olsun, kabineye girmeliydim!

Devlet-i Aliyye, tarihinin yine zor dönemlerinden birini yaşıyordu.

Tanzimat hükümleri sadrazam Mahmut Nedim Paşa'nın sadareti sırasında alt üst edilmiş olup, devlet bütçesinde beş milyon altın açık vardı. Bosna-Hersek'teki ayaklanma devam ettiği gibi, Rusların gizlice yolladığı silahlara sarılan Bulgarlar, Türk köylerini basarak bin kadar Müslüman Türkü öldürmüşlerdi. Bulgaristan nüfusunun yarısından fazlası Türk, yarısından azı Bulgardı, yani, Tuna'ya kadar olan topraklara Bulgarlara ait demek de mümkün olmadığından, nasıl bir cüretti bu! Müşir Abdi Paşa komutasında iki tümen bölgeye yollanmış, ayaklanma bastırılmış ve dört bin beş yüz asi öldürülmüştü.

Avrupa basını bu olayı Türklerin durup dururken on binlerce Hıristiyanı katlettiği, yüzlerce Bulgar köyünü yerle bir ettiği şeklinde yansıtmıştı.

Kuzey Amerika da bu yalan propagandadan nasibini alınca, Avrupa'da müthiş bir Türk düşmanlığı başlamıştı.

1876 yılının Mayıs ayında Müslümanlığı kabul etmiş bir Bulgar kadının Hıristiyanlarca peçe ve çarşafının yırtılmasına karşılık, Selanik'teki Almanya ve Fransa konsolosları da Türkler tarafından linç edilince, işler iyice çığırından çıkmıştı.

Puslu havayı seven kurt gibi, işte ben tam da bu arada devreye girmeliydim!

Namık Kemal'in Taif'e sürülmesinden ve Jön Türklerin de Avrupa'ya kaçmalarından sonra iyice rahatlayan padişahın, Murat Efendi'nin borçlarını hazine-i hassaya ödettiğini ve yeğenine herhalde artık uslu durması için dört yüz altınlık bir ek ödenek tahsis etmiş olduğunu da öğrenmiştim.

Paranın açmayacağı kapı yoktur zannediyordu padişah!

Galiba mevki hırsı, bazen paradan daha ağır basabiliyor.

Planımı kendini her işin başı gibi görmekten ve böbürlenmekten hoşlanan Mithat Paşa'ya fısıldadım, eğer Murat Efendi kesenin ağzını açar da Harbiye talebelerine bahşiş dağıtırsa, memleketin haline fazlasıyla üzülen talebeler belki bir protesto gösterisi düzenlerlerdi.

Mithat Paşa, tahmin ettiğim gibi, o an benim avcuma, veliaht Murat da onun avcuna düştü!

51

Ben de bu işin tertiplenmesini alkol aldığında ağzı gevşeyen Mithat Paşa'ya bıraktım ki, bir terslik olursa, topun ağzında kendisi olsun.

Birkaç gün sonra da İstanbul medreselerindeki talebeler, "Müslümanlar Hıristiyanların hakaretlerine maruz kalıyor, böyle zamanda ders yapılmaz!" diyerek, bütün mekteplerde talebe ayaklanması başlattılar.

Hıristiyan ile Müslüman karşı karşıya geldiğinde softalar hiç boş durur mu, her zamanki gibi, araştırıp soruşturmadan hemen yollara döküldüler ve önce seraskerliğe, oradan da padişahın o sırada oturduğu Yıldız Kasrı'na yürüyerek ve geçtikleri yollarda cahil halkı da peşlerine takarak, Sadrazam Mahmut Nedim Paşa'nın istifasını istediler.

Sadrazam Nedim Paşa'nın istifasının adından, 13 Mayıs 1876'da Berlin Tebliği ile Avrupa'nın büyük devletleri Osmanlının iç işlerine müdahale kararı aldılar.

Ben eski bir sadrazam ve serasker olarak, zat-ı şahanelerine üzüntülerimi ve kaygılarımı arz etmek ve benden bir emirleri var mıdır öğrenmek üzere huzura çıktım. Bu karışık günlerde yaşlı, tecrübeli ve dirayetli bir sadrazama ihtiyaç duyulduğunu, o kişinin adını ağzımdan kaçırarak ve elbette hiç haddim olmayarak arz ettim.

Kaderin Osmanlı İmparatorluğu ve padişahı için sert bir iniş çizgisine geçtiği günlerde, benim darbeye ikna ettiğim zevatın ekmeğine yağ sürülmesi, zatımın sahiden de yükselen bir yıldızın altında doğduğuna işarettir.

Neden mi?

Çünkü Padişah, avcuma alacağımdan emin olarak ona ısrarla tavsiye ettiğim Rüştü Paşa'yı dördüncü kez sadrazamlığa tayin etti!

Rüştü Paşa tecrübeli ve bilgiliydi lakin ürkek tabiatlıydı, cesur kararlar alamaz, mesuliyet karşısında hemen istifa ederdi. Çoğu sadrazam gibi paragözdü ve iyice yaşlandığından, artık en büyük arzusu ömrünü bu makamda sonlandırmaktı. Karakterini çok iyi tahlil etmiş olduğumdan, onu nasıl tesir altında bırakıp, yanımıza çekeceğimi iyi biliyordum.

Rüştü Paşa'ya, Avrupa'da yaptığım temasları bire bin katarak anlattım. Üstelik ikna faaliyetim esnasında yalnız da değildim; Padişahın karşı olduğu meşrutiyete samimiyetle inanan Mithat Paşa ile birlikte, ikna ettik ihtiyarı.

Avrupa'nın özellikle de Galler Prensi'nin yakın dostu olduğu için, İngiltere' de Murat'ın tahta geçmesini arzulayan çok devlet adamı olduğuna, taht el değiştirirse şu anki padişahımızdan daha Avrupai ve Batı yanlısı olan Murat'a Avrupa devletlerinin borç vermede kolaylık gösterip, cömert davranacaklarına ve bu muvaffakiyetin bizzat sadrazamın şahsına yazılacağına onu inandırdık.

Ve eğer Rüştü Paşa beni seraskerlik makamına getirirse, ordu zaten benim sevk ve idaremde olacaktı ki, işte o zaman ihtilalin başarısız olması mümkün değildi.

Halledilmesi Rüştü Paşa'nın elinde olan bir ikinci husus daha vardı. Padişah hilafet makamını da temsil ettiği için, onu hal fetvası olmaksızın tahttan indirmek mümkün değildi, lakin şeyhülislamlık makamına bizle birlikte hareket edecek birini, mesela Hayrullah Efendi'yi getirirse, fetva işini de kolayca hallederdik.

Hayrullah Efendi harem kadınları arasında sesinin güzelliğinden dolayı pek revaçta bir imamdı. Okuduğu gazellerle Padişah'ın da kalbini kazandığı için mahalle imamlığından saray imamlığına, sonra da Padişah'ın sayısız gaflet anlarının birinde şeyhülislamlığa getirdiği fakat hatasını anlayıp, otuz sekiz günün sonunda bu makamdan aldığı kişiydi.

Padişah onu azlettiğinde, gönlünü almak için şahsına bahşettiği iki bin beş yüz altını kâfi görmeyen, elinden alınan makamın şaşaası parayla ölçülmez olduğundan, velinimeti Padişahına diş bilemeye başlamış bir kifayetsiz muhteristi.

Dereyi geçene kadar o da avcumuzda olduğu takdirde, her bakımdan kusursuz bir darbe yapmış olurduk.

İkna konuşmalarımızı sabırla sürdürüyordum.

Sanırım bu saydıklarımın hiçbiri, yaşlı Sadrazam'ı ikna edemeyebilirdi, eğer ona Abdülaziz'in son dört yıl içinde değiştirmiş olduğu sadrazamları hatırlatmasaydım!

Kendisi de aralarında olmak üzere altı ayrı sadrazam, kimi makamlarında bir yılını, kimi iki ayını dahi dolduramadan tekrar tekrar azledilip yeniden tayin edilmişlerdi. Zatının da kısa zaman içinde makamından alınmayacağı ne malumdu? Halbuki Rüştü Paşa bizimle taraf olsa, tertip etmekte olduğumuz darbeyi en kısa zamanda muvaffakiyetle sonuçlandırır, sadaretinin hayatı boyunca sürmesini temin ederdik.

Rüştü Paşa söylediklerimizi düşünürken boş durmadı, Padişaha ısrarlı dalaleti ve bir kere daha Abdülaziz Han'ın büyük gafletiyle, Hayrullah Efendi'yi ikinci defa şeyhülislamlığa, beni üçüncü defa seraskerliğe, Mithat Paşa'yı ise Şura-yı Devlet reisliğine tayin etti.

Şaşırdım kaldım.

Ben kendimi ispatlamış bir askerdim, Mithat Paşa malumatlı, tecrübeli bir devlet adamıydı... Lakin tayin hakkı bizzat zat-ı şahanelerin iradesinde olan şeyhülislamlık makamına,

Padişah'ın daha önce tecrübe edip, otuz sekiz gün sonra makamından aldığı bu saray dalkavuğunu ikinci kez tayin edeceğini hiç tahmin etmemiş, bu işte Mithat Paşa ve benim de ısrarımız lazım olacak zannetmiştim.

Israra, iknaya filan gerek kalmadı, ne haliniz varsa görün havasındaki padişahımıza memleket buhranlarından dolayı bir bıkkınlık hali gelmiş olmalıydı ki, ekmeğime yağ çok kolay sürüldü!

Hayalim hakikate dönüşmeye bir kol mesafesinden dahi yakındı şimdi.

Ordu yine emrimdeydi!

Sadrazam Rüştü Paşa avcumdaydı.

Mithat Paşa kabinedeydi.

"Şerhullah" lakaplı Hayrullah, meşihat makamındaydı.

Memleketin hal ve ahvali ise tam da darbeye uygun kıvamdaydı.

Şimdi sıra, darbenin yapılacağı gün kullanacağım subayların, komutanların seçimine gelmişti.

İki yıl kadar önce Harbiye ve askerî mektepler kumandanlığına getirilmiş olan Süleyman, Harbiye'de benim talebemdi. Aynı yıl, Osmanlı Devleti'nin eskiye nazaran gerilediğini, dünya üzerindeki payının azaldığını, tekrar yükselebilmesi için Avrupa'nın meşrutiyet rejimini benimsememiz gerektiğini anlatan bir kitap yazmıştı ve kulağıma Harbiye'de bu sözleri telkin ettiğine dair bir dedikodu gelmişti.

Onu hemen makamıma çağırttım.

Geldi, gözlerinde korkuyla dimdik dikildi karşımda. "Otur," dedim. Şaşırdı.

Bir seraskerin karşısında en yüksek rütbedeki asker dahi oturmaz, emri ayakta, esas duruşta alırdı. Elimle masamın öte yanındaki koltuğu işaret ederek tekrar, "Otur," dedim. Huzursuzca ilişti koltuğa. İşte o zaman eski öğrencime, batmakta olan imparatorluğumuzun halini, ıslahata direnen Padişah'ın haledilerek, yerine meşrutiyet yanlısı Veliaht Murat'ın çıkarılmasının batışı durdurmanın tek çaresi olduğunu anlattım ve yardımı istedim.

Bana önce bu uğurda kellesini koymayı şeref bileceği sözünü, sonra da çok değerli bir malumat verdi.

Padişaha çok bağlı olan hassa ordusuna bu malumat asla sızmamalıydı.

Harbiye talebeleri kendisine çok bağlıydılar. Onları nefer kıyafetiyle darbenin yapılacağı günün gecesinde saraya sevk edecekti.

Ayrıca İstanbul'daki mektebe talim ve tahsil görmeleri için yollanmış olan Türkçe bilmeyen Arap öğrenciler vardı; üzerlerine nefer kıyafeti giydirip muhtemel bir darbe ihbarı alındığı için, Padişahı korumak üzere sarayın etrafında kuş uçurtmamaları emriyle, onları arka bahçeye dizdirecekti.

Sarayı saran askerlerin başında işte bu Süleyman Paşa bulunacaktı; son dakika bir aksilik çıkarsa, serasker olarak hemen ölüm emrini verir, hatta hırsıma yenilip bizzat tabancamla vurabilirdim bu asi paşayı!

Asi sıfatının yanına bir de budala sıfatını mı eklemeliydim adının önüne... Çünkü Mithat Paşa'nın dışında, bu darbenin meşrutiyeti getirmek üzere planlandığına inanan ikinci kişiydi Süleyman!

O kadar saftı yani...

Süleyman Paşa huzurumdan ayrılırken keyifle gülümsedim. Rüştü Paşa ile aramızda konuşmuştuk, Mithat'a belli etmiyordu ama o da aynen benim gibi düşünüyordu. Devletin bünyesini iyi tanıyan, tecrübeli bir zat idi ve Osmanlı İmparatorluğu gibi, millî olmayan ve fakat içinde birçok milletler, dinler yelpazesi barındıran bir devleti dağıtacak en kısa yolun meşrutiyet rejimi olduğunun, benim gibi o da farkındaydı.

Rüştü Paşa darbeyi sadece kendi makamını sağlama almak için istiyordu. Darbe muvaffakiyetle tamama ererse, Rüştü Paşa'yı ne yapacağıma Murat tahta oturduktan sonra karar verirdim artık.

Lakin bu darbe fazla uzatılmadan, duyurulmadan, şu andaki mevcut kadro Padişah tarafından işgal etmekte oldukları makamlardan alınmadan, bir hafta içinde yapılmalıydı.

Veliaht Murat Efendi'ye tahta çıkacağı ancak iki gün öncesinden haber verilmeliydi. Ayrıca hal tamamlanana kadar, her hareketi yakından izlenmeliydi ki, tahta çıkmaktan vazgeçecek olursa bilelim, her ne münasip ise onu yapalım.

Son hazırlıklar için Rüştü Paşa, Mithat Paşa, Süleyman Paşa ve onun çok güvendiği birkaç arkadaşıyla konağımda buluştuk, Padişahın hali için tarihlerden 31 Mayıs sabahını seçtik. Ben öğlen saatlerini düşünmüştüm, Rüştü ve Mithat Paşalar da benimle aynı fikirdeydiler. Çünkü herhangi bir aksilikte, üçümüz de o sırada kabine toplantısında olacağımız için, suçu tamamen Süleyman Paşa ile Harbiyelilere atıp paçayı kurtarabilirdik.

Süleyman Paşa, Padişah'ın sabahın çok erken bir saatinde, mesela tam 04:30'da şafak vakti, saray ve şehir halkı uykudayken alınmasında ısrar etti. Darbeyi fiilen yapacak olan oydu, mecburen kabul ettik.

Bu tarihi Murat Efendi'ye ancak 28 Mayıs gecesi, saray doktoru Kapoleon ve Ziya Bey birlikte bildirdiler ki, 30 Mayıs'ı 31 Mayıs'a bağlayan gece mutlaka Beşiktaş Sarayı'nın veliaht dairesinde gecelemeliydi!

Haberi duyduğunda Murat Efendi gülümsemiş, "Ben zaten talebe ayaklanmasından beri, veliaht dairesinde mahpusum. Zat-ı şahaneleri her neden işkillendiyse, sadece benim değil bütün şehzadelerin illa saray sınırları içinde kalmamızı emrettiler. Bir ayı aşkındır hepimiz Beşiktaş Sarayı'nda mahpus durumundayız," demiş.

Kendini altın kafese kapatılmış gibi hisseden Murat Efendi, işte saraya kapatıldığı o günlerde sıkıntısından içkinin dozunu kaçırdığı için asabı da iyice bozulmuş, saraya doktor çağrılmış.

İsabet olmuş!

Böylece darbe tarihi Murat Efendi'ye kimsenin dikkatini çekmeksizin, onu hususi doktoru olarak ziyarete giden saray hekimi Kapoleon tarafından bildirilmiş oldu.

Artık herkes ve her şey hazırdı!

Derken beklenmedik bir gelişme vuku buldu.

Padişah 29 Mayıs günü, yani veliahta haber uçurulmasının ertesi gününde beni saraya çağırttı. O an, yüreğime nasıl inmedi, bilmiyorum.

Acaba hazırlıkları mı duymuştu? İhanetimizden haberdar mı olmuştu?

Yoksa veliaht Murat korkup bizi ihbar mı etmişti?

Malumat almadan saraya katiyen gidemezdim. Gitmemek için bir bahane uydurdum ve artık emrimde kabul ettiğim mahşerin dört atlısından üçüne, acilen seraskerlik binasına gelmeleri için hemen haber saldım.

Ne veliahdın ne Hayrullah Efendi'nin bu son gelişmeden haberdar olmasına lüzum yoktu. Hele veliaht şehzade asla bilmemeliydi, zira her an vazgeçebilir bir hali vardı, ona hiç güvenmiyordum. Her iş olup bittikten sonra haberdar edilmeliydi.

Sadrazam Rüştü Paşa, Mithat Paşa ve sarayı sarıp Padişah'ı bizzat hal edecek olan Süleyman Paşa hemen geldiler.

Meseleyi fazla uzatmadan şu karara vardık: Ben bugün asla saraya gitmeyecektim ve darbeyi bir gün önceye alıp, Padişah hazırlıksızken hemen yapacaktık, o bizi indirmeden biz onu indirecektik. 31 Mayıs yerine, 30 Mayıs şafak vakti!

Yani, ertesi gün!

Allah'ın izniyle her şey yolunda gitti!

Darbenin saray kısmının muvaffakiyetle tamama erdirildiği haberi bana ulaştırılınca, ben iyice emin olmak için, sakıt padişah Abdulaziz'in Topkapı'ya götürülüşünü, Çubuklu'daki yalımdan dürbünle izledim.

Sonra da artık sakıt ve sabık Abdülaziz Han'ın bana ihsanı olan altın yaldız süslemeli beş çifte kayığımla karşı kıyıya geçtim.

Abdülaziz şu anda benim hususi emrimle, III. Selim Han'ın hapsedildiği odaya çoktan yerleştirilmiş olmalı. Canını alacak değilim lakin sonunun büyük amcası Selim gibi olması ihtimali, onu can korkusuna mutlaka düşürmüştür! İntikamımı iyi aldım!

Ve şayet her şey yolunda gitti ise, saraydan kayık ile Topkapı sahiline getirilmekte olan veliaht Murat'ı cülus törenine götürmek üzere, arabamda bekliyorum.

Yani, az sonra padişah olacak kişi şu anda ayağıma gelmekte.

Onu karşılamak üzere arabamdan inmeyeceğim, onu eteklemeyeceğim.

Bir askerî selam yeterli olacak ki, tahtını medyun olduğu kişinin yani müstakbel sadrazamının karakteri hakkında tez bilgi edinsin.

Yerini bilsin, şımarmasın.

Sultan V. Murat, tahta geçtiğinde sınırlarını sadece benim tayin edeceğim kadar hürriyete sahip olacak.

Osmanlı mülkü bundan böyle bana emanet.

Çünkü bu sabahki darbeyi ben hayal ettim, ben tertip ettim, ben idare ettim.

Sultan Abdülaziz Han'ın haledilmesi sadece ve tamamen benim eserimdir. İmparatorluğun feraha çıkarılması da inşallah yine benim eserim olacak!

Ya sonrası?

Sonrası Allah kerim!

33. OSMANLI PADİŞAHI SULTAN V. MURAT

Beşiktaş Sarayı, Veliaht Dairesi
(30 Mayıs 1876, sabah saatleri)

Biri uyanmam için sarsalıyor mu beni, yoksa rüya mı görüyorum?

Beşiktaş Sarayı'ndaki dairemde mahpusum ben. Padişah amcamın emriyle yaklaşık bir aydır bahçeye dahi çıkamadığıma göre, çok geç kalkıyorum, yoksa gün geçmek bilmiyor. Bu yüzden beni sabahları erken uyandırmazlar.

Aaa, validem imiş beni uyandıran!

"Uyan, tez uyan," diye sarsalayıp duruyor beni!

Allah Allah! Yarın yapılacak iş bugüne alınmış olsa, bana haber verirlerdi.

Yoksa... Aman Allahım yoksa?

Vah ki vah! Amcam haberdar oldu darbeden, beni öldürmek için geldiler! Önce bir zindana tıkıp sonra da beni boğacaklardı herhalde.

Titremeye başladım. Dişlerim birbirine vuruyor... Sol gözüm seğiriyor. Kendime gelmeliyim, korktuğumu kimse anlamamalı...Validem dahi!

61

"Hayırlı bir iş!" diyor bana validem, sesi cıvıldıyor.

Hayırlı iş mi?

Nasıl yani?

Hemen pencereye koşup dışarı baktım.

Veliaht dairem iki sıra askerle çepeçevre kuşatılmış.

Neden? Tahta çıkacaksam, asker kordonu niye? Demek ki doğru bilmişim, öldürmek için almaya geldiler beni!

Belki de bir kâbus bu! Dün akşam yine çok içtiğim için, kötü bir rüya!

"Hazırlan aslanım," diyor validem.

"Ne için hazırlanayım?"

Bir şeyler söylüyor ama duymuyorum.

Bir yandan da konuşuyor muydum, düşünüyor muydum, tuhaf bir rüya mı görüyordum... Hangisi? Onlara söyleyin, benim bu işte hiçbir dahlim yok, ben hünkârımdan her zaman hoşnuttum, diyordum.

O değil miydi tahta geçtiği gün beni huzuruna çağıran ve "Cennetmekân ağabeyimin bana gösterdiği ihtimamı ben de onun şehzadelerinden esirgemeyeceğim, validenle birlikte sarayda ikamete devam edebilir, canın istediğinde Bebek sırtlarındaki Nisbetiye Kasrı'nda veya Kurbağalıdere'deki çiftlik köşkünde dahi kalabilirsin," diyen.

"Benden sonra tahta sen geçeceğin için, çok çalışıp malumat ve adabı muaşeret edinmelisin, bir padişaha yakışır şekilde teçhiz edilmen için ben şahsen alakadar olacağım, elimden geleni yapacağım" da diyen!

Nitekim Avrupa ve Mısır seyahatlerine çıkarken tecrübe edineyim diye, beni de yanına alan!

O seyahat esnasında ne kıymetli ahbaplar edinmiştim, sayesinde... Lakin yine o seyahatlerde selis Fransızcam, malumat ve nezaketimle herkesin takdirini topladığım, imparatorluğuma şeref kattığım da bir hakikattir. Yoksa bu gezilerde III. Napoléon'un ve Kraliçe Victoria'nın ondan çok bana alaka göstermeleri mi bir husumet yarattı amcamda, bak bu hiç aklıma gelmemişti!

Yok, hakkını yiyemem, bana son yıllara kadar iyi davrandı hünkâr amcam, şu son saray hapsine kadar hakkaniyetli davrandı.

Şehzadelerin çocuk yapması hoş görülmediği halde, benim ikinci evladım ve büyük kızım Hatice'nin doğumunda, hamile ikbalim güya düşük yapmakta olduğu için acilen hekim Emin Paşa'nın konağına götürülmüş ve kızım orada doğmuştu. Bir hafta sonra lohusa annesiyle birlikte gizlice sarayın bana ait olan veliaht dairesine getirilmişler ve zavallı anacığı kısa bir süre sonra vefat etmişti. Bebekliğini bir kalfanın odasında geçiren bahtsız kızım Hatice, daha sonra benim Kurbağalıdere'deki köşkümde, kendinden iki yaş küçük kız kardeşi Fehime ile birlikte gözlerden uzakta büyümüştü. Fakat ne kadar gözlerden uzak da desem, her hanedan üyesinin en az bir hafiyesinin bulunduğu şu âlemde, hünkâr amcamın çocuklarımın varlığından habersiz olması mümkün değildi.

Bana en kızgın olduğu günlerde bile, amcam bunu benim yüzüme vurmadı.

Beni meşrutiyetçi dostlarım ya da aşırı masraflarım için hırpaladığı, azarladığı hatta cezalandırdığı doğrudur ama oğlum ve kızlarım hakkında hiç yüzleşmedik.

Allah'ı var ki, hayat tarzıma da karışmadı!

Padişah amcamla hayat tarzlarımız pek uyuşmadığı için saraydaki veliaht dairemde ben pek ender kalırdım. Amcam, yemek masasında içki kullanmaz. Ben kullanırım lakin onun yanında içmek yakışık almaz. Ben akşam yemeklerinde soframda şair, edip, bestekâr, gazeteci ve ecnebi temsilcilerle dolu bir meclis isterim. Onlarla fikir teatisinde bulunmayı, sohbet etmeyi severim. Haşmetli amcamsa yalnızlığı sever, yanına sadrazamları bile izin alarak, önceden haber vererek girerler.

Bu sebeplerle yılın çoğunu sarayda değil de sayfiye köşklerimde geçirmem suç teşkil eder mi? Etmez!

Etmez ise, neymiş suçum? Müsrifliğim mi?

Müsrifliğim bana peder-i şahanemden geçmiştir. Eli çok açık bir padişahın şehzadesiyim ben. Doğumumda bir hafta boyunca günde üç vakit beşer top atılan, halkın sevinçten günlerce evlerini ve konaklarını kandillerle donattığı, babaannem Bezmiâlem Sultan'ın benim için sarayda çil çil altınlar saçtığı, tersaneden getirilen sallarda Beşiktaş Sarayı önünde fişek gösterilerinin yapıldığı, beklenen, özlenen şehzadeyim.

Aile içinde birilerinin beni veliaht görmek istemesi de benim suçum değil. Başkaları o hayalleri kurarken, ben çocuktum daha! Üstelik, tahtı en şiddetle özleyen, sarayda en yüksek payeye ulaşmayı hasretle bekleyen validemdir, ben er ya da geç benim olacak taht için niye acele edeyim ki?

Anladım, illa götüreceksiniz de... Ne ile suçlayacaksınız beni? Dostlarımla mı?

Evet, benim Jön Türklerle yazıştığım, haberleştiğim doğrudur ama onlar benim yakından tanıdığım dostlarım. Onlarla felsefi ve edebî konuşmalar yaparız, musiki dinleriz. Siyaset ile de alakadar oluruz ki, bu dahi tahtta gözüm var demek değildir. Hünkâr amcamdan sonra sıra zaten bende. Benim otuz altı yıldır sürdürmekte olduğum bu keyifli hayattan vazgeçip, nasılsa bana bir gün nasip olacak vazifeye vaktinden evvel talip olmak için deli olmam lazım.

Beni tez vakitte tahtta görmek isteyenlerin mevcudiyetini ise inkâr edemem. Her devlet adamının kendince bir hayali vardır. Meşrutiyet taraftarıyım diye, birileri ben padişah olayım istedilerse, bu benim kabahatim mi?

İstemiyorum entarimi çıkartmak... İtiştirmeyin beni... Aaaa!

Nitekim, meşrutiyet sevdalısıyım diye yıllarca kanıma girmeye çalışanlar oldu.

Osmanlı'nın muasır medeniyet seviyesine çıkması istibdat ile mümkün değildir, elbette memleketin hayrı için, aklım çelinmedi değil... Lakin ben zinhar taht sevdasından değil, vallahi de billahi de Hünkâr amcam borçlarımın miktarını öğrenecek diye korkumdan yedim bu haltı... Çünkü geçen ay, borcum bir milyon Osmanlı altınına denk düşüyordu. Bankerler verdikleri parayı faiziyle ödemem için benden umudu kestiklerinden, çok yakında Hünkâr'ın bizzat kendisine başvuracaklardı. Borçlarımı yeni kapatmış olan Hünkâr, bu büyük miktarı nereye sarf ettiğimi soracaktı.

Ne diyebilirdim ki ona?

Han, hamam, cami ya da saray inşa ettirmemiştim. Validemin tek bir hayratı yoktu, bir çeşme olsun yaptırmış değildi ki, parayı ona vermiştim, diyeyim. Yegâne şehzadem Selahattin'i baş göz edip düğün dernek kurmamıştım, kızlarım ise henüz çocuktular, çeyiz parası dahi sarf etmemiştim. Kısacası bunca parayı nereye savurduğumun hesabını verecek durumda değildim.

Amcam da benim Jön Türklerle yakınlığımdan hoşnut değildi.

Lakin gizli bir cemiyetin manevi reisi olduğumu, o dahil kimse bilmez! O cemiyete bazı yardımlarda bulunduğumu ise inkâr edemem çünkü manevi reisleri bendim. Cemiyette Kavalalı ailesinden zengin prensler de vardı ki zaten cemiyetin ilk reisi, Mehmet Ali Paşa'nın torunu, Osmanlı nazırlarından Mustafa Fazıl Paşa idi.

O, bu işten usulca sıyrılınca, cemiyetin mali yükü benim üzerime kalmıştı.

Bunu Hünkâr'a söyleyemezdim, Magosa'ya sürgüne yollanan Namık Kemal'e para yardımı yaptığımı ise hiç söyleyemezdim!

Bunca parayı nereye savurduğumun hesabını verecek durumda değildim. Ben en çok padişahın ödenemez hale gelen borcumu öğrenmesinden korktum, zira nerelere harcadığımı araştırmaya kalkışırlarsa, bazı dostlarımın başını yakabilirdim.

Tek bir çarem kalmıştı, biraderim Abdülhamit'e başvurmak!

İki yıl farkla aynı gün doğmuş olmamıza rağmen, bu biraderimle huylarımız hiç uyuşmazdı lakin birbirimizi severdik. O tutumluydu. Parasını biriktirir, çoğaltırdı. Bilmezdi ki, kefenin cebi yoktur! Benim harcamalarımı asla tasvip etmediğini de bilirdim.

Yine de şansımı denedim. Abdülhamit'ten borç istedim.

Vermedi!

Tahta bu kadar çabuk çıkacağımı bilse verir miydi acaba?

Ben dahi bilmiyordum ki, o bilsin!

66

Vermiş olaydı vallahi de billahi de tevessül etmezdim bana "29 Mayıs gecesini mutlaka Beşiktaş Sarayı'nda geçirin," dediklerinde, ima ettiklerini kabule.

Lalam ve Cevher Ağa telaş içinde koşuşturuyorlar etrafımda, esvapçım da gelmiş, zorla giydiriyorlar beni. Niye çekiştirip duruyorsunuz kollarımı yahu!

Giyinmek istemiyorum!

Ah validem ah, bu sabahın günahı sizin de boynunuzda! Sizin valide sultan olma arzunuza kurban gidiyorum ben! Tatlı bir hayat yaşamaktayken, o hain bakışlı Serasker Avni Paşa ile ne hayaller ve kumpaslar kurdunuz benim üzerimden!

Nişanların hepsi mi takılacak? Ölüme giderken nişan niye? Öte yana geçmek için bir kefen yeter bilirdik!

Bir kusurum daha varsa, vallahi Namık Kemal üstadın yüzünden alıştığım alkol müptelalığıdır ki, bunun için de insan sabahın köründe yatağından kaldırılıp ölüme götürülmez ki, tövbe estağfurullah!

Neler oluyor, Allah aşkına validem?

Validem namütenahi susmamı, sakin olmamı söylüyor.

Ellerim mi titriyor?

Sol gözüm mü seğiriyor?

Sağ mı seğirseydi keşke?

Kötüye mi alametmiş sol gözün seğirmesi?

Bir bardak şerbet verdiler. İçtim. Daha sakinim şimdi.

Aynada kendime baktım.

Ölüme götürüyor olsalardı, bu kıyafeti giydirmezlerdi. Bütün nişanlarımı takmışlar... Neyse, içim biraz rahat etti!

Dairemden çıktım. Mabeyne geçtik, karşımda siyah üniforması içinde bir binbaşı vardı.

Bittim ben! Düşündüğüm gibi oldu demek ki! Serasker Avni mendeburunun tertiplediği darbeyi amcam öğrendi, benden bildi, beni öldürmeye geldiler.

Bir anda yine ter içindeyim.

Lalam kulağıma eğilip, karşımdaki bu şahsın Harbiye mektebi kumandanı Süleyman Paşa olduğunu söyledi. Paşalık alameti olan sırmalarını ve sırmalı kılıcını kuşanmamış nedense, o yüzden anlamamışım kim olduğunu.

Demek ki korktuğum gibi değil ama bakalım...

Süleyman Paşa beni asker selamıyla selamladı, "Amcanız Abdülaziz Han'ın hal'i bir gece erkene alındı şehzadem, bir an evvel çıkalım, cülus için acele etmeliyiz," dedi.

Doğru mu duydum?

Validemi gördüm o sırada. Bana gülümsüyordu, içinden sessizce dua okuyup yüzüme üfledi.

"Nereye gidiyoruz?" diye sordum.

"Seraskerlik dairesine," dedi.

Amcamın yerine beni padişah yapacaklarsa eğer, Topkapı Sarayı'na götürülmem icap etmez mi?

Az evvel azalan titreme yine geldi ellerime. Süleyman Paşa denen herif görmesin diye ellerimi cebime soktum, lakin bir taraftan da gözüm seğiriyor.

Gözlerimi kapattığımda ise, gözlerimin önüne sadece taht uğruna kıyılan nice canlar geliyor, Osmanlı'nın benden önce öldürülen, boğdurulan şehzadeleri, padişahları ve aralarında yüreğimi en çok burkan... Ah hayır, hayır, onu hatırlamak hiç istemiyorum... On dokuz yaşında en feci ve rezil şekilde canına kıyılan gencecik Osman'ı!

Niye aklıma geldi şimdi bu? Gitsin gözümün önünden hayali.

Hişşşt! Hişşt! Hoşt!

Ellerimi salladım habis bir ruhu kovar gibi. Tövbe, tövbe! Ne yapıyorum ben, atam o benim, ne yaptıysa diğer atalarım gibi Osmanlı'nın iyiliği için yaptı, Rabbim mekânını cennet eylesin.

Süleyman Paşa gözlerini dikmiş bana bakıyordu. Aklımdan geçenleri okuyamaz, neyse ki!

"Niye?" dedim, "Niye oraya götürülüyorum?"

"Cülus töreni için!"

"Neden sarayların birinde yapılmıyor?"

"Avni Paşa öyle münasip gördü."

Avni Paşa, tahta çıkacak padişah namzedine nerede cülusa çıkacağını danışma lüzumu hissetmez mi?

Ben on yaşında çocuk muyum? Bu ne küstahlık!

Yok, şimdi bu günahım kadar hoşlanmadığım, hatta amcamın dahi hoşlanmadığını bildiğim iğrenç adamı düşünmenin zamanı değil. Ben encamımı düşüneyim önce.

Bir an önce amcama haber salıp, ondan af dileyeyim. Benim haberim yoktu, bana son dakika söylediler, vallahi de billahi de bu işe dahlim yoktur, diyeyim.

Mabeyinden çıkmadan pencereden dışarı baktım yine. Veliaht dairesinin etrafı hâlâ askerle çevriliydi. Sarsıldım. Hiç emin değildim neler olduğundan lakin itiraz etmeden çıktım dışarıya. Süleyman Paşa'nın ardı sıra yürüdüm.

Saraydan çıktık, saray karakolunun önünde bekleyen Müşir Redif Paşa beni görünce koşturup uzun ceketimin eteğini öptü ve kafilenin önüne geçerek yürümeye devam etti.

Şükürler olsun ki ölüme götürülmüyormuşum!

Askerlerin hattına geldik.

Askerler padişahı korurlarken kuş uçurtmaz, müşir rütbesini dahi tanımazlardı. Redif Paşa'ya süngü gösterip "Yasak!" dediler. Paşa şaşırdı kaldı. Yüzünde bir dehşet ifadesiyle Süleyman Paşa'ya seslendi.

Ben, "Bu asker niye sizleri tanımıyor?" diye sordum.

Ellerim zaten titriyordu, çenem de titremeye başladı. Görmesinler diye ellerimi cebimdeydi zaten, başımı da kuş gibi gömdüm adeta paltomun yakasına. O anda bir yudum alkol alsam sakinleşecektim ama mümkünü yok!

Kalbim deli gibi çarpıyordu. Kurşuna dizilmemiz an meselesiydi.

Bittik biz! İşte şimdi bittik!

Paşalar da ben de burada can vereceğiz. Validem kınalar yaksın! Onun hırsı narına ölüme gidiyordum!

Süleyman Paşa bize refakat eden taburda Arapça bilen biri var mı diye sordu. Sonradan Müşir Namık Paşa'nın oğlu olduğunu öğrendiğim Kolağası Ali Bey geldi, hazırola geçti.

Süleyman Paşa hazırolda bekleyen yüzbaşıya, Sultan Aziz'in uykusunda vefat ettiğini (Allahım! Doğru olmasın! Sakın doğru olmasın! Amcamın kanı asla bulaşmasın ellerime!), tahta Veliaht Şehzade Murat'ın oturacağını söyledi, beni işaret ederek. Kolağası Ali onun söylediklerini Arapçaya tercüme etti.

O zaman sarayı çevirmiş bu iki taburun Türkçe bilmediğini anladım.

Neler oluyor yahu?

Kim bu asker kıyafeti içinde, Türkçe bilmeyen, üzerimize silahlarını doğrultmuş genç adamlar?

Ben bir an gözlerimi yumdum, sonra açtım ki, askerler süngülerini indirmiş, açılmış yol veriyorlardı bizim kafileye.

Kordonun dışına çıkarken, en yakınımdaki paşaya, usulca "Sultanımız hayatta mı?" diye sordum.

"Topkapı'ya götürülüyor," dedi. Halbuki tahttan indirildiği takdirde, onun sahil saraylarından birine götürülmesini ihsas etmiştim ben Serasker'e. Neyse ki hayattaymış amcam! Allahıma bin şükür olsun!

Ellerimin titremesi hafifledi biraz.

Redif ve Süleyman Paşalar beni saltanat arabasında oturan Serasker Avni Paşa'nın yanına götürürlerken çok yavaş yürüyorlardı. Her üçümüz de o anda artık tahta oturması kesinleşmiş veliaht şehzadeyi karşılamak üzere Avni Paşa'nın arabadan inmesini bekliyor gibiydik.

İnmedi!

Herif arabadan inmedi!

Benim ellerim tekrar fena halde titremeye başladı. Ah bir yudum konyak alsam ağzıma, bu ellerimin titremesi durur, gösterirdim ben sana. Ama o anda kimseyi azarlayacak halim yoktu. Aklım karmakarışık.

Serasker, elini fesine götürerek beni askerce selamladı, sonra da sağ taraftaki kapıyı açıp, sola kayarak, beni içeriye buyur etti.

Ben ne yapayım şimdi? Bir hakan böyle mi karşılanır!

"İn aşağı küstah adam!" mı diyeyim? Arabaya binmeyeyim mi?

Arkamdaki subayların aralarında konuştukları çalındı kulağıma, "Cülus bir an önce tamamlanmalı," diyordu biri.

Azamet taslamanın zamanı değil diyerek, bindim terbiyesiz herifin arabasına.

Nefret ettiği amcamın korkusundan kurtulunca büsbütün küstahlaşan Avni'yle ben nasıl baş edeceğim? Her şeyime karışmaya kalkacak görgüsüz mendebur, harcadığım paraya, içtiğim içkiye, dinlediğim müziğe kadar!

Ah ben ne yaptım! Ah ben ne yaptım!

Gözlerimi yumayım ve kendimi yatağımda bulayım istiyordum, sabah yeniden başlasın, herhangi bir sabahtan farklı olmaksızın!

Çok gitmedik, araba babaannem Bezmiâlem Sultan'ın yaptırdığı Dolmabahçe Camii'nin önünde durdu neyse ki.

İndik. Kıyıda bizi bekleyen üç çifteli kayığa Serasker Avni önce beni bindirdi.

Beni nereye yolluyor?

Hiç itimadım yok bu adama. Bir an kendi binmeyecek diye çok korktum. Sonra neyse ki kendi de atladı yanıma ve dümenciye, "Kayığı donanmanın içine sür," emri verdi.

Ah, işte korktuğum başıma geliyor! Şimdi geliyor!

Amcama büyük bir sadakatle bağlı olan Bahriyelilerin eline bırakmaya gidiyorlar beni! Bizzat ihya ettiği donanmanın Bahriye zabitleri olup biteni öğrendilerse, kellemi alırlar benim. Benimle kalmaz, evlatlarımı da katlederler.

Ah validem neden karıştık biz bu işlere?

"Neden donanmaya gidiyoruz?" diye sordum.

"Bahriye nazırı kulunuz, sizi Dolmabahçe'de karşıladıktan sonra donanmaya geçti. Sahili tam ablukaya almasını, zırhlıları tek sıra halinde sahil boyunca dizmesini söyleyeceğim."

Yutmadım. Sesimi yükselterek, "Donanmaya emir verme zamanı değil," dedim, "doğru seraskerliğe gidelim!"

Tam o esnada, bahtsız amcamın Serasker'e hususi hediyesi olan beş çifte makam kayığı, amcamı belli ki Topkapı'ya bırakmış, boş olarak yanımızdan geçiyordu. Serasker el salladı, yanaştılar, biz o kayığa naklettik.

Yağmur şiddetlenmişti. Dalgalar kabarıyor, zorlukla yol alıyorduk. Denizde boğulacağız ve cezamız böyle verilmiş olacak!

Her türlü ceza revadır bana! Veliaht dairemin yanı sıra çeşitli köşk ve konaklarımda yan gelip yatar, günümü gün ederken, niye bulaştım bu işlere ben! Keyfim yerindeydi. Para harcamama, içkime, keyfime hiç karışmıyordu diyemem lakin birçok kabahatime de göz yumduğu aşikârdı amcamın.

Gökyüzünü adeta ikiye bölen bir şimşek çaktı. Bir an onun mahzun yüzünü gördüm bulutların arasından. Bana öyle bir baktı ki utandım, başımı önüme eğerken gök kıyameti haber verir gibi, bir de şiddetle gürlemez mi!

Yüce Rabbim, her türlü cezaya müstahakım ben!

Salıpazarı'na yaklaşırken bir devriye teknesine rastgeldik. Serasker tekneyi durdurdu, denize düşmeyi göze alarak yine tekne değiştirdik. Acaba beni bu şekilde mi yok etmeye karar verdiler, dalgalar üstünde yükselip alçalan kayıkların birinden diğerine geçerken kaza oldu, denize düşüp boğuldu mu diyecekler! Ya da amcamın zırhlılarından biri bizi topa tutacak, denizin dibini hep birlikte boylayacağız.

Ben bunları düşünürken birden top sesleri duyuldu... Durmadan ama hiç durmadan o korkunç ses.

Gümmm! Gümmm! Gümmm!

Bitmek bilmiyor... Parmaklarımla kulaklarımı tıkadım. Başımı yine güvercin gibi boynuma gömdüm. Paşalardan biri bir şey söylemeye çalışıyor bana ama gürültüden duymuyorum ki!

Sirkeci'ye yanaştık galiba.

Serasker, Süleyman Paşa'ya saraya dönmesini, Valide Sultan'a her şeyin yolunda gittiğini haber vermesini söyledi.

Beni de Süleyman Paşa ile saraya yollayın, desem yollarlar mı?

Ben şu anda sadece şiddetle saraydaki daireme dönmek ve yatağıma yatmak istiyordum.

Validem beni yatağımda bulamaz ise merak eder. Sabahları ders odasında biz şehzadeler ders görürüz... Gecikene kızar hocamız, kaşlarını çatar... Ama ben çocuk değilim ki, büyüdüm, kocaman adam oldum, kendi çocuklarım var benim... Aklım karıştı işte, nasıl karışmasın, beni yine tekneden indiriyorlar, in-bin, in-bin, ne oluyoruz böyle?

Hayda, bu sefer de bir yaylıya bindirildim.

Bu kaçıncı vesait, değiştirdiğimiz?

Uykuda gibiydim, bastığım yeri bilmiyordum, az mı gittik uz mu, farkında bile değildim. Top sesleri devam ediyor ve her biri içimde, yüreğimde patlıyordu sanki. "Susturun şunu!" diye bağırdım. Biri, "Bunlar cülus topları," dedi.

Kimin cülusu?

Sizin!

Benim mi? Hay Allah, tahta mı çık... ben mi?

E, amcama ne oldu, vefat mı etti?

Sustum.

Aklım karışık. Konuşmamalıyım. En iyisi ne derlerse öyle yapayım itimat ettiğim birileri elbette gelecek yanıma, onlara sorarım neler olduğunu.

Beyazıt'taki seraskerliğe gelmişiz.

Büyük salona girdik. Paşaların çoğu oradaydı, rütbelerine göre sıralanmış olmalılar, müşirlerden biri, gelişimi haber vermek için yüksek sesle haykırdı:

"Hâkaan-ı Berreyn ve Bahreyn, Halîfe-i Rûy-i Zemin, Zıll'ullâhi fi..." gerisini duymadım, kulaklarım çınlıyordu. Kafamın içinde bir uğultu, gözlerimde amcamın mahzun bakışları, yüreğimde ise sadece korku var.

Herkes ayağa kalktı. Yaldızlı bir koltuk getirdiler, beni oturttular, diğerleri hep ayaktalar. Donanmanın topları susunca bu kere de kara topları atışa başladı ki, kulaklarım sağır olmak üzere. Yine hemen kulaklarımı kapattım ellerimle.

Ah, hatırladım, bu benim cülusum!

Ellerimi indirdim kulaklarımdan, dik durdum.

Bu törenin yarın yapılacağı söylenmişti bana... Niye erkene alındı acaba... Şimdi kafamdaki bulutlar dağılmaya başladı... Hatırlıyorum, evet hatırlıyorum...

Amcam? Ona bir kötülük etmemiş olsunlar. Kılına zarar vermemiş olsunlar...

Kime sorsam acaba?

Şimdi sırası değil, törenin sonunda öğrenirim. Ona zarar verenler olmuşsa, korksunlar benden!

Evet evet, kafam giderek berraklaşıyor, hatırlıyorum her şeyi.

Ah, hatırladım işte... Amcamı Topkapı'ya götürmüşler, öyle demişlerdi.

İyi de, nasıl cülus bu?

Hani benim dört bir tarafına kıymetli taşlar kakılmış altın kaplama tahtım?

Nerede tüm atalarımın, dedelerimin, babamın, amcamın oturduğu taht?

Cülus başka bir sarayda dahi yapılsa, mutlaka getirilip tören sonrasında hemen eski yerine, Topkapı Sarayı'na iade edilen biat ve bayram tahtı, nerede?

Herhangi bir yaldızlı koltuğun üzerinde taç mı giyilir!

Cülusunda merasim tahtında oturamayan sultandan hayır mı gelir!

Bu işte bir uğursuzluk var!

Kayıkta giderken bulutların arasından bana görünen amcamın mahzun bakışları, bu salonda yerini alaylı bakışlara bıraktı. Paşaların arasında uzun boyu, heybetli cüssesiyle bana bakıyor ve gülüyor halime, çok sarih görüyorum yüzünü.

Paşalar sırayla karşıma geliyorlar, yere kadar eğilip, sağ ellerini başlarının üzerine koyduktan sonra, yerden temenna ile biat ediyorlar, bense vakar ile dimdik oturmaya dikkat ederek, her birini başımla selamlayarak, benden beklenenin en iyisini yapma gayretindeyim de, ah amcamın o üzerime dikilmiş alaylı gözleri olmasa...

O tarafa bakmayacağım tören bitene kadar!

Aaa, o da nesi, bakışlarımı nereye çevirecek olsam, hemen o tarafa yöneliyor amcam.

Sonrasını ben pek hatırlamıyorum.

Galiba selama duran askerlerin arasından geçerek dört tarafı kapalı bir arabayla Sirkeci'ye geri geldik, bu sefer sadece padişahlara mahsus yedi çifteli, altın yaldız süslemeli kayıkla Beşiktaş'a doğru yollandık.

Demek ki ben padişahtım artık!

Lakin olmaz! Merasim tahtına oturmadan padişah olunmaz ki!

Deniz havası iyi geldi bana. Her şeyi gayet güzel hatırlıyorum şimdi. İçinden çıkamadığım sadece bu hal olayının neden bir gün önceye alındığı.

Yok, ben çok masum sayılmam! Amcamın tahttan indirilme planlarını ben yapmadım lakin, onu haledecek olanlar bana bunu söylediklerinde, "Yapmayın sakın ha!" da demedim!

Sadece, "Kılına zarar vermeyin, haremiyle, evlatlarıyla kendi tercihi olan saraylarda ikamet buyursun," demiştim. Kabul etmiştim yani, yerine tahta geçmeyi!

Neden erkene aldılar hal tarihini?

Keşke bana da haber verselerdi, bu kadar vesvese yapmazdım. Korkudan aklım kaydı benim. Lakin her şey yolunda gitmiş olmalı ki, Serasker Avni Paşa ile Mithat Paşa, yani bu darbeye beni ikna etmek isteyenler, bana biat ettiler.

Kıyıya çıkınca ilk işim, sadık dostlarım Ziya ve Namık Kemal Beylere haber yollatmak olacak.

"Meşrutiyet rejimi bir hayalden gerçeğe dönüştü arkadaşlar," diyeceğim, "yeni kabinede vazife yapmaya hazır olun!"

Sarayın rıhtımına yanaştık.

Rıhtımda mahşerî bir kalabalık birikmiş. Seraskerlikteki törenden haberi olmayan ya da yetişemeyen zevat... nazırlar, vezirler, yüksek rütbeli memurlar saraya gelmişler. Bu sefer de onların biatını kabul edecekmişim.

77

Tamam, dedim içimden, herhalde, merasim tahtını buraya getirmişlerdir.

Merdivenlerden binaya doğru çıkmaya başladık, benim gelişimin haberinin verilmesi gerekiyordu ama nedense ben, birden atik davranıp bir hamlede basamakları çıktım, kendimi kapının önünde buldum...

İçerde, bana bildik gelen bir ses yüksek perdeden birine bağırıyordu.

İçeri girmeden durdum, zaten arkası bana dönük zat o kadar kaptırmış ki kendini, beni görenlerin sus pus olduğunu, benim de kapının ağzında durduğumu fark etmedi, gür sesiyle karşısındakini azarlamaya devam etti, her kimse o.

"İyi halt ettiniz!" diyordu, karşısında duranlara...

"Paşa hazretleri... bizler devlet-i âlimizin bekası için..." Bu sesi de tanıyorum ben, bu ses Sadrazam Rüştü Paşa'nın sesiydi.

Sahi o niye yoktu seraskerlikteki törende?

"Mazeret istemem! Mazeret gösterme bana Rüştü Paşa!"

Yüksek perdeden gürleyen sesi tanıyacağım da, çıkartamıyorum, yüzünü azıcık dönse bana doğru...

"Yetmiş yıldır unutulmuş olan bir meşum fiili hortlattınız! Padişahı halettiniz! Şahsi menfaatleriniz için devletin ve milletin menfaatlerini ayaklar altına aldınız. Utanmadan bu haltınız için devlet ve millet adını kullandınız! Bu yüzden göreceksiniz tez zamanda memleketin dahilinde ve haricinde ne fenalıklar zuhur edecek! Allah belanızı versin!"

Benim geldiğimi fark edenler yanlara açıldılar lakin konuşan zat azarlarını sürdürüyordu.

"Yaptığınız iş şahsi garaz eseridir. Birkaç menfaatperest ve kindar hain, kendinize uyan birkaç alçağı bulup bu işi yaptınız!

Farz edelim ki padişahın kusuru vardı, neden bu kusuru ona söyleyip düzeltmesine teşebbüs etmediniz? Siz söylediniz de o mu kabul etmedi? Vezirlik böyle işler içindir, boş yere rütbe değildir. Elinizde madem padişahı tahtından edecek kuvvet vardı, bu kuvveti onu ıslah etmek için kullanamaz mıydınız?"

Aralarından biri işaret etmiş olmalı, sustu, yana çekildi. Çıt çıkmıyordu. Ben, onu dinleyenlerin yüzündeki ifadelerden söylediklerini samimiyetle tasvip ettiklerini anladım, sonra da konuşanı gördüm. Geçmiş devrin en itibarlı vezirlerinden biri, artık çok yaşlı olan Yusuf Kâmil Paşa!

Ah, benim işim çok zor olacak!

Arkamda, önümde beliren tören kıyafetli subaylar, vezirler, sefirler...

Arılar nasıl kaynaşır kovanlarının başında, aynen öyle kıvıl kıvıl insan kaynıyordu etrafımda...

Ya bal? O yok işte!

Kafam yine karışmaya başladı. Zihnim bir berrak, bir bulanık!

Bırakmıştım kendimi sabah uyandığımdan beri beni idare etmeye çalışanların ellerine, nereye isterlerse oraya sürükleniyordum.

Lakin, merasim tahtı... O hep aklımda!

Törenin yapılacağı muayede salonuna girince, etrafa bakındım, taht yok!

Uğruna az daha boynumun vurulacağını sandığım o altın kaplama taht, yine yok!

Neden yok?

Halbuki, eskiden bayramlaşma nedeniyle tahtın senede iki defa bu saraya getirilmiş olduğunu biliyorum ben!

Padişahlar, biatı ve bayramlaşmayı hep altın tahtta kabul ederler! Kaide böyle.

Halbuki beni merasim tahtı yerine yine yaldızlı bir koltuğa oturttular. Oturduğum yerden salonu dolduranları seyrediyorum.

Birbirlerine düşmanca bakışlar fırlatıyorlar. Kiminin yüzünde müthiş bir nefret! Kimi mütebessim. Beni lanetleyenler ile meşrutiyeti getireceğim için benden hoşnut olanlar aralarında bölünmüş olmalılar.

Ben ise ölesiye yorgunum, ölesiye üzgünüm. Sanki bu salonda değil, bulutların ötesinde bir yerdeyim. Önümden kimler gelip geçiyor, farkında dahi değilim. Kulaklarımda top atışlarının sebep olduğu çınlama... Ne söylenenleri duyuyorum, ne gördüklerimi idrak ediyorum... Sadece başımı sallıyorum, başımı sallıyorum, başı..mı..sallı...

Biri akıl etse de bana bir yudum içki verse keşke.

Bir ara, kalabalığın arasında, orada neden bulunduğunu çözemediğim Mukallit Vehbi Molla'nın bir hareketini gördüm.

Hemen aklıma bazı başka taklitleri de geldi. Gülmeye başladım.

Sabahın dördünden beri yay gibi gergin sinirlerim birden boşaldı.

Güldükçe gülüyordum, tutamıyordum kendimi. Nerdeyse gözlerimden yaşlar akacaktı. Biat için sıraya girmiş biraderlerim, damat paşalar da benimle birlikte gülmeye başladılar. Amcam şu anda kara dertler içindeyken bizlerin böyle gülmesi hiç doğru değildi ama ben... kahkahalarıma... mani... olamıyordum.

Amcamı hatırlayınca, bu sefer fena oldum, mahcup oldum, pişman oldum, gözlerime yaşlar doldu, dudaklarım titremeye başladı.

Bu arada kardeşlerimden bazıları cülus kuyruğundan çıkıp, fırladılar koşarak merdivenlere yöneldiler...

Öyle sanıyorum ki, cülusu yeni öğrenen vekil vükelanın ve sefirlerin, bulunduğum hünkâr sofasına çıkartılmasını önlemek, bana kendime gelmem için vakit tanımak istiyorlardı.

Onlar beni kendimde değilim sanıyorlar.

Kendimdeyim ben, hem de nasıl kendimdeyim!

Aklım karışmış olabilir lakin bütün uzuvlarım avını yakalamak isteyen bir kaplanınki gibi hassas. Sinirlerim o kadar gergin ve hissiyatım o kadar keskin ki, herkesin yüz ifadesini en ince teferruatına kadar okuyabiliyorum, her kımıldayanı anında tespit ediyorum.

Kim bana acıyor, kim kızıyor, kim şu anda tahtın sahibiyim diye memnun veya gayrı memnun, hepsini, her şeyi görüyorum, hatta duyuyorum...

İçlerinden biri kendimde olmadığımı söylüyor, bu halimi heyecanıma ve yorgunluğuma yorarak. Halbuki kendimi hiç bu kadar kesif bir dikkatin içinde bulmamıştım, yıllardan beri.

Ben toparlanınca, aşağıda bekleyen zevatı bıraktılar.

Tebrikleri, hayır duaları kabule başladım. Yukarıya fasıl fasıl alınıyorlardı ama kuyruğun sonu hiç gelmiyor. Yüzlerce insan geçiyordu önümden. Yüzlerce...

Ben bu kalabalığın içinde, seraskerlikteki ilk biat törenine katılan Mithat Paşa'nın saraydaki biata gelmediğinin de farkındayım, ihtiyatlı Rüştü Paşa'nın ise ne olur ne olmaz diye seraskerliğe gelmeyip, saraydaki biata gelmiş olduğunun da!

Padişahlık eğer her hareketten bir mana çıkarmaya yol açan bir ruh durumuysa, yandım ben! Ne huzur kalır bende, ne keyif!

Bu makamın tadını anlaşılıyor ki validem Şevkefza çıkartacak doya doya!

Neyse ki aramızdan biri memnun olacak!

Ah, kızlarımı unuttum!

Yıllardır yokmuş farz edilen Haticem ile Fehimem, nihayet ete kemiğe bürünüp sultan payesine erişecekler. Sadece bu dahi, az şey mi?

Bu hususu düşününce, bir gülümseme yayıldı dudaklarıma... Ah ama neden acıdı ağzım, ben gülümseyince? Kemalettin Efendi biraderim bana "Dudağınız uçuklamış," demişti. Uçuk mu acıttı acaba canımı?

Salon dolusu insan...

Tören hiç bitmeyecek gibi... Önlerinden tepsi içinde adı cülus bahşişi olan altın saatler, değerli taşlarla bezeli yüzükler, altınlar geçiriliyor. Koskocaman adamları seyredip eğleniyorum. Kimi ta uzaktan göz koyuyor tepsideki nesneye, sıra kendine geldiğinde onu bir başkası almışsa, yüzü uzuyor, çocuklar gibi ağlayacak nerdeyse... Yok, göz koyduğuna sahip olduysa, bu sefer de hınzır bir parıltı gözlerinde. Sanırsınız ki adamlar fakir fukara. Halbuki en yüksek maaşları alan devlet erkânı bunlar. İçlerinden biri olsun, almazlık etmedi hediyesini. Şu gelene bakın hele, yüzü nasıl da düştü istediği saat gitmiş diye! Dayanamayıp bir gülme krizi daha geçireceğim şimdi. Elimle ağzımı kapattım ve canım yine çok yandı. Dudaklarımda yara mı var acaba?

Çok yorgunum.

Bitse artık bu azap!

Allahım, o da nesi! Simsiyah giyinmiş zevat, hepsi uzun sakallı, cehennem zebanileri gibi üzerime doğru geliyorlar hep birlikte!

Hafakanlar bastı birden! Kim bunlar? Yaklaşmayın... Hişşt, hoşşt!

Lalam yanıma yaklaşıp kulağıma fısıldadı, "Zat-ı şahaneleri, çok yorulduğundan dolayı gayrimüslim ruhban sınıfı topluca alındılar huzura. Kötü bir niyetleri yok, tebriklerini sunmak istiyorlar sadece."

Ah, bunlar ruhban sınıfı mıymış? Hay Allah! Halbuki ben neler farz ettim idi! Gülme krizim yine tuttu tutacak.

Gülme... sakın gülme... Sen padişahsın artık, uluorta gülemezsin kahkahalarla... ama gırtlağımı tırmalayarak geliyor kahkahalar. Şişşt! Tut kendini V. Murat Han. Kahkahaları tutayım derken yanaklarım şişti galiba ki yüzüme bir tuhaf bakıyor papaz efendi.

Galiba bir an gözüm karardı... gittim geldim.

Bitti biat!

Ben de bittim!

Kollarıma girmiş, yürütüyorlar beni şimdi.

Kapılar açılıp kapanıyor. Uzun koridorlar... upuzun koridorlar. Ha babam kapılar açılıp kapanıyor. Beni bu upuzun koridorlarda sürüklüyorlar adeta.

Nereye götürülüyorum ben?

Aaa! Hareme gelmişiz!

Şimdi de sağ koluma Adile Sultan halam girmiş, vız vız vız bir şeyler anlatıyor.

Diğer kolumdaki üvey validem Servetseza ise halama, "Şimdi bunu söylemenin zamanı mıydı ilahi sultanım, bu acele nedir? Bir gün daha bekleyiversinler, orası da saray değil mi?" diyordu.

Adile Sultan'a zinhar itiraz edilmez! Çok kızdı! Ateş fışkırdı gözlerinden, gördüm de, nedir o zamanı olmayan şey, anlayamıyorum ki!

"Efendimizin Topkapı Sarayı'ndan Beylerbeyi'ne nakli için..." dedi halam.

Topkapı Sarayı da nereden çıktı?

Ben amcamın ailesiyle birlikte Beylerbeyi Sarayı'na nakli için irade vermiş idim. Kim karşı gelmiş buyruğuma? Hangi cesaretle?

Derken, validemin sesini duydum.

"Hiç mi insafınız yok, zat-ı şahanelerinin ne kadar perişan ve yorgun olduğunu görmüyor musunuz?"

Halam kolumu bırakırken, "Bilahare konuşacağız mutlaka," dedi.

Boş gözlerle baktım yüzüne. Ne konuşacağız ki?

Ah, yeniden biat zamanı!

Yarabbim! Çilem bitmemiş!

Onlarca, yüzlerce belki de binlerce kadın! Karıncalar gibi kaynaşıyorlar. Sıraya girdiler. Valide Sultan unvanına nihayet sahip olmuş cefakâr validem başta olmak üzere, Adile halamın ve peşi sıra kadınefendilerin, sultanların, hanım sultanların, ikballerin, gözdelerin, rütbe sırasıyla saray vazifelilerinin ve cariyelerin beni yerden eteklemesinin, etek öpmesinin sona ermesini beklerken, yine amcam Abdülaziz Han geçmez mi karşıma!

Bu sefer ruhbanların karşısında benim atamadığım kahkahaları o atıyor ve "Tahtımı elimden aldın lakin merasim tahtına oturamadın! Sen nasıl padişahsın?" diye alay ediyordu benimle.

Devletli amcam, zat-ı şahaneleri, inanın ben böyle olsun istemedim.

Benim içimde sizin yerinize geçmek gibi en ufak bir istek yoktu. Sadece bıraktım kendimi kaderin rüzgârına, birileri benim için karar verdi ki onlar da imparatorluğumuzun bekası için çalışıyor, vatanı hurafelerden büyülerden, fallardan medet uman, zamanını çoktan doldurmuş müstebit idarelerden kurtarıp muasır medeniyetlerin seviyesine getirmeye çalışıyorlardı.

Tıpkı ceddimiz III. Selim Han, II. Mahmut Han gibi...

Tıpkı cennetmekân peder-i şahanem Abdülmecit Han gibi...

Benim kabahatim sadece bu zevatın fikriyatını tasvip etmekti.

Keşke baskılara karşı koyup bir gün mutlaka gelecek olan sıramı bekleseydim. Vaktinden evvel öten horoz gibiyim şimdi. Pişmanım, üzgünüm.

Zat-ı şahanelerinize yapılan muameleyi... Topkapı'ya götürülmüş olmanızı düşündükçe, mahvoluyorum.

Bu ahval ve şerait altında, merasim tahtını hak etmiyorum ben, amca!

Nitekim Rabbim dahi müsaade etmedi o tahta oturmama.

Cülusum merasim tahtında yapılamadığı gibi, henüz kılıç da kuşanamadım. Belli ki, edebimle sıramı beklememiş olmanın cezasını çekiyorum. Beni affet Yüce Rabbim. Amcam asla affetmeyecek, bari halime acı da sen affet beni!

Kendimi toparlamalıyım! Cülus törenim bitti. Tebrikleri kabul ettim. Ben artık otuz üçüncü Osmanlı padişahı V. Sultan Murat Han'ım!

Yapmam gereken çok mühim işler var.

Öncelikle mabeyin başkâtipliğine tayin edeceğim kişiye karar vermeliyim ki, bu kişi zaten bir gün padişah olmayı ilk hayal ettiğim andan itibaren kesinlikle belliydi. Benimle hükümet arasında aracı olacak, benim namıma konuşabilecek ve adıma yazı dahi yazabilecek olan zat, ancak Ziya Bey olabilirdi. Yakın dostum olduğu için değil, son derece malumatlı, zeki, dürüst, cesur ve kudretli olduğu için.

Oturduğum yerden kalktım, yüzümü yıkayıp kendime gelmek için soğuk su istedim. Getirilen buz gibi suyla yüzümü yıkadım. İyi geldi. Şimdi kendimi adeta yenilenmiş hissediyorum.

Ziya Bey'i mabeyin başkâtipliğine tayin etmek üzere, mabeyindeki daireme geçtim.

Oh, bu sabahtan beri ilk defa içim rahat. Bir süredir kafam karışıyor ya ara sıra, lakin mabeyin başkâtibim Ziya Bey olduktan sonra, ne gam! O, benim küllü ayıbımı örtmesini becerir, ben dinlenir kafamı toparlarken, arı gibi çalışır Ziya Bey; ne lazımsa onu yapar, ne yazılacaksa en âlâsını yazar!

Evet, bu gece deliksiz uyuyabilecektim zira artık emindim, yarın her şey arzu ettiğim gibi olacaktı!

ŞEVKEFZA VALİDE SULTAN

Sultan Abdülmecit Han'ın İkinci Kadınefendisi,
Sultan V. Murat Han'ın Annesi
(Beşiktaş Sarayı Harem Dairesi, 30 Mayıs 1876, sabah saatleri)

Müjdeyi bana Serasker Avni Paşa'nın vazifelendirdiği Harbiye Mektebi Nazırı Süleyman Paşa getirdi.

Cülus tamama ermiş!

Ben bu haberi aslanımı doğurduğum günden beri beklemekteydim, Süleyman Paşa'nın saraydaki veliaht dairesine gelip tahta çıkarmak üzere Murat'ımı beraberinde götürdüğünden beri değil.

Bu ânı hayalimde, Murat'ımı kucağıma aldığım dakikadan itibaren, defalarca yaşamıştım ben!

Abdülmecit Han'a emr-i hak vaki olduğunda, hayalimi az daha hakikat olacak iken avucumdan kaçırmış, lakin hiç pes etmemiş, hiç vazgeçmemiş, inatla sebatla yıllarca çabalamıştım.

Ve bir gün nasılsa vuku bulacağını bilerek, hep hayal edegelmiş ve her seferinde öyle müthiş bir saadet hissiyle coşmuştum ki, nihayet gerçekleştiğinde bitkin haldeydim!

Nutkum tutulmuştu, bana müjdeyi veren Süleyman Paşa'ya "Dar-ı dünyada bir evladım var, önce Allah'a sonra size emanet," diyebildim sadece.

Beni Murat'ımın babası Abdülmecit Han'ın koynuna on dokuz yaşımdayken soktular. O benden de gençti, on altısını yeni doldurmuştu. Bir yıl sonra, Abdülmecit Han'a ilk şehzadesini ben verdim.

Evet, doğru duydunuz, ben verdim, ben!

"Hazreti Hakk'ın ihsanına hamd ü sena olsun! İşbu pazartesi günü saat onda gülistan-ı sulb-i şahanemden bir şehzadem dünyaya geldi," diyerek yedi gün boyunca her gün beşer nöbet top atılmasını, halktan isteyenlerin evlerini, konaklarını geceleri kandillerle donatmasını buyurdu Padişah.

Beşiktaş Sarayı'nda veladet şenlikleri yapıldı, devlet erkânı başta olmak üzere büyük bir kalabalık tebrik için sıraya girdi. Bezmiâlem Valide Sultan saray salonlarında ahaliye çil çil altınlar saçtı. Saraya yağmur gibi hediye yağdı. Hava karardıktan sonra, Beşiktaş Sarayı önüne tersaneden getirilen sandallarda fişek gösterileri tertip edildi, saray dışında mızıka-yı hümayun, harem dairesinde ise sazendeler sürekli konserler verdi. Bana en değerli kumaşlardan saray giysileri diktirildi. Bezmiâlem Valide Sultanım göğsüme öküz gözü büyüklüğünde çift pırlantalı broş taktı, şallar, kumaşlar ve cariyeler hediye etti.

Abdülmecit Han ise oğluna elmas işli maşallah, avizeler, horoz mahmuzları, gümüş sübekler yolladı.

Ah o debdebe, o şatafat, o bitmek tükenmek bilmeyen ikbal... Ah o saadetten sarhoş olmanın keyfi!

Ben işte o mesut günlerde hayal etmeye başladım oğlumun hünkâr, benim de valide sultan olacağım ânı. Valide sultanlık benim arzum, hedefim, yaşama sebebim haline geldi. Doğumdan sonra uzun bir süre yanına çağırmadı beni Hünkâr. Lohusalığım ve emzirme dönemimde yüzlerce güzel girip çıkmıştır koynuna ki, saymakla bitmez. Zaten Murat aslanımın ayağı uğurlu gelmiş ki, kız sultanları ve diğer şehzadeleri art arda doğmaya başlamışlardı. Hiç üzülmedim, ben şehzademi beslemekle, ona bakmakla, onu büyütmekle meşguldüm. Benim şehzadem veliaht şehzadeydi, onlarca şehzade arasında, o bir pırlantaydı!

Abdülmecit Han'ın lütfuna nihayet mazhar olabildiğimde, bu kez ona bir de sultan verdim ama ne bir kız çocuğun doğumu aynı heyecanı ve sevinci yarattı ne de ömrü iki yıldan fazlasına yetti yavrumun.

Ben, yine Murat'ımla baş başa kaldım ve şunu öğrendim; haremin odalar dolusu genç kadını arasında Hünkâr'ın gözündeki tek farklılığım, veliaht şehzadenin anası olmamdır. Yoksa denizde kıvıldaşan balıklar gibi, birbirinden genç ve güzel kadının arasından kayar giderdim... Öyleleri de mevcuttur çünkü aramızda, hiç vuslata eremeden heba olanlar da vardır, bir kere daha huzura hiç çağrılmayanlar da... Velhasıl, padişah kadınları için haremde hayat, kalabalıklar içinde çok endişeli bir yalnızlıktır.

Benim yalnızlığıma deva, Hünkâr'ın hiç çocuğu olmayan başkadını Servetseza'dan geldi. Murat'ım, ebesinin olduğu kadar onun da eline doğdu sayılır, çünkü Servetseza kendi evladı gibi sevdi, bağrına bastı aslanımı. Şehzademi onunla birlikte büyüttük desem yalan olmaz.

İşte, yüz yılı aşkındır süregelen tahta çıkma kaidesini değiştirip tekrar eski haline döndürme fikrini de, Servetseza soktu benim aklıma.

Öyle kötü bir niyetle de söylemiş değildi ama bir gün Murat bahçede çimenlerin üzerinde gülücükler saçarak emeklemeye çalışırken ve biz onun çocuk güzelliği ile iftihar ederken, "Keşke eski gelenek revaçta olaydı," deyiverdi, "O zaman Abdülmecit Han hakka yürüdüğünde, tahta en yaşlı kardeş değil, onun ilk şehzadesi bizim Murat'ımız geçerdi!"

"Dünyada mümkün olmayan, sadece ölüme çaredir," dedim ben.

Bu cümleyi seslendirdim mi, yoksa içimden mi geçirdim hatırlamıyorum. Bildiğim, o andan itibaren hayatımın bir istikameti olduğu idi... Pederinin vefatı halinde tahta oğlumu geçirmek!

Sırrımı önce Servetseza ile paylaştım zira Murat onun da oğlu sayılırdı, bana yardım etmeliydi.

"Kadim ananeye karşı ne yapılabilir ki?" diye sordu.

"Hünkârın bu hususta aklı çelinsin diye telkin yapılabilir," dedim ve ilave ettim, "telkini ben yaparsam, kendim için valide sultanlığı istediğimi zanneder, yakışık almaz. Bunu siz yapmalısınız gözümün nuru, çünkü Hünkâr sizinle sohbete sık oturur. Her fırsatta, usul usul hatırlatmalısınız evladımızın tahta çok yakışacağını. Laf aralarına sıkıştırın, sık sık dillendirin ki, bu fikir hafızasında yer etsin."

Önceleri Servetseza "Benim böyle bir şeyi ihsas etmem katiyen münasebete sığmaz," dese de, sürekli ısrarım netice vermiş olmalı, Şehzade Murat büyük bir titizlikle yetiştirilmeye başlandı. Veliaht olan amcası Abdülaziz'den çok daha itinalı bir tedrisattan geçiyordu.

Demek ki, Servetseza'nın fırsat buldukça kulağına fısıldadıklarını Hünkârımız ciddiye almıştı! Murat'a devrin en önemli hocaları tarafından Kur'an, hadis, lisan-ı Osmanî, Fransızca, tarih, felsefe, resim, mimari öğretiliyordu. Müziğe, resme istidadı olan, piyano çalan, besteler yapan hatta elinden ince marangozluk işleri dahi gelen şehzademin giyim kuşamına da çok dikkat ediliyordu. Törenlere son derece gösterişli Avrupai kıyafet veya üniformalarla katılıyor, sadece vekil vükelanın değil, sefir süferanın da hayranlığına mazhar oluyordu.

Tahta çıktığında pek yakışıklı, pek kabiliyetli ve hünerli bir sultan olacağı şimdiden belliydi.

Ben görünüşte geride durmakla beraber, sahne arkasında oyuncuları piyese hazırlayan zevat gibi üzerime düşeni yapıyor, Murat'ıma taht yolunu açacak devlet adamlarıyla, paşalarla görüşüyor, icabında rüşvet dağıtıyor ve sabırla bekliyordum. Yardımcılarım da Servetseza'nın yanı sıra, Abdülmecit Han'ın gönlünde yatan aslanı sezen, ona yaranmak için dahi olsa bu arzusunu besleyen, destekleyen sarayın mabeyin erkânıydı.

Hünkârın gönlündeki aslan ise, katiyetle emindim, bizzat sulbünden inen ilk şehzadesiydi!

Ne var ki Abdülmecit Han, evladım Murat'ı tahta çıkarmak arzusunu nedense benimle hiç paylaşmamıştı. İlk şehzadesinin anası olduğum halde, bazı başka hatunlar, hatta ona evlat verememiş Servetseza dahi sohbetlerine mazhar olurdu, ben olamazdım. Nitekim, kendinden sonra tahta illa şehzadesi

Murat'ın çıkmasını arzuladığını Servetseza'dan öğrendim, bizzat kendinden değil.

Kalbim kırıldı.

Evet kabul ediyorum, Hünkâr'ın bazı hatunları kadar güzel, gösterişli, uzun boylu, renkli gözlü ve beyaz tenli değildim. Bunun için Cenabıhakkı suçlayacak halim yok, lakin şehzademi emzirdiğim iki yıl boyunca, beni sütüm bol olsun diye baklava börekler, sütlü tatlılarla zorla besleten Bezmiâlem Valide Sultan'ı, genç yaşımda kalınlaşan belim için elbette suçluyorum.

Çerkez kızları bellerini gümüş kemerlerle sıkıp salınırlarken, ben belimi sıktığımda kemer nerdeyse görünmez olurdu... Haremde en çok ince bellileri kıskanmışımdır gençliğimde.

Diğer gözdeler ve ikballer gibi esaslı bir rahle-i tedrisattan geçirilmemiş olmam da benim suçum değildi. Saraya girdikten sonra, bana ne öğrettilerse onu öğrendim ben. Demek ki en mükemmel hocalara düşememişim.

Vahşi parslarla, kurtlarla dolu bir ormanda kaybolmuş yavru kaplan gibi var olmaya çalışırken, en büyük hocam, yol göstericim, yılların içinde edindiğim tecrübe oldu: Kurnaz ol, kafanı kullan, kimseyle dalaşma, herkesin yüzüne gül, kimse ne düşündüğünü hiç bilmesin! İşte bu yüzden, Hünkârımın beni sohbet için dahi huzuruna yeterince çağırmamasına bilenirdim fakat hiç belli etmezdim. Hep boynum bükük, sessiz sedasız dururdum.

Ben gizli yapardım yapacağımı. Avrupai olmaya özenenlere, Abdülaziz Han'ın alaturkalığından, kabalığından, Fransızca bilmezliğinden dem vurur, kendi evladımı göklere çıkarırdım.

Mutaassıp zevatın yanında ise Pertevniyal Kadınefendi'nin hesapsız, hudutsuz harcamalarından söz eder, dinimizde israfın çok günah olduğunu dile getirirdim.

Düşmanı öldüren darbenin sırttan vurulan olduğunu da Serasker Avni Paşa öğretmiştir... Her zaman sinsice... sessizce... en beklenmedik anda... kendini, maksadını hiç belli etmeden ve mutlaka arkadan! Yüzünü sakın ola ki kimselere göstermeden! Haklı olabilirdi Serasker lakin benim kimseye bir fenalığım dokunmadı. Yaptıklarım sadece evladımın önünü açmak, onu hakkı olan tahtına çıkartmak içindi, bir tek bu gaye için!

Bir de sabrın kerametini bilirim... Sabrın sonu selamettir! Sabrederken dahi boş durmadım ben.

Dualar ederek, oğlumu uzaktan nefesi kuvvetli bilinen hocalara okutup üfleterek, işe yarayacak yüksek rütbeli erkân ile konuşma fırsatları yaratıp onlara Murat'ın tahta geçmesinin hak olduğunu fısıldayarak, mabeyin hizmetlilerini bahşişlerle yanıma çekerek sabırla bekledim.

Kaderin cilvesi işte, Hünkârımız Abdülmecit Han genç yaşında verem illetine tutuldu. Onun çaresiz hastalığı hızla ilerlerken, benim oğlum da tahta hızla yaklaşmaya başladı.

Ben, Hünkârım Efendime, her fırsatta sıhhat dualarımı esirgemediğim gibi, oğlumun önünü açmakta da cömert davrandım hep.

Bilir misiniz benim niye diğer kadınefendiler gibi hayratım, çeşmem, mektebim yoktur? Varımı yoğumu bu maksada harcadığım için!

Zamanı geldiğinde, en yüksek maaşa mazhar olduğumda elbette ben de yapacak, yaptıracaktım benden beklenen hayır işlerini... Camilerin en âlâsını, çeşmelerin en süslüsünü!

Benim devrim, valide sultan olduğumda başlayacaktı! Gölgede kalmışlığımın hesabı ödenecekti!

Lakin bir gün esefle öğrendim ki, bazı vezirler ve başta İngiltere sefiri Lord Canning olmak üzere danıştığı ecnebi sefirler, Hünkâr'ın geleneği değiştirmesini doğru bulmamışlar. Bilhassa da Murat'ın yaşı küçük olduğu için vazgeçirmişler Abdülmecit Han'ı tahtı oğluna devretmekten!

O gâvurlara da neymiş!

Ah, Abdülmecit Han, birkaç senecik daha karşı koyaydın ecele, Murat'ım on altı yaşını dolduracak, hiç lüzum kalmayacaktı yaşça büyük olanın tahta geçmesine. Senin ilk ve has oğlun padişah olacaktı.

Kader müsaade etmedi!

Halbuki ben elimden geleni yapmıştım.

Yabancı elçilerle gizlice temas etmiş, Galler Prensi'nin yakın dostu, inkılapçı şehzadenin tahta oturmasının Avrupa için hayırlı olacağı teminatını vermiş, onlardan yardım istemiştim.

Hatta o kadar ki, yeni padişah Abdülaziz'e biat için, devlet erkânını Topkapı Sarayı'na çağıran davetiyelerin yazılışı sırasında ben hâlâ bazı temaslar yapıyordum, zira hâlâ küçük de olsa bir ümidim vardı.

Bu yüzden sabık Serasker Rıza Paşa'yı, davetiyede padişahın adının yazılmasını en sona bırakmaya ikna etmiştim. Serasker Rıza Paşa'dan Allah razı olsun, elinden geleni yapmış, padişahın adının yazılmasını son dakikaya kadar geciktirmişti.

Yerin kulağı vardır derler ya, saraylarda dört duvarın ve tavanın da kulağı vardır; bu gayretim Pertevniyal'in kulağına gitmiş!

Zaten yıllardır birbirimize diş bilemiştik, şimdi ise o bana o kadar fena hırslanmıştı ki, valide sultan makamına oturduğunda, oğluma ve bana kan kusturacak, kim bilir neler yapacaktı! Herhalde hemen kafes hapsine alınacak, sarayların birinde mahpus edilip burnumuzu dahi dışarıya çıkaramayacaktık.

Velakin korktuğum olmadı.

Abdülaziz Han tahta geçince, veliaht ilan edilen Murat'ımı kafes hapsine koymadığı gibi ona Beşiktaş Sarayı'nda daire verdi, istediği gibi yaşamasını serbest bıraktı, hatta çıktığı Avrupa ve Mısır seyahatlerine de yanında götürdü.

Herhalde Fransızca bilmemesinin ayıbını benim oğlumun sular seller gibi konuştuğu mükemmel Fransızcasıyla kapatmak istemişti.

Murat'ım padişah amcasına sevgi ve minnet beslerken, Pertevniyal ve ben birbirimizden nefret etmeye devam ettik.

Nefretimizi sahte gülücüklerin, sahte iltifatların ardına saklayarak, bugünlere kadar da geldik!

Feleğin çarkı namütenahi dönüyor; birimiz alçalırken diğerimiz yükselecek... Kaide böyle de, Pertevniyal'in yükselip en tepede kalışı uzun sürdü. Valide sultanlığının hakkını verebildi bu yüzden; yaptırmadığı cami, mektep, çeşme ve imaret kalmadı. Kurduğu vakıflarla fakir fukarayı besledi, kendini sevdirdi Osmanlı halkına da, bana hiç sevdiremedi.

Etrafını kadınefendiler, ikballerle doldurdu lakin veliaht validesi olduğum halde, beni hep uzak mesafede tuttu.

Ben, benim hakkım olduğuna inandığım mevkiye gelmek için beklerken gençliğim geçti, ışığım soldu, eskidim, yıprandım.

Olsun varsın, çarkıfelek döndü yine nitekim!

Ben valide sultanlık makamına eriştiğimde, Pertevniyal hayatta olsun ki boşalttığı yere yerleştiğimi görsün istemiştim. Rabbim dualarımı kabul etti.

O Topkapı'daki odasından çıkıp beni tebrike gelemeyecek olsa da, birilerinin ona merasimi anlatmasını mutlaka temin edeceğim.

Odasını boşalttırdım... Âdettendir, gidenin dairesi gelene verilir. Pertevniyal ile oğlu Aziz darbe ile gittiklerinden, toparlanmaya vakit bulamadılar, şahsi eşyalarını toparlamak bize düştü. Lanet kadının odasından ne muskalar, ne büyüler, tılsımlar toplamışlar! Bana göstermediler de, anlattılar, kalbinin üstüne iğne batırılmış ve baş kısmına Murat yazılmış, insan şeklinde bir bez bebek dahi bulmuşlar.

Yine büyü yapar korkusuyla, ona götürüldüğü yerde kaşık dahi verilmemesini emrettim de okuyup üflüyor olmalı, ta Topkapı'dan düşüyor gölgesi üzerimize.

Sabah korku ve heyecandan aklı karışan aslanımın gün içinde yaşadıklarından dolayı bozulan asabını bahane ederek, yersiz dedikodular yapıyorlar, türlü şeyler söylüyorlarmış Aziz taraftarları.

Hepsi kulağıma geldi.

Ben onların bana davrandıkları gibi yapmayacağım.

Adil, cömert, merhametli bir valide sultan olacağımı birinci günden öğrensin cümle âlem.

Madem bu sabah itibariyle bir hünkâr annesiyim, yarın akşam Nisbetiye Kasrı'nda şanıma layık bir ziyafet sofrası hazır ettirip küllü şehzadeleri davet edeceğim. Birbirleriyle hürmet ve muhabbet içinde, şehzadeler hep birlikte yiyip içsinler, mesut olsunlar ve hünkâr biraderlerinin sıhhatte olduğunu gözleriyle görsünler.

Aslanımı gün boyunca dinlendirir, ona sakinleştirici şerbetler içirir, nefesi kuvvetli hocalara okutur üfletirim! Ona çok yaraşacak pırıl pırıl hünkâr kıyafeti üzerinde olmak kaydıyla, akşama mis gibi hazır ederim evladımı.

Şimdi artık hemen koşup biat töreni için hazırlanmalıyım. Süleyman Paşa dedi ki, ilk biat töreni seraskerlikte yapılmış. "Neden âdet olduğu üzere Topkapı Sarayı'nda değil?" diye sordum.

Çünkü harbiyenin ve bahriyenin, Abdülzaziz'in hal'ine karşı olan paşaları, zabitleri ve halk, olup biteni öğrenip bir maraza çıkartmadan veliaht şehzadeyi bir an evvel tahta oturtmak icap ediyormuş.

Tabiat boşluk sevmez, taht boş bırakılmazmış!

Abdülaziz Han'ın halini duyanlar seraskerliğe gitmişler, Murat'ıma orada biat etmişler. Sonradan öğrenenler de, az sonra Beşiktaş Sarayı'na biat ve tebrike geleceklermiş.

"Aslanım Eyüp Sultan'a varıp kılıç kuşandı mı?" diye sordum. Kuşanmamış!

Pertevniyal'in ahı tutmuştur!

Kuşanacak illa! Bizzat ben ilgileneceğim bu işle.

Ne var ki, şu anda ilk yapmam gereken, bir Valide Sultan'a yakışır, geleneksel saray esvaplarımdan en göz alıcı olanını seçip giymek... Allah'ın izniyle içine sığabilirsem eğer... Aaa, o gürültüler de neyin nesi! Bir koşuşturma oldu dışarda!

Murat'ımı getiriyorlar galiba...

Pencereye koştum. Aslanım önde, yanında ve arkasında yaverleri var lakin neden zorlukla yürüyor benim hünkâr evladım? Sürükleniyor adeta. Yaklaştılar, rengi kaçmış yüzünü gördüm... Aman yarabbi! Dudakları uçuk içinde!

Hemen, her şeyden önce sarayın üfürükçüsünü çağırmalarını söylemeliyim. Okusun üflesin Murat'ımı.

Daha şimdiden nazar değdi aslanıma.

Senin nazarın değmiştir, gözün kör olsun inşallah Pertevniyal!

2. GÜN

33. OSMANLI PADİŞAHI SULTAN V. MURAT

Beşiktaş Sarayı Hümayun Dairesi
(31 Mayıs 1876, sabah saatleri)

Bir gün öncesinin heyecanı ve yorgunluğuyla, dün gece bitap düşüp erkenden uyur ve sabah dinlenmiş olarak, salim kafa ile uyanabilirdim, eğer dün Avni Paşa keyfimi kaçırmasaydı!

Benim Ziya Bey'i mabeyin başkâtipliğine tayinimden yaklaşık iki saat sonra, yolladığı elçi karşımda bitti!

Avni Paşa hazretleri mabeyin başkâtipliğine Ticaret Nazırı Sadullah Paşa'nın tayinini rica ediyormuş!

Bak hele! Ne zamandan beri seraskerler tayinlere karışır olmuş?

Benim mabeyincilerimi seçmeme sadrazamın dahi müdahale hakkı yok iken, Seraskere ne oluyor?

Aaa, elbette! Hatırladım şimdi... Avni Paşa'nın meşrutiyetçilere tahammülü yoktur!

Ziya Bey ise mutedil bir meşrutiyetçidir... de, mutedil olanına tahammülü yok iken, koyu meşrutiyetçi Mithat Paşa'ya niye tahammül gösterdi diye sorarsanız, amcamın tahttan indirilmesinde onunla birlik olduğu için, derim ben.

Velhasıl, çok fena canım sıkıldı.

Ziya Bey ile karşı karşıya oturduk, bu mevzuyu derinlemesine konuştuk. Sultan Abdülaziz gibi kudretli bir padişahı tahtından eden bu herife şimdilik ses çıkarmanın doğru olmadığı kararını verdik.

Ziya Bey, makamında bir günü tamamlayamadan saraydan ayrılmak zorunda kaldı. Ben yakın dostuma karşı sözümde duramamış olmamın mahcubiyetiyle harap iken, o haddini bilmez zat yine burnunu sokup sarayımın mabeyin müşirini de tayin etmez mi!

Tayin ettiği kişi, kız kardeşimin zevci Nuri Paşa! Başka biri olsa derhal itiraz ederdim lakin Nuri Paşa'ya itiraz edemem, kardeşim Fatma gücenir.

Allah bilir Serasker Avni, Nuri Paşa'ya da benim onu bilhassa istediğimi söylemiştir.

Halbuki benim aklımda başka isimler vardı! Sor bari be melun, fikrimi sor!

Bir saat içinde günde arka arkaya iki ayrı münasebetsizlikle karşılaşınca, asabım büsbütün bozuldu. Ellerimde titreme başladı yine. "İlacımı getirin," buyurdum. Ne istediğimi anladılar da, ilacımdan iki yudum içip sakinleşemeden, bir haber daha!

Adile Halam Sultan, sabahın bu saatinde konağından çıkıp saraya gelmiş, validemin itirazlarını hiçe sayarak, bana haber yollatmış, haremde beni bekler imiş. Dün de... Pek iyi hatırlayamıyorum aslında... Bir gün öncesi bende hayal meyal... Sanki bir arzusu vardı benden.

Halamın ziyaretini öğrenince, hazırlanıp yanına gittim. Padişah olsak dahi, Adile Sultan halamıza hürmette asla kusur etmeyiz, biz hanedan mensupları!

Halam ile validemi karşılıklı sohbet ederken buldum.

Beni giyinmiş kuşanmış, sakin ve işimin başında görünce pek sevindi.

Demek içimdeki fırtınayı yüzüme aksettirmiyorum, çok iyi!

Validemin keskin bakışlarına hiç aldırmadan, malum, validem her ikisinden de hoşlanmaz, Aziz amcamın ve Pertevniyal Valide'nin bana yazmış oldukları iki mektubu uzattı.

Her ikisini de dikkatle okudum, Adile Halamın anlattıklarını da dinledim ve çok müteessir oldum. Peşimden yetişen validemin itirazlarına hiç kulak asmadan, bu işi halletmek üzere çıktım, mabeyne geri geldim ve hemen huzuruma, maiyetimdeki nazırlardan kendimi en yakın hissettiğim ve en iyi anlaştığım Mithat Paşa'yı çağırttım.

Fazla bekletmeden geldiler.

Ona, amcamın ailesiyle birlikte Beylerbeyi Sarayı'na naklini irade buyurmuş olduğum halde, ne maksatla Topkapı Sarayı'na götürülmüş olduklarını sordum.

Mithat Paşa hakikaten çok şaşırdı. Zira, eğer amcamın haledilmesi mukadder ise, onun bizzat yaptırdığı Beylerbeyi Sarayı'nda oturmasını birlikte kararlaştırmış idik. Hatta, arzu ettiği takdirde Avrupa'da istediği bir şehirde yaşamasına da müsaade edilebileceğini konuşmuştuk. Bu toplantıyı Serasker Avni düzenlemişti; o gün o da vardı, Rüştü Paşa da.

Mithat Paşa, "Sanırım bu iş Avni Paşa ile valideniz sultanın işidir," dedi, "çünkü her ikisi de sizi her türlü tehlikeden uzak tutmak için... Abdülaziz Han'ı mümkün mertebe uzağa..."

Lafını kestim.

"Bu mümkün değil, Paşa! Hiçbir mazereti kabul edemem. Bir padişah haledilebilir hatta katledilebilir lakin ona hakaret edilemez. İkametinin en iyi ahvalde sağlanması lazımdır. Aksi halde, bütün cihan Müslümanlarının ve küllü Osmanlı halkının onun şahsında hakaret gördüğü farz edilir. Tahttan indirilmiş dahi olsa bir padişahı ve ailesini Topkapı Sarayı gibi harap bir mekânda yaşatmak asla kabul edebileceğim bir şey değildir. Osmanoğulları'nın şerefine leke sürdüremem! Amcam derhal Beylerbeyi Sarayı'na nakledilecek! Siz bu durumu Serasker Avni Paşa'ya bildirin, ben validem ile bizzat görüşeceğim," dedim.

"Emriniz olur zat-ı şahaneleri. Müsaadenizle, bir acil husus daha vardır... Darbeden önceki görüşmelerimizde, meşruti idareyi bir an önce ilan ve ikame etmeye Sadrazam Rüştü Paşa ile mutabık kaldık sanıyordum. Halbuki bu sabah lafını dahi ettirmedi. Serasker Avni razı gelmezmiş! Seraskerlerin ordu işlerine bakmaları lazım, devlet işerine değil, dedimse de dinletemedim maalesef."

"Ne diyorsunuz Mithat Paşa? Amcamı boşuna mı tahttan indirdik?"

"Öyle gözüküyor, zat-ı şahaneleri"

"Ne sebep gösterdi Serasker?"

"'Şu anda bu hususun hiç lüzumu yok,' dedi."

"E, biz niye halettik o zaman padişahımızı? Ben bu menhus işe karıştım ise, sadece Osmanlı'nın hayrı ve bekası içindir. Asrımız, meşruti idareyi farz kılıyor lakin padişahımız bunu bir türlü kabullenemiyor diye yapmadık mı bu işi? Hem Serasker'in karar vereceği bir husus değildir bu. O ordusuyla iştigal eylesin. Biz bu hususu sadrazam ve nazırlarla görüşmeliyiz."

"Sadrazam Rüştü Paşa dünden beri ağız birliği etmiş Serasker ile. Bizimki gibi çok milletli ve çok dinli memleketlerde meşrutiyet idaresi hiç uygun değildir, demeye başladı.

Halbuki zat-ı şahaneniz ve benimle aynı fikriyattaydı; ülkeye huzur ve adaletin gelmesi için halklar arasında müsavat şarttır, Avrupa'dan para yardımını da ancak bu şekilde alabiliriz diye düşünüyorlardı. Ben de bu ani değişikliğin karşısında şaşırdım kaldım, Sultanım!"

Canım büsbütün sıkıldı.

"Ben bir an önce şevketli amcamın arzu ettiği saraya nakil işini halledeyim, sonra sizinle uzun bir içtima yaparız," dedim.

Mithat Paşa huzurumdan ayrılınca Sultan Aziz Efendimize bir mektup yazdım ve hemen mabeyin dairesinden başmabeyinci Ethem Bey'i çağırttım.

"Bu tezkireyi Abdülaziz Han Hazretleri'nin şahane eşiğine iletin. Mahsusan mübarek ve şahane ellerinden öptüğümü arz edin. Hiç teessüf buyurmasınlar. Topkapı Sarayı'na nakledildiklerinden katiyen haberim yoktu. Derhal padişah saraylarından birine geçmeleri için emir vereceğim. Butun saray-ı hümayunlar kendilerinindir. Hangisinde ikamet buyurmak isterlerse, orası tahsis olunacaktır. Başka emirleri varsa başım üstünedir," dedikten sonra, mektubumun hemen sabık hakan hazretlerine götürmesi emrini verdim.

Bu işi hallettikten sonradır ki, hareme döndüm, validemin, her işe burnunu soktuğu için kızdığı Adile Sultan'a dair yakınmalarını dinlerken bir şeyler atıştırdım.

Amcamın saraylardan birine nakli mevzuunu validem ile henüz görüşmeyecektim. Önce nerede kalmak istediğini öğrenip, sonra verecektim mücadelemi. Çünkü validem, seneler süren çekişmelerinden dolayı Pertevniyal Valide Sultan'ın burnunun sürtmesi için, illa Topkapı'da kalmasını arzu ediyor ve yüreğindeki intikam hissini böyle söndüreceğini sanıyordu.

Ben, hayatıma ilk kadının girdiği günden itibaren, kadın çekişmelerinin dışında kalmayı düstur edinmişimdir. Bu aynı zamanda, cennetmekân Abdülmecit Han pederimin bana tavsiyelerinden ilki idi; "Kadın kısmı birbirine girişti miydi, ne yaparsan yap, hiçbirini memnun edemezsin, bu yüzden her zaman onların çekişmelerinin dışında kal," demişti.

Hünkâr pederim elbette haremindeki kadınefendiler, ikballer ve gözdelerden dem vuruyordu; halbuki benim işim çok daha zordur, teskin etmem gereken hatunlar, sözümü geçireceğim yaşları benden küçük zevcelerim değil, halef selef valide sultanlardı ki, biri benim valide sultanlığa yükselmiş kendi cefakâr validem, diğeri de hürmette kusur etmeyeceğim, amcamın yaşlı validesi Pertevniyal Sultan!

Ne zor işmiş tahtta huzurla oturmak!

Mabeyne geçtim.

Masamda önüme konan evrakı tetkik ederken, amcama yazdığım mektubu Topkapı Sarayı'na götüren Ethem Bey geri döndü.

III. Selim'in dairesinde ikamet buyuran Abdülaziz Han'ın huzuruna çıkıp, tezkiremi takdim etmiş.

Hafazanallah! Amcamı Topkapı'ya gönderdikleri yetmezmiş gibi, bir de III. Selim'in odasına mı koymuşlar!

Kim hangi cüretle buna cesaret etmiş!

Bu ne densizlik, bu ne kendini bilmezlik!

Kan yine beynime fırladı! Bunun hesabını soracağım ben!

Biraz sakinleşince, "Evet, devam edin, arzusu neymiş?" dedim.

Amcam, sultan efendilerin ikameti için yaptırdığı Feriye Sarayı'nın boş olup olmadığını sormuş. Boş ise oraya yerleşmeyi arzu edermiş. Yaz ayları süresince de Beylerbeyi Sarayı'nda ikamet etmeyi düşünüyormuş. Bunu duyunca çok memnun oldum. İsteğini yaparsam, ona yapılan bu gayrı insani muameleyi unutturup, onu azıcık da olsa memnun edebilecektim.

Ethem Bey'e, "Emirleri başım üstüne," dedim, "fakat şimdi gidin, bu hususu hükümet azası nazırlara nakledin. Bir an önce tasviplerini bildirsinler, usule uygun olsun. Sonra hemen hazırlatalım sarayı."

Başmabeyinci emrimi tebliğ etmek üzere huzurumdan ayrıldı. Ben makus kaderimle baş başa kaldım. Kendi saraylarımı istediğim kişilere tahsis dahi edemedikten sonra, padişahlığım neye yarıyordu acaba? Hükümet azalarının tasvibi derken kastettiğim kişiler, nazırlar değil, sadece bir kişiydi; ceberut Serasker Avni melunu!

Hükümdarlığım ilk gününde değil elbette, lakin zaman içinde bu adamı ordunun başından çekmenin bir yolunu bulmalıydım!

Biraz zamana ihtiyacım vardı.

Başmabeyinci Ethem Bey'in dönüşü uzun sürdü.

Huzuruma vardığında yüzünden anladım bir terslik olduğunu.

Rüştü Paşa, Ethem Bey'e bir müddet dışarda beklemesini, bu teklifi müzakere edeceklerini söylemiş. Onu epey bekletmişler, sonra içeri çağırıp Sultan Aziz'i Beylerbeyi'ne nakletmenin ve orada muhafaza etmenin zorluğundan söz ederek, sabık sultanı sadece Ortaköy'deki saraya nakledebileceklerini bildirmişler.

Şaşırdım kaldım.

"Sen onlara benim ne dediğimi söylemedin mi?" diye sordum.

Onlara harfiyen, "Sabık hakana her iki sarayın tahsisi ile bütün isteklerinin yerine getirilmesi ve her türlü ihtiyacının karşılanması, Efendimizin irade ve kati arzusudur, dedim," dedi. Kan beynime sıçradı yine. Yanaklarım, alnım yanıyordu. Sağ gözüm seğiriyordu. Ben amcama söz vermiştim. Saraylar benimdi, amcamındı, bizimdi. Onlar nasıl karışabilirlerdi kimin nerede oturacağına!

"Tez yanlarına var, nazırların sadrazamla birlikte huzuruma gelmelerini söyle. Kendileriyle görüşeceğim!"

Ethem Bey selam verip, çıktı gitti. Gideceği yer, aynı binanın içinde birkaç oda ötesiydi. Çabuk döndü. Süklüm püklüm bir hali vardı.

"Hayrola?" dedim.

Söze bir türlü başlayamıyordu. Gözleri yerde, konuştu.

"Sadrazam Rüştü Paşa dediler ki... şey dediler... Vallahi lazım çok yorgunuz. Şevketli Efendimizin ayaklarını öperek şahane müsaadelerini istirham eyleriz, dediler."

Ethem Bey gözlerini yerden kaldıramıyordu.

İyi ki kaldıramıyordu çünkü benim ellerim, dudaklarım, her tarafım titriyordu. Gözlerim seğiriyordu. Şakaklarımdaki damarlar zonk zonk atıyordu. Kan beynimi zorluyordu. Amcam yukarıda bir yerden bana göz mü kırpıyordu, "Böyle olmasını sen istedin!" mi diyordu mütemadiyen, yoksa bana mı öyle geliyordu, çünkü kafamın içinde bir de uğultu vardı, hiç susmayan bir uğultu...

Ah ben ne yaptım! Ah ben ne yaptım! Ah ben ne yaptım! Ah ben... Otuz üçüncü Osmanlı Sultanı V. Murat bin Abdülmecit Han, ciğeri beş para etmeyen zevatın elinde oyuncak olan ben... Ah ben... ah!

DAMAT NURİ PAŞA

Abdülmecit Han'ın Büyük Kızı Fatma Sultan'ın Zevci
(31 Mayıs 1876)

Bendeniz, Abdülaziz Han'ın haledildiği sabahtan itibaren, Şevkefza Valide Sultan'ın himayesinde ve emrindeki Damat Nuri Paşa'yım!

Gönül isterdi ki kendimi Ferik Arif Paşa'nın mahdumu, Mabeyinci Mehmet Nuri Bey olarak takdim edebileyim. Ne var ki, Fatma Sultan ile düğünümüz sırasında yirmi yaşımı yeni ikmal etmeme rağmen, padişah damadı olmak hasebiyle müşirlik ile taltif edilerek paşa unvanını kazanmış bulunduğumdan, Ferik Arif Paşa'nın oğlu Mabeyinci Mehmet Nuri Bey olmamın hiçbir kıymeti kalmamıştır!

Bundan böyle, kendimi cihana takdimim, Sultan II. Mahmut Han'ın torunu, Sultan Abdülmecit Han'ın kerimesi Fatma Sultan'ın zevci, Müşir Damat Nuri Paşa'dır!

Kısaca, Damat Nuri!

İsmimin önünde terennüm edilen damat, saraydan kız aldığım manasına gelir. Damat olmanın menfi ve müspet tarafları vardır.

Hele de tahtta oturan bir sultanın kızı ile izdivaç eylerseniz, paşa unvanını almak çok kolaydır da, hanımınızın lütfuna mazhar olmak pek zordur.

Zevcenizin gönlü olacak da yanına varacaksınız diye gecelerce beklemek de kaderinizdedir, karı-koca arasında geçebilecek en ufak bir tartışmada kapı önüne konulmak da.

Şikâyete ise hakkınız zinhar yoktur.

Bir sultanın üstüne ikinci bir hanım almak da mümkün değildir üstelik.

Diyeceksiniz ki, sultanların dest-i izdivacına talepkâr olmayın, o halde!

Heyhat, bu husus ne bizlere ne de evlendiğimiz sultanlara sorulur!

Çoğu zaman sadrazamlar, üst rütbeli paşalar veya oğullarıyla padişah arasında siyasi bir pazarlık meselesidir bu izdivaçlar.

Maksat yüksek makamlardaki devlet adamlarının sadakatini, padişahlara daim kılmaktır.

Kararı padişah verir, vezir vüzeraya fikir sorar, damat adayı kabul görüldüğünde, karşı tarafa haliyle tasvip etmek düşer.

Karar, evlenecek olanlara tebliğ edilir.

Derken efendim, nikâh kıydığımız padişah kızı ile birlikte damatlara cömert maaşlı bir üst makam ihsan olunur. Eğer ki zevcemiz güzellikten yana nasibini alamamış ise, bu makamlar bizlerin teselli mükâfatı olur.

Damatların işi zordur lakin sultanların da işi zordur!

Öyle vaziyetler hasıl olur ki, damat zevcesinden yirmi, otuz, hatta kırk yaş dahi büyük olabilir. Yaşlılarla evlenen sultanlar çoğu zaman mesut olmazlar.

Neyse ki bizim Fatma Sultan ile izdivacımızda böyle bir durum vaki olmadı. Sultanın ikinci izdivacı olmasına rağmen, her ikimiz de çok genç idik. Evlendiğimizde, o henüz on dokuzunu sürüyordu, ben yirmi yaşına yeni basmıştım. Sultan zevcem tarafından, bir deniz kazasında boğularak ölen ilk zevcinden çok daha fazla sevildiğime ve huzuruna, erken vefat eden o bahtsız kocadan çok daha fazla nail olduğuma eminim. Eğer izdivacımızın ilk yılında doğan erkek evladımızı iki yaşına basamadan, kızımızı da henüz üç yaşındayken kaybetmeseydik, daha bahtiyar bir hayatımız olabilirdi. Devası olmayan çiçek, kuşpalazı, zehirli ishal gibi çocuk hastalıklarına kurban verdiğimiz evlatlarımız, evliliğimizin ilk yıllarını eleme boğdu.

Uzun süre yas tuttuk.

Sonraki yıllar kâh iyi, kâh kötü günlerle doluydu.

Ben ne boşamaya ne de üzerine başka hatun getirmeye ehil olmadığım sultan zevcemin türlü nazlanmalarına sabırla göğüs gererek, velakin refah içinde yaşarken, müşterek hayatımız ise küllü yeknesaklığı ile akadururken, Abdülaziz Han'ın tahttan indirilip yerine Murat Efendi'nin geçirilmesiyle, ömrümüze renk ve umur katılacağı daha ilk günden belli oldu.

Cülusunun ertesi gününde, Murat Han Hazretleri, zevcem olan kız kardeşinin Beşiktaş Sarayı'na taşınmasını arzu ve irade ederek, bize mükellef bir daire hazırlattı, beni de mabeyin müşirliğine tayin etti. Zira V. Murat Han Hazretleri, kardeşleri arasında en çok Fatma Sultan'a düşkündür.

Aralarındaki yaş farkı sadece dokuz gün olduğundan, ikiz gibi bir arada büyütülmüşler. Yaşları erdiğinde, pederleri cennetmekân Abdülmecit Han'ın buyruğu ile ikisine de hususi mektep kıyafetleri hazırlanmış, boyunlarına pırlantalı cüz keseleri asılmış, Hünkâr pederlerinin bizzat çektirdiği besmele merasiminden sonra, saray dershanesinde, yaşları yakın kardeşleri ve üst mevkilerdeki memurların çocukları ile birlikte ilk derslerine başlamışlar. Geleneksel din ve saray derslerinin yanı sıra, birlikte Farsça, Fransızca ve musiki dersleri de almışlar.

Zamanı geldiğinde Abdülmecit Han, yine Murat Efendi ile Fatma Sultan'ı, bizzat ellerinden tutarak, validesi Bezmiâlem Sultan tarafından Cağaloğlu semtinde yaptırılan Valide Mektebi'ne götürüp her ikisine de mektep nazırı Kemal Paşa'nın elini öptürmüş!

Fatma Sultan'dan dinlemiştim, saraylı çocukların ilk defa halk çocuklarıyla birlikte aynı mektebe gitmesi, hele de Padişah'ın çocuklarını hocaya teslim ederken söyledikleri, halk tarafından büyük memnuniyetle karşılanmış, padişahlarına olan sevgileri daha da çoğalmış!

Ezberinde nasıl tutabilmiş ise Fatma Sultan, peder-i şahanesinin hocaya söylediklerini aynen tekrarlamıştı, bana:

"Kemal Efendi Hocam, maarif her iki dünya için de saadet sermayesidir. Halkın kız ve erkek evladını terbiyeye gayret ediyorsunuz, kendi çocuklarımı da terbiyeye himmetinizi beklerim. Onları diğer talebelerle müsavi tutmanızı bilhassa rica ederim." Padişah, bu alçakgönüllü ifadesiyle, herhalde zamanında çok gönül kazanmıştır.

Her neyse, demek istediğim şu ki, rüştiyenin üst seviyesindeki bir mektebe dahi birlikte devam etmiş ilk padişah çocukları olarak, müşterek pek hoş hatıraları vardır iki kardeşin. O kadar iyi anlaşırlar ve sevişirler ki, Fatma Sultan öz kardeşleri olan Refia Sultan ve Şehzade Reşat'tan çok daha yakın ve çok daha düşkündür Murat Han Hazretleri'ne.

Ve işte bu sevgi ve bağlılıktan dolayı, benim de önüme geniş ve aydınlık bir kapı açılmış oluyordu şimdi... Hele yeni valide sultanın itimadını da kazanabilirsem!

Anladığım oydu ki, valide sultanların kanadı altında olmak, bizzat sultanların kanadı altında olmaktan daha hayırlı idi. Zira valide sultanlara yanaşmak, dert anlatmak, aklını çelmek her zaman daha kolaydı. Padişahları memnun etmenin ne zor olduğunu kendi pederimin tecrübelerinden öğrenmiş olduğumdan, yeni makamımda rahat etmek hatta çok daha yüksek mevkilere gelebilmek için, Şevkefza Sultan'ın gözüne girmenin şart olduğunun idrakinde idim.

"Ey Nuri Efendi," dedim kendime, "kısmet ayağına kadar gelmiş, sen Valide Sultanı memnun et ki o da seni ihya etsin! Her ne yapacaksan acele et, zira Abdülaziz tahtına dönecek olursa rütbelerin sökülür, maaşın kesilir, kendi kümesinde keyfince ötemeyen horoz misali damatlığınla baş başa kalırsın ki, o zaman sultan zevci olmanın hiçbir tadı kalmaz!"

Nitekim, Abdülaziz Han'ın hal haberi duyulmuş, Murat Han'ın ise cülus haberi beklenmekte iken, valide sultan makamına henüz oturmamış olan Şevkefza Valide'nin beni çağırdığını duyunca, yanına en hızlı şekilde varmıştım.

Valide heyecanlıydı, sürekli dua ederek cülusun tamamlanma haberini bekliyordu lakin o anda dahi çok yalnızdı ve itimat edebileceği birine ihtiyacı olduğu aşikârdı.

"Siz aslanıma en yakın kişisiniz, onun özbeöz kardeş kadar sevdiği Fatma Sultan'ın zevci olarak, size itimat etmek isterim," diye girmişti söze.

Ben de lügatimde mevcut süslü kelimelerle, vukuu kesinleşmek üzere olan valide sultanlığını tebrik etmiş, emirlerini beklediğimi arz etmiştim.

Tam o esnada, Sarayın rıhtımından sandallara bindirilmiş eski padişahın ailesi ve mavnalara tıkıştırılmış harem halkı, Topkapı Sarayı'na doğru yol almakta idiler. Valide sultan, pencerelerden dışarıya o hazin gidişi görmemek için olmalı, hiç bakmıyordu. Sırtını manzaraya dönüp oturmuş, bana içini döküyordu. Cülusun tamamlandığı haberi işte tam o sırada geldi.

Valide Sultan'ı ilk tebrik eden, sevinç, gurur ve heyecanını ilk paylaşan kişi olmak benim nasibimmiş!

Beşiktaş Sarayı'nda Pertevniyal Valide Sultan'a ait dairelerin birkaç saat önce mühürlenen kapıları, mühürler sökülerek açılmış ve yeni Valide Sultan Şevkefza'nın bana tevdi etmiş olduğu ilk vazifem, böylece o anda başlamıştı.

Abdülaziz Han ve validesinin boşalttıkları dairelerdeki değerli eşyaları, kumaşları, mücevheri, altınları ve tahvilleri kayda ve zapturapta almaktan ben mesul kılınmıştım. Her bir parça deftere yazılıp sandıklara konulacak, kilitlenerek Şevkefza Valide Sultan'a teslim edilecekti.

Dışarıya akseden yüzüyle, Abdülaziz Han Hazretleri'nin çok mazbut bir hayatı vardı. Rahmetli pederi II. Mahmut Han ile rahmetli ağabeyi Abdülmecit Han'ın genç yaşta vefatlarından içki ve işreti mesul tuttuğu için hiç alkol kullanmadığı, alafranga hayattan hoşlanmadığı, hareminde validesi dışında yedi kadını, yedi sultan kızı ve dört şehzadesiyle, yirmi kişilik bir aile babası olarak sakin bir hayat sürdüğü bilinirdi!

Pertevniyal Valide, idaresini üstlendiği padişah oğlunun haremini ve hayat üslubunu işte böyle aksettirirdi dışarıya.

Şevkefza Valide'nin, ara sıra kulağımıza fısıldadıkları ise bu mahiyette değildi halbuki! O, ısrarla Pertevniyal Valide'nin oğlu için bıkmadan usanmadan bilhassa Çerkez asıllı güzel cariyeler arattığını, beğendiklerini tahsil ve terbiyeden geçirip Abdülaziz Han'a takdim ettiğini anlatırdı. Hatta padişahtan gebe kalmaya can atan bu cariyelerin emellerini, iyi vâkıf olduğu usullerle engellediğini de ilave ederdi. Kimse kulak asmazdı bu söylenenlere, zira iki validenin arasındaki husumeti sağır sultan dahi duymuştu!

Sabahın kör karanlığında Beşiktaş Sarayı donanmayla ablukaya alınıp haremin tahliyesi başlayınca, sayısı üç yüzü aşkın kadının zorla, kollarından çekilerek, itiş kakış haremden çıkarıldığına ben gözlerimle bizzat şahit olmuştum. Kadınlar pencereleri kırıyorlar, çığlık çığlığa bağırıyorlar, beddualar ederek ağlaşıyorlardı. Aralarında dairelerini asla terk etmek istemeyenler de vardı. Çok kalabalıktılar. Abdülaziz Han'ın kadınefendileri, ikbalileri, gözdeleri, sultan kızları ve bu zevatın her birinin bir ayrı hizmetini gören sayısız cariyeleri, hazinedarları, kalfaları, harem ağaları, askerler tarafından çekiştirilip itiştirilerek, şiddetli yağan yağmur altında mavnalara dolduruldular.

Mevcut mavnalara sığmayanlar ise rıhtımda kalakaldılar.

Sabah ayazında, yağmurdan sırılsıklam halde titreşen hatunlara bakmıştım. Gönderilenlerle birlikte yirmi, bilemediniz yirmi beş kişilik bir aileye kâfi gelebilecek hizmetkâr mevcudundan çok daha fazlaydılar. Aralarında şık giydirilmiş, mücevherler takılmış küçük kız çocukları dahi vardı, vazifeleri süs eşyası gibi sırf sultanların dizlerinin dibinde oturup, güzel görünmek ve gülümsemek olan... Acaba Şevkefza Valide'nin hiç inanmadığım sözleri doğru muydu?

Saray tamamen boşaltıldıktan sonra ve hemen o akşam duyduğum rivayete göre, sakıt padişah, validesi, evlatlarıyla Topkapı Sarayı'nda hakaret ve sefaletle imtihan edilirlerken, ben terke mecbur edildikleri Beşiktaş Sarayı'nın onlara ait dairelerinde zabıt tutuyordum.

Sarayların en büyük amiri olarak, yanıma güvendiğim birkaç yardımcı alıp çalışmaya Pertevniyal Valide Sultan'ın dairesinden başlamıştım.

Şevkefza Valide Sultan tarafından bana bilhassa ihsas edilmiş olduğu şekilde, dairenin her bir köşesini azami dikkatle aradım. Odada gizli çekmecelerin, bölümlerin var olup olmadığını tetkik ettim ve bu çekmelerde bulduklarımı tek tek muhafazaya aldım. Bu arada, şaşkınlıktan dilimi yutmak üzereydim!

Valide Sultan'ın dairesinde sekiz sandık altın ile dört sandık tahvilat çıkmıştı. Sanırım sandıklardaki altınlar beş bin okkadan fazla çekiyordu; altın dolu sandıkların her birini ancak sekiz güçlü kuvvetli hamal zar zor kaldırabilmişlerdi.

Altın dolu sandıkları taşıyanlar daireden çıktıktan sonra, çekmecelerinden ve mücevher kutularından çıkan ziynet eşyalarını, elime geçirdiğim bir bohçayı torba haline getirerek içine doldurdum ve yanıma aldım.

İyi servet edinmiş sabık Valide sultan!

Halbuki söylenen, masrafının çok olduğuydu. Ona rağmen biriktirebilmiş bunca altını... Hocalarla üfürükçülere, falcılara da çok fazla bahşiş ve ihsan dağıtır, kıymetli mücevheri hem takmaktan hem de hediye olarak dağıtmaktan pek hoşlanır diye duymuştuk. Mısırlı prenseslerin ziyareti esnasında misafirlerine verdiği mücevherleri sultanlar aralarında günlerce konuşmuşlardı.

Meğer israf aslında çok daha önceden başlamışmış!

Zevcem Fatma Sultan nakletmişti bana haremdeki hatunlardan duyduklarını; Keçecizade Fuat Paşa'nın ilk sadareti sırasında bazı tatsız hadiseler olagelmişmiş. Saray masrafları gibi, lüzum gerektirmeyen askerî harcamalar da arş-ı âlâyı bulunca, işbu masrafların kısılmasını isteyen Keçecizade'ye fena halde içerleyen Abdülaziz Han, tepki olarak uzunca bir süre sarayından hiç çıkmamış, devlet erkânı ile görüşmemiş ve iyice içine kapanmış.

Pertevniyal Valide Sultan, evladının bu menfi ruh halini ve kırılan kalbini tamir için üfürükçülere başvurmuş, imam geçinen beş para etmez bir sahtekârın uyduruk muskalarıyla, boş nefesine kendi maaşından inanılmaz paralar ödemiş.

Yani parası hediyelere, camilerin, çeşmelerin, mekteplerin inşa ve teçhiz masraflarına olduğu kadar, mebzul miktarda büyücü ve üfürükçülere de gitmekteymiş. Pertevniyal Valide'nin hayırlı harcamaları yok değil miymiş? Varmış elbette. Her hac mevsiminde kutsal topraklara yaptığı ihsanlar, yaptırdığı onca cami, çeşme, imaret, mektep... Bütün bunların yanı sıra, şimdi görmekteydim ki, ayrıca dairesinde sakladığı sandıklar dolusu altını da varmış!

Hay maşallah!

Karun kadar zenginmiş meğer mübarek!

Darısı bizi kollamakta olan Şevkefza Valide Sultan'ın başına diyerek, saraydan çıkıp ahırların bulunduğu mevkiye vardım.

Ahırlarda Sabık Sultan Abdülaziz'in birbirinden kıymetli binek atları vardı.

"Rikab-ı şahaneye mahsus" tabir edilen ve padişahtan başka kimsenin binemeyeceği bu muhteşem hayvanları önce derin bir hayranlıkla seyrettim, sonra da seyislere atların, verdiğim adresteki ahırlara naklini buyurdum. Aralarından birkaç atı da kendime ayırdım.

Yaptığım elbette iftihar edilecek bir iş olmamakla beraber, devlete hizmet verenler arasında sıradan, alışılmış bir işti! Yapılan büyük hırsızlıkların yanında birkaç atın lafı dahi olmazdı.

Pederimden dinlemiştim, rüşvet ve suiistimal Osmanlı devletinin içine o kadar işlemiş, öyle vazgeçilmez bir alışkanlık haline gelmiş ki, Abdülmecit Han, 1849 senesinde rüşvet ve suiistimali yasaklayan, cezası ağır bir kanun çıkarttırmış. Kâfi bulmamış, Meclis-i Umumi'de, sırasıyla sadrazam, vezir ve mebuslara *Kur'an*'a el bastırarak rüşvet alınmayacağına, suiistimal yapmayacağına dair yemin ettirmiş. Hatta bu yemin, sivil ve asker ülkedeki bütün memurlara tekrar ettirilmiş. Bundan böyle rüşvet ve suiistimale karışan her sivil veya asker memurun en ağır şekilde cezalandırılacağı duyurulmuşsa da, önü bir türlü alınamamış!

Kısacası, mabeyinde dahi ekseriyet bu zaafla maluldü ve rütbeler arttıkça meblağ çoğalıyordu. Ve ileride benim devede kulak misali bugün yaptıklarım ortaya çıkacak olursa, biliyordum, hatta emindim ki, üzerinde hiç durulmayacak, benim cins atlara veya nadide eşyalara olan düşkünlüğüme verilecek, geçip gidecekti. İçim bu bakımdan rahattı çünkü ben artık Şevkefza Valide Sultan'ın himayesi altındaydım ve görünen o ki Valide'nin gözüne girmemi sağlayan basamakları çok hızlı çıkmaktaydım.

3 GÜN

33. OSMANLI PADİŞAHI V. MURAT HAN

Beşiktaş Sarayı
(1 Haziran 1876, sabah saatleri)

Bugün cülusumun üçüncü günü!

Gözlerimi açtım ki, zihnim üç günden beri ilk kez berrak. Üçlerde keramet vardır diye mi acaba, bir ferahlama geldi ruhuma bu sabah...

Dün gece içkiyi dozunda içmiş olduğumdan mı, yoksa geceyi kâbus görmeden geçirdiğimden mi bilemem, perdelerimi açtıklarında güzel bir aydınlık doldurdu odamı. Denizin şavkı odamın tavanına vuruyordu. Kız kardeşim Fatma'nın Boğaz'daki yalısında uyandığımı zannettim bir an için.

Ah ne dertsiz ve asude günlermiş onlar!

O günleri hasretle anarken, Namık Kemal ve Ziya Beylerle sabahlara kadar hasbıhal ederek ne hayaller kurduğumuzu da hatırladım.

İleride bir gün tahta oturduğumda ve meşrutiyeti kurduğumuzda Ziya'yı sadrazam, Namık Kemal'i hariciye nazırı yapacaktım.

Her ikisi de yıllarca Londra'da, Paris'te, Cenevre'de yaşamışlardı. Yabancı lisanları mükemmeldi, Avrupa hayatını yakından tanıyorlardı. İşte bu bilgili, görgülü devlet adamlarımla uçuracaktım Osmanlı'yı en yüksek ufuklara doğru. Üç kıtaya yayılmış Osmanlı şu andaki gibi dünyanın dördüncü devleti değil, birincisi olacaktı!

Ah ne güzel hayallerdi... Evet, belki biz kafadarların içkili kafalarla kurdukları fazla iyimser hayallerdi lakin yelkenlerimizi ümit rüzgârıyla doldururdu bu hayaller.

Ben şu anda otuz üçüncü Osmanlı padişahı olarak tahtımda oturmaktayım.

Bu, hayal değil, hakikatin ta kendisi! Bedbin olmam için sebep yok, kurduğumuz hayaller de hakikat olacak yakında! Hayal olarak kalmayacaklar asla!

Ahı gitmiş vahı kalmış ihtiyar Rüştü Paşa ile şu nefret ettiğim tıknaz Avni'den kurtulabildiğim gün görsünler beni!

Bu imparatorluk layık olduğu yere er geç gelecektir!

Kahvaltımı getirdiler, iştahla yedim. Tepsim alınırken, validem girdi odama.

Bu sabah çok iyi göründüğümü söyledi.

Aralarındaki husumeti tamamen unutarak, "Elbette," dedim, "Amcam validesi ve haremiyle birlikte Feriye'ye taşındı ya, bu yüzden huzurlu uyudum dün gece."

"Zat-ı şahanelerini neden alakadar ediyor sabık padişahın nerede ikamet buyurduğu? Keşke Topkapı'da kalaydı!" dedi.

"Aman validem, o nasıl söz!"

"Abdülaziz size acıdı mı sizi sayfiyenizden tez çağırtıp odanızdan çıkmamak üzere hapis cezası verdiğinde?"

"Validem, ben Beşiktaş Sarayı'nın veliaht dairesinde mahpustum, farelerin dolaştığı, pirelerin, tahtakurularının fink attığı rutubetli Topkapı'da değil," dedim.

"Güzümün nuru aslanım, sizi yirmi günden fazladır ki dairenizde hapis eylediler, yeislere kapılıp, sabahlara kadar içki içtiniz. Cülus gününüzde asabınızın son derece bozuk olması, bu mahpusluk sırasında sıkıntıdan içtiğiniz içki yüzündendir. Kafeste kuş gibi çırpındığınızı görmedim mi ben? Hem sadece sizi değil, küllü şehzadeleri dairelerine kapattı Efendimiz."

Validemin haberi yoktu, amcamın borçlarımı hazine-i hassaya ödetip bana ilave ödenek tahsis ettiğinden. Amcamı korumak için dahi söyleyememiştim yaptıklarımı.

Mithat Paşa'nın sokaklara dökülsünler diye Harbiye talebelerine para verdiğini, o parayı da benden temin ettiğini, kimseler duymasın, validem dahi!

Çünkü bendeki o para şimdi saray hapsinde olan biçare amcamın, uslu dururum ümidiyle maaşıma yaptığı zam ve kırk bin altınlık ilave tahsisattan elde edildi.

Ben bu hareketimin taksiratını ödemiş bulunuyorum, zira Rabbim 10 Mayıs nümayişlerinden en çok softaların faydalanmasını temin ederek, bana da cezamı kesmiş oldu.

Nasıl mı?

Talebelerin başını çektiği nümayişe softalar da arka çıkınca, büyük bir kalabalık, Sultan Aziz'in o günlerde ikamet ettiği Yıldız Kasrı'na kadar yürüyerek, Sadrazam Mahmut Nedim Paşa'nın istifasını istediler. Onun yerine sadrazam yapılan Rüştü Paşa, seraskerlik makamına Avni Paşa'yı tayin etti. Meşrutiyet düşmanı bu iki iptidai adam kara bulut gibi, bugünkü mecliste hem benim hem de halkımın ufkunu karartacağa benziyorlar!

Bundan büyük bir ceza olabilir mi? Neyse ki Mithat Paşa var!

Şimdi keyfimi bozmayayım bunları düşünerek. İşlerim çok bu sabah. Hizmetkârlarımı çağırıp kıyafetlerimi hazırlamalarını söyledim.

At binerek ilk cuma selamlığına çıkmak üzere Ayasofya'ya gidecek, sonra da Topkapı Sarayı'nda "Hırka-i Saadet Dairesi"ni ziyaret edeceğim.

Kardeşlerimi maaşlarının artırılmasını da irade edeceğim, hükümet meclisinden önce!

Beni giydirdiler.

Aynada kendime baktım. Amcam kadar heybetli değildim ama yakışıklı sayılırdım. Beğendim kendimi. Ah bir de ağzımın kenarındaki uçuklar olmasa...

Kız kardeşlerim Fatma ile Refia Sultanlar için sarayda birer daire hazırlanmasını emir buyururken öğendim ki Avni Paşa iki geceden beri sarayda yatmakta imiş!

Şaşırdım!

Sultan ailesinin ve saray vazifelilerinin dışında değil serasker, sadrazam dahi padişahlara ait saraylarda kalmazdı. Kadim bir Osmanlı geleneği idi bu.

Elbette bütün neşem kaçtı.

Neden ve nasıl olduğunu sual ettim.

Huzuruma çıkan Avni Paşa, bana zarar gelmemesi için sarayda kaldığını söyledi.

"Sarayın muhafazasından mesul paşalar beni koruyorlar," dedim. "Üç kıtaya yayılmış Osmanlı mülkünü korumakla vazifeli seraskerimi, sarayımı korumakla vazifelendirmek yakışık almaz! Sarayın korumaları var. Siz akşamları evinizde istirahat buyurun Paşa Hazretleri," dedimse de, geçmişteki sadrazamlığı sırasında kıtlık yaşandığı için adı uğursuza çıkan adam, bana pervasızca şu cevabı verdi: "Padişah Hazretleri muvaffakiyetle atalarının tahtına oturmuştur ki, bu durum askerin, bilhassa da seraskerlik makamının eseridir! Bunu hiç unutmamak lazımdır zira padişahın tahtı henüz emniyette değildir. Abdülaziz Han'ın pek çok taraftarı vardır, bu nedenle korunmayı illa askere ve askerin başındaki seraskere bırakmak icap eder. Zat-ı şahaneleri nefs-i hümayunlarını devlet işleriyle üzmesinler."

Cuma, güzel bir gün olabilirdi eğer üzerine bu sevimsiz adamın gölgesi düşmeseydi.

Kocaman kafası boyunsuz gibi omuzlarının hemen üstünde yükselen, tombullaşmaya başlamış gövdesi, beyazlamış sakallarıyla karşımdaki seraskerin kaba ve kalın sesi sinirlerimi bozuyordu.

Törenlerin dışında pek karşılaşmadığım bu zattan zaten hiçbir zaman hoşlanmamıştım. Şu anda ise, hem sesi hem hali tavrıyla fevkalade sinirime dokunuyor.

Konuşmasını bitirince, huzurumdan çekilmesi için elimle işaret ettim. Yüzünde adeta benimle eğlenen tuhaf bir ifade mi belirdi, bana mı öyle geldi, bilemem... Olacak şey değildi ama içimden burnunu iki parmağımın arasına alıp sıkmak, iki kulağından aynı anda çekmek geliyordu ki yaptığım takdirde iki yanlara yayılacak ablak yüzü, kıpkırmızı olurdu haliyle... Yine gülme krizine tutulmadan ben, tez devrilsin karşımdan ve geri geri giderken halıya takılıp kıç üstü düşsün inşallah, o

125

kısa bacakları havada kalsın, sırtını yerde kaşımaya çalışan süs köpekleri gibi debelensin...

Paşanın gözümün önünde beliren halini elimle kovaladım, gülmemek için.

Paşa kapıdan çıkarken, validemin huzura çıkmak istediği haberini verdiler.

Daha az evvel haremde görüştük, yine ne isterler?

Kapının hemen dışında validem ile Avni Paşa'nın konuştuklarını duyuyorum... Aman ne de keyifli sesleri, her şey pek yolunda gidiyormuş gibi!

Lakin validem yanıma geldiğinde sesinde az önceki şakraklıktan eser kalmamıştı!

Yüzü karamış, gözlerinden ateş fışkırıyor.

"Hayırlar olsun validem," dedim, "pek telaşlı görünüyorsunuz!"

"Aslanım, bu akşam Nisbetiye Kasrı'nda sırf hoşnut olsunlar diye, onca itina ve hassasiyetle hazırladığımız ziyafete şehzade biraderlerinizden hiçbiri teşrif buyurmayacaklarmış... Kulağıma ne geldi bilseniz, güya onları zehirlemek üzere davet buyurmuşuz... Bu fesat kadının... bu... bu... mahpusken dahi fesattan vazgeçmeyen Pertevniyal'in işi değilse bileklerimi keserim ben."

"Validem, bana fazla alkol almaktan aklımın uçtuğunu söyleyen sizin aklınız hiç alkol almadığınız halde neden uçmuş olabilir, birlikte düşünelim bakalım," dedim sükûnetle, "emeline nail olduğu halde, fesattan hâlâ vazgeçemeyen şu Avni Paşa dostunuz yüzünden olabilir mi?"

"Ne diyorsunuz, aslanım?"

126

"Pertevniyal Valide, Feriye'de kilitli kapılar ardında ikamet etmekte. Adile Sultan Halam ziyaretlerine gitmişler, bahçeye dahi çıkmalarına izin yok imiş. Tertip etmiş olduğunuz ziyafeti nereden bilecek ve iptaline nasıl muttali olacak? Cinler vasıtasıyla mı?"

"Evlerden uzak! Sussun, kurban olayım, üç harflileri öyle ulu orta terennüm etmeyiniz, zati yeteri kadar uğursuzluk var başımızda! Her neyse, söyleyeceğim şu; ben ziyafeti Nisbetiye Köşkü'nden Beşiktaş Sarayı'na aldırdım ki, şehzadelerin içi rahat etsin."

"Pek isabetli olmuş. İcabet ediyorlar mıymış bari?"

"Vesveseli Abdülhamit Efendi'nin haricinde hepsi geleceklermiş."

"Abdülhamit Efendi ne gibi mazeret buyurmuşlar?"

"Bir padişahın huzuruna çıkmamak için tek bir mazeret vardır zatı, o da onu kullanmış. Ateşli ve nezleli imiş, zat-ı şahanelerinize bulaştırmamak için affınıza mazhar olmayı arz etmiş."

"Affıma mazhar oldular validem. İsabet etmişler, gelmesinler, nezlelerini bana bulaştırmasınlar, Abdülhamit Efendi biraderim."

"İnadınız mı bu bahaneye?"

"İnandım. Zati böyle sofralarda sohbeti kıttır, fazla konuşmaz... Af buyurursanız, cumaya çıkmadan önce, şu önüme yığılı evrakı gözden geçirmem gerekiyor validem..."

Mahzun bir eda ile çıktı validem.

Buyursun çıksın validem huzurumdan, zaten bulanık olan zihnimi abesle iştigal ettirmesin! Abdülhamit biraderim ziyafete gelmeyecekmiş! Gelse ne olacak, başımız göğe mi erecek?

Osman-ı Âliye'nin en üst mevkiindeyim kaç gündür, Padişah V. Murat Han namıyla özlediğim, beklediğim tahta oturdum da ne oldu? Başım göğe erdi mi?

Hayır! Bin kere hayır!

Başım göğe ermediği gibi aklım karıştı, asabım bozuldu, dudaklarım uçuk içinde ve sevgili Abdülhamit biraderim benim onu zehirlememden korkuyormuş! Daha neler! Ben cani miyim?

Sadece memleketini Avrupa'nın muasır medeniyetine vâkıf devletlerin arasına sokmaya çalışan bir padişahım ben.

Ve bugün bu işi, reisliğini yapacağım Meclis-i Vükela'da halledeceğim, Allah'ın izniyle.

1 Haziran 1876
Akşamüstü

Sabahki iç ferahlığından eser kalmadı bende! Bedbin ve son derece bitkinim. Ümitlerim kırık. İşimin tahminimden çok daha zor olacağına nihayet kani oldum bugün. Meclis-i Vükela beni fazlasıyla yordu.

Mithat Paşa, hitabet sanatının yüksek bir örneğini vererek yaptığı meşrutiyetin lüzumunu anlatan ateşli konuşmasını bitirdiğinde, meclis alkıştan yıkılacak zannetmiştim. Zira, padişahın salahiyetlerine şart koymak olan tanzimatı otuz yedi yıl önce zaten kabul etmiş idik. Bugün ise, meşruti idareye geçtiğimiz takdirde, tıpkı İngiltere ve Fransa kralları gibi bir Türk padişahı yaratarak, muasır medeniyetler katına geçecek idik. Yeni dünya düzeni buna ihtiyaç duyuyordu. Ben padişah olarak, bunu kabule hazırdım.

Halbuki ne oldu?

Serasker Avni söz aldı, "Bu meseleyi ileride etraflıca müzakere ederiz. Şu anda daha mühim şeyler var..." diye başladı. O manasız konuşmasını bitirince, Mithat Paşa konuştu yine, "Padişahı haletmekten maksadımız, meşrutiyet ilan ederek, Osmanlı'nın her türlü hayati selametini temin etmekti, istibdat idaresini devam ettirmek değil!" dedi. Ben başımla tasvip ettiğim işaretini verdim, lakin, ceberut Avni bir kere daha konuştu. Kılıcını işaret ederek, "Millete ıslahat, işte bu kılıçtır," dedi, "milletin idaresi ise, devletin başında bulunanlara aittir!"

Bu sözler, kendini devletin başı olarak gören, hayatı boyunca gölgesinden korkmuş olan ve riyakârlığından amcam Sultan Aziz Han'ın defalarca yaka silktiği Sadrazam Rüştü'nün o kadar hoşuna gitti ki, hemen Serasker'e arka çıkan sözlerle o da bir konuşma yaptı.

İşte nice umıtlerle başlayan hükümet meclisi, mutat yuvarlak laflar dışında hiçbir karara varılamadan sona erdi.

Ümitlerim tarumar!

Nefret etmeye başladığım bu adamlarla göz göze gelmemek için başımı yukarı kaldırdım ki, amcam tavan süsleri arasından alaylı gözlerle bana bakıyor!

Gözlerindeki suçlayıcı ifadeden kaçmak için kendimi dışarı atıp bahçedeki havuza mı atlasam?

Yok, daha iyisini yapacağım. Fatma Sultan'a gidip içimi dökeceğim. Kendimi bildim bileli bana bir ikiz kardeş kadar yakın hemşirem, Fatma kardeşim beni dinler, hissiyatımı herkesten çok daha iyi anlar ve beni teskin edecek yolu en iyi o bulur! Validemden bile yakındır bana. Bu akşam Fatma'ya çok ihtiyacım var.

Arabamı hazırlamalarını söylemek için, yanı başımdaki ipek kordonu çektim.

Anında bir uşak daldı odaya, beni yerden selamladı, iki büklüm emrimi dinledi.

Ah keşke Serasker'i ve Rüştü Paşa'yı da şu hale getirebileydim diye düşündüm de... Lakin o zaman hayalimizdeki muasır medeniyet seviyemizden vazgeçmek zorunda kalırdık.

Halbuki ben bir kukla meclis değil, düşündüğünü ifadeden korkmayan, mert, zeki, malumatlı insanların doldurduğu, fikir teatilerinin yapılabildiği bir meclis hayal etmekteyim. Allah'ın izniyle muvaffak olacağım. Mecburum buna... yoksa Osmanlı'nın batışını durdurmak mümkün olmaz!

4. GÜN

DAMAT NURİ PAŞA

Feriye Sarayı, Harem Dairesi
(2 Haziran 1786)

Bu sabah yine çok erken iş başı yapmak zorunda kaldım, zira Abdülaziz Han'a hareminde bugüne kadar hizmet vermiş olan eski ağalar yerlerini yeni ağalara bırakacaklardı. Her an bir mesele çıkması mümkün olduğundan, Şevkefza Valide benim bizzat Feriye Sarayı'nda bulunarak vaziyete icabında müdahale etmemi rica etmişti.

Üstün terbiye ile yetişmiş valide sultanlar emirlerini her zaman rica ile verirlerdi. Ağaların yer değiştirmesinden mabeyin müşiri niye mesul olsun diyemediğim için sözümü geçirmek üzere sırmalı üniformamla sabahın köründe zuhur eylemiştim mabeyinde.

Yeni harem ağaları, Şevkefza Valide Sultan'ın itimada şayan bulduğu Süleyman Ağa tarafından tavsiye edilmişlerin arasından bizzat seçtiği dört kişiydiler. Bu ağalar, Pertevniyal Valide'nin Feriye'deki hareminde, Şevkefza Valide'nin kulakları ve gözleri olacaklardı!

Şevkefza Valide'nin sayesinde her geçen gün harem hayatına dair yeni bir şey öğrenmekteydim; bugünkü kıssadan hissem şuydu: İktidarda olanın yerini koruması için her yerde gözü, kulağı olmalıydı!

İşte bu adamlarla ben konuşacak, haklarında derin malumat edinecek ve ben de itimada şayan buldum ise vazifelerini tevdi edecektim.

Hassasiyet ve dikkat gerektiren bu işin altından da yüz akıyla kalkacak olursam, Şevkefza Sultan'ın sadece itimadına değil iltifatına da mazhar olabilirdim.

Valide sultanlık makamının servetini bir gün önce her iki gözüyle görmüş bir fani olarak, validelerin himmetlerine mazhar olmanın ölçüsünü anlamış bulunuyordum.

İlaveten, Padişahımız Efendimizde, tahta çıktığı ilk günün aşırı heyecanından mülhem bazı ruhi rahatsızlıklar zuhur etmişti ve öyle görünüyordu ki, zat-ı şahaneleri kendilerini toparlayana kadar, vaziyete Şevkefza Valide Sultan nezaret edecek, naiplik yapamasa dahi, dizginler onda olacaktı. Bilhassa bu husus, benim kimden yana olup kimin gözüne girmemde yol gösterici bir amil oldu.

Harem ağalarının yer değişimi sırasında büyük bir olay çıkmadı. İtiraz edenler, Abdülzaziz Han değil validesi ve haremdeki diğer kadınlardı. Uzun yıllarını birlikte geçirmişlerdi, bu ağalara alışmışlar, adeta büyük bir aile olmuşlardı. Henüz yeni hayatlarına alışmış dahi değilken ve acı çekerken neden yerlerine yeni ağalar getiriliyordu? Bu da bir nevi işkence sayılmaz mıydı?

Kadınlar sürekli ağlıyor ve sual ediyorlardı.

Onları haklı buluyordum lakin elimden bir şey gelmiyordu. Sırma kordonlarla bezeli müşir kıyafetimin içinde, ben de bir emir kuluyum, emir yüksek yerden geldi, elbette diyemezdim.

Ağaların harem halkıyla vedaları esnasında dökülecek gözyaşlarına şahit olmak istemiyordum. Onlara saraydan ayrılmadan önce, mabeyine kadar gelerek beni görmelerini tembih ettim ve daireme döndüm. Maksadım ellerine bir miktar bahşiş vermek, gönüllerini almaktı.

Gelmediler. Öğrendim ki ağalar bir hadise çıkarmadan, yaşlı gözleri ve mahzun yüzleriyle saraydan ayrılmışlar, yeni gelenler ise azametle gidenlerin yerlerine yerleşmişler.

Aynı günün öğleden sonrasında, Şevkefza Valide bana yine tuhaf bulduğum bir başka vazife tevdi etti.

Bu seferki vazifem, Feriye Sarayı'na nakledilen sabık padişahı korumak ve kollamak üzere, fevkalade itimada şayan muhafızların listesinden dört kişinin seçilmesiydi ki, her birinin illa pehlivan olması da gerekiyordu.

Ben bu muhafızların neden illa pehlivan olmaları gerektiğini sormadan, cevabını verdiler: Sabık padişahın bizzat kendisi güçlü ve yenilmez bir pehlivan olmak hasebiyle, maazallah bir buhran anında, kendine veya etrafına zarar verecek olursa, yakınında buna mani olabilecek kuvvette birkaç kişi bulunması lazım geliyordu.

Tahtını, kendine tebliğ edilen kısa bir emirle hiç itirazda bulunmadan terk eden Abdülaziz Han, niye buhran geçirsin, etrafına ve kendine niye zarar versin, böyle bir şey yapacak olsa o anda yapmaz mı idi, diye sormak geçiyordu içimden. Lakin dilimi tuttum ve listeyi azami dikkatle inceledikten sonra, namzetleri yedi kişiye indirerek Şevkefza Valide Sultan'a sundum.

Valide Sultan, Abdülaziz Han'a uşaklık yapacak üç pehlivanı bizzat seçti. Bunlar, Süvari Mustafa, Cezayirli Mustafa ve

Boyabatlı Hacı Mehmet idiler ki, her üçü de Sultan Murat'ın şehzadeliğinde, Kurbağalıdere'deki köşkünün koruculuğunu yapmışlardı. Dolayısıyla Padişahımıza ve validesine çok bağlı, lakin okuması yazması olmayan, cahil insanlardı.

Şevkefza Valide Sultan, sabah harem ağalarının değiş tokuşunu meselesiz halletmiş, vazifelerini iyi tarif etmiş olduğumdan dolayı benden memnun kalmış ki, seçtiği bu kişilere de çalışma şartlarını illa benim bildirmemi buyurdu.

Pehlivanları huzuruma çağırdım.

"Sizler Padişah Murat Efendimizin sadık kullarısınız. Zat-ı şahanelerinin amcası, sakıt Sultan Abdülaziz Han'ın hizmetinde size ihtiyaç hasıl oldu. İşte bu yüzden Abdülaziz Han Hazretleri'nin uşaklığına, ayda yüz altın maaş ile tayin olundunuz. Ayrıca otuz altın da elbise ücreti alacaksınız. Aranızdan Cezayirli Mustafa, çavuşunuzdur, ne derse dinleyeceksiniz. Buradan çıkınca dosdoğru Feriye Sarayı'na gidip mabeyinciye başvurun," diye talimat verdim.

Müşir rütbesinde bir saray damadının karşısında, şaşkınlıktan küçük dillerini yutmak üzere olan üç pehlivan, önce sadece başlarını sallamakla yetindiler.

Zira o güne kadar bir mabeyin müşirinin uşaklara emir vermesi görülmüş iş değildi. Hatta saray müşiri saraya gelen sadrazamı dahi karşılamaz, bu işi başmabeyinciye bırakırdı.

Bu teferruatı pehlivanlar bilmeyebilirdi lakin kendilerine ödenecek maaşın miktarına şaşırmamış olmaları hiç mümkün değildi. Karşımdaki üç adamın bu kadar çok parayı bir arada hayatları boyunca ne duymuş ne de görmüş olduklarına, ben şahsen emindim. Zira gayet iyi biliyordum ki, mesela, sarayda bahçıvanların maaşları üç veya dört altın, mabeyinde baştercümanın maaşı ise ayda yirmi altındı.

Tahtından indirilmiş de olsa, bir padişaha hizmet etmek şerefli bir vazifeydi. Esas duruşta beni dinlerlerken yüzlerindeki mesut ifade, maaşlarını duyduklarında şaşkınlığa dönüştü. Aralarından biri esas duruşunu bozarak kıpırdandı ve konuşmak için boğazını temizledi,

"Bu para... senelik mi?" diye sordu.

Cezayirli Mustafa hemen, "Biz sana anlatırız," diye atıldı, susturdu arkadaşını.

Diğeri "Ne gibi bir hizmet..." diyecek oldu, Cezayirli Mustafa onu da kolundan çekiştirerek lafını yarım bıraktırdı ve "Haydi ağalar, biz Paşamızın vaktini almayalım..." gibisinden bir şeyler mırıldandı, üçü birlikte başlarıyla selam verip çıktılar.

Binayı terk ettikleri anda, herhalde birbirlerine "Biz bir rüya mı gördük?" diye sorup, hemen müzakereye oturmuşlardır ve eğer biraz akılları varsa, muhtemelen belalı bir işe bulaşacaklarını tahmin etmişlerdir.

Aslında ben de merak etmeme rağmen, Şevkefza Valide Sultan'a hiç sormamıştım bu adamların neden bu kadar yüksek maaşa layık görüldüklerini. Kendi kendime tahminlerde bulunmuş, yeni padişah ile validesi muhtemel bir karşı darbeden korktukları için, sarayın etrafında kuş uçurmak istemediklerini düşünmüştüm. Abdülaziz'e Feriye'den dışarı adım attırmamak için, kendilerine sadık, güvenebilecekleri adamlar arıyorlardı ve sadakatlerini para ile sağlama bağlıyorlardı herhalde.

Bu ihtimale dört elle sarıldım.

Bir başka ihtimali aklımın ucuna dahi getirmek istemedim! Getirmemeyi tercih ettim!

Gittiler.

İki saat kadar sonra, süklüm püklüm geri geldiler.

Pertevniyal Valide harem halkını da yanına alarak o kadar çok direnmiş ki, üç pehlivanı hareme sokmak mümkün olamamış. Mabeyinci de herhalde mesele çıkmasın, haremin ayaklandığı yeni Padişah'ın kulağına gitmesin diye, Pertevniyal Valide'ye karşı çıkmamış.

Mesai saati bitmek üzereydi, karşımda dikilen iri yarı adamlara geceyi geçirecekleri bir başka yer bulmak zorundaydım. Aklıma Feriye Sarayı'nın karşısındaki karakol geldi. Karakollarda gece tutuklananlar için mutlaka kalacakları bir hücre olurdu.

Bir iki yazışmayla mesele halledildi.

Üç pehlivana, "Bu geceyi Feriye Karakolu'nda geçireceksiniz," dedim,

"Şimdi gidin, Karakol Kumandanı İzzet Bey'e başvurun. O ne emir verirse derhal yerine getireceksiniz, lakin karakolda İzzet Bey'den başka hiç kimse ile görüşmeyeceksiniz. Anlaşıldı mı?"

İşlerini kaybetmemiş olmanın huzuru ve sevinciyle, hiç tereddüt etmeden, "Emrin başımız üstüne," diyerek, yerden temennalarla hemen çıktılar.

Herhalde, haremde kalamayacaklarını öğrendiklerinde maaşı da kaçıracaklarından korkmuşlardı.

Ben ise ferahlamıştım.

Karakoldaki İzzet Bey emretsin her ne bekleniyorsa onlardan demeye kalmadı, az sonra İzzet Bey makamıma geldi ve pehlivanlara bu gece tevdi edilecek vazifenin ne olduğunu bilmediğini söyledi.

İşimi gücümü bırakıp Şevkefza Valide'nin huzuruna çıktım. Valide bana makamıma dönüp, ondan haber beklememi söyledi.

Bir saat geçmemişti ki, bu sefer beni Serasker'in çağırdığı haberi geldi.

Unvanım "paşa" idi lakin ben ordu mensubu bir asker değilim, taşıdığım unvan sadece mevkiimden dolayıydı.

İş böyle olunca, Serasker beni niye çağırır acep diye meraklanarak, kalktım gittim.

Gitmez olaymışım.

Sabah karşıma dizilen üç pehlivana, vazifelerini Sultan Abdülaziz'e uşaklık etmek ve onu korumak, ayrıca duyduklarını gördüklerini anında bana nakletmek, diye anlatmıştım. Birileri, alacakları paranın karşılığında onlardan beklenen işi herhalde tez vakitte anlatacaktı. Bu kişinin ben olmayacağımı düşünmüştüm.

Yanılmışım!

Serasker'den aldığım emir ağırdı.

Tereddüt ettim... Serasker sabırla bekledi ve ben hayatımın akışını değiştirecek meşum kararı, o koca kafalı Serasker'in önünde verdim.

Makamıma döndüm.

Adamlar geri gelmiş, koridorda beni bekliyorlardı. Üç pehlivanı odama aldım, kapıyı kapattım ve yapacakları işi, onlara Serasker'in bana söylediği kelimelerle anlattım ve bu kez ben merakla bekledim; acaba paraya tamah edip, kendilerinden istenen işi yapacaklar mıydı, yoksa başımızı belaya sokmayalım mı diyeceklerdi?

Hiçbir şey demediler. Aralarında dahi konuşmadılar önümde.

Çıktılar.

Bu geceyi evlerine dönmeyip Feriye Sarayı karakolunda geçirdikleri takdirde, paranın gücü ağır basmış olacaktı.

Ah, paranın gücü!

Bahçıvanından sadrazamına, cahilinden münevverine, seraskerinden damadına, para herkesi esir ediyordu kendine!

Paraya ihtiyacı olanı da, olmayanı da...

Kendini yüksek ahlaklı zannedeni dahi bozuyordu icabında!

Ya ben niye böyle olmuştum?

Nikâhlı zevcemle konuşurken sesime dahi ayar vermek lüzumunun iç sıkıntısı yüzünden mi çıkmıştım yoldan, yoksa bir sultanla evli olmama rağmen, valide sultanların tahminimin çok ötesinde servet sahibi olmalarına yakından şahit olmak, beni içerden fethedilen kale misali ele mi geçirmişti, iştahımı mı kabartmıştı, bilmiyorum. Emin olduğum, saltanat dairelerinin tasfiyesi sırasında sandıklar dolusu altını gördüğüm an, bana bir hırs-ı faninin musallat olduğudur.

O günün akşamında daireme döndüğümde, neşesiz halim Fatma Sultan'ın dikkatinden kaçmadı. Ne yazık ki, refikama dahi açamazdım sırrımı. Hiç vakit kaybetmeden, hemen Hünkâr biraderine haber vermeye koşardı ki, bu da Valide Sultan'ın bana olan itimadını sarsabilirdi.

Fatma Sultan'a sadece çok yorgun olduğumu, sohbet edecek halim kalmadığını söylemekle yetindim.

Ah, ne dedi bana biliyor musunuz?

"Hünkâr biraderim sizi müşir rütbesiyle Saray-ı Hümayun'daki en yüksek mevkie getirdi Nuri Paşa; şimdi yorgunluktan şikâyet edip surat asarak, bana nankörlük etmekte olduğunuzun farkında değil misiniz acaba?"

Allah'ım sen sabır ihsan eyle bana ve yalvarırım söyle lütfen, acaba ben kaş yapayım derken göz mü çıkartmaktayım? Dimyat'a pirince gideceğim diye, evdeki bulgurdan olma ihtimalim mi belirdi?

PERTEVNİYAL VALİDE SULTAN

II. Mahmut Han'ın Beşinci Kadınefendisi ve
Sultan Abdülaziz'in Annesi
(Feriye Sarayı, Harem Dairesi, 2 Haziran 1876)

Ben ki, "Ümmü-Cihân" adıyla maruf, mühürlerimde "Mehd-i
Ulyâ-yı Saltanat" ve "İsmetlü Valide Sultan" sıfatları kullanmış
bir sultan idim, İstanbul şehri başta olmak üzere çeşitli bel-
delere seleflerim gibi sadece cami, çeşme, bina kazandırmakla
kalmayıp fakir fukara doyurdum, borçluya deva hastaya derman
oldum; Şevkefza'nın haricinde, bir gönül olsun kırmadım, kim-
seye kötülük etmedim de niyedir bunca başıma gelenler?

Bana bu cefayı neden reva gördün, yüce Rabbim?

Sana karşı bir kabahatim olduysa, affeyle.

Ona da şükür ki yakarışlarıma kulak verdin. Aziz asla-
nımın ve hem de bizzat benim birer tebrik mektubumuzu,
tahtın şimdiki sahibi zat-ı şahaneleri Murat Han'a ulaştıran
gözümün nuru Adile Sultan'ın yardımı ve elbette sen Rabbi-
min sayesindedir ki, en feci şartlarda yaşadığımız Topkapı'nın
zindandan farksız rutubetli odalarından çıkarılıp Ortaköy'de,
deniz üstündeki Feriye Sarayı'na vasıl olduk!

Olduk da, nasıl bir hakarete maruz kalarak!

142

Birkaç kayıktan mürekkep bir sıra halinde Sarayburnu'ndan yola çıkıp denizde kıyı kıyı gider iken, bir de baktım ki Aziz'imin bindiği kayık, dümenini Anadolu yakasına doğru kırıyor. Yüreğimi bir sıkıntı bastı. Sebebini sordum. Seraskerin emriymiş dediler. Eyvah, dedim, yine bir kötülük yapacak Avni! Elim ayağım titremeye başladı...

Meğer Aziz'imi, sadrazamlığı sırasında kendine hediyesi olan yaldız süslemeli beş çifte sadrazam kayığına boşuna bindirmemiş!

Yalısının önünden geçirip, bak işte, ben bu kayığı bana hediye etmiş padişaha bile darbe yapacak güçteyim, manasına gelen bir gövde gösterisiyle, izzet-i nefsini kıracak, bir azap daha yaşatacak evladıma aklınca!

Feriye'ye vardığımızda üzülmesin diye ben hiç lafını etmedim lakin kendi anlattı, Avni melununun kayık tam yalısının önünden geçerken, penceresinin önünde dikilip Aziz'i seyrettiğini. Bu kadar alçak biridir o, kaç kere ihtar etmiştim aslanıma, "İyi yetişmiş, gözü pek bir askerdir," demişti!

İyi asker olabilir de, Aziz'im onun iyi bir insan olmadığını göremedi gitti!

Nedir bu kini onu en yüksek mertebelere tayin etmiş padişahına?

Hazinedarım İsminur'u nikâhına almasına izin vermediğimiz için mi acaba?

O nikâhı Tiryal Hanım ile ben istememiş idik. Aziz'imin haberi bile yoktu meseleden. Ona sadece Avni Paşa'nın yine hatunlarla alakalı bir münasebetsizliğe karıştığını söylemiş idim. Rütbelerin geçici olarak sökmekle iktifa etti. Tiryal

143

Hanım'ın konağını bastığını bilse, Avni'yi bir daha sarayın eşiğinden içeri sokmazdı!

Elbette en iyisini sen bilirsin Yüce Rabbim, sen bu hayırsız kuluna layık olmadığı mevkilerde kalmayı nasip etme, onu cezasız bırakma! Amin!

Biz de bilmeden her ne suç işledik ise, bu dünyada ödüyoruz kefaretini.

Aziz'imin, sanki atiyi görmüş gibi, padişahların vefatından sonra geride kalan aile fertleri sağa sola saçılıp yersiz yurtsuz kalmasınlar, birlikte yaşamaya devam etsinler diye bizzat inşa ettirdiği bu saraya, meğer vefat sebebiyle değil, bir hıyanet sebebiyle gelecek imişiz!

Başımıza gelenleri tevekkülle karşılamış, sarayda inşallah rahat ederiz diye düşünmüş idik. Lakin ne görelim, burada dahi birer adi mahpustan farkımız yokmuşçasına muamele görmekteyiz.

Harem ile veliaht dairesinin birbirine geçen kapılarını kapatıp aralarına duvar örmüşler. Binanın içindeyken birbirimize ulaşamıyoruz. Odamızın hemen yanındaki odaya geçmek için, koridoru yürümek, ana kapıdan bahçeye çıkmak ve bir başka kapıdan içeriye duhul ederek, koridorda uzun uzun yürümek lazım geliyor. Hemen yanı başımızdaki daireye geçerek evladımızı görmek bir eziyet oldu velhasıl!

Selamlık kısmına ise bir tabur asker yerleştirmişler.

Cânım saray, kışla gibi kullanılabilir mi, elbette mahvolmuştur!

Kapılarımızda muhafızlar bekliyor.

Duydum ki Aziz'imin dairesinin tek bir kapısı olacak ve karşısındaki karakoldan görülmeden kimse içeriye girip çıkamayacakmış. Bir tabur asker de bu karakola yerleştirilmiş.

Kimden ve neden korkuyorlar bu kadar?

Allah cezalarını versin, ne halleri varsa görsünler de, biz harem tarafındakiler, aslanımın ve şehzadelerimizin encamından habersiz kaldık.

Neşerek'in hastalığı ise, bu saraya denizden nakli sırasında büsbütün kötüleşti. Bir hekimin mutlaka görmesi lazımsa da, içeri yabancının girmesine müsaade çıkmıyor. Ateşi kocakarı ilaçlarıyla düşürmeye çalışıyor, alnına kollarına ıslak tülbent sarıyoruz lakin ne fayda!

Neyse ki hamiyetli Adile Sultanımız burada da bizi yalnız bırakmadı.

Nöbetteki askerlerle nasıl başa çıktıysa, hareme kadar girmiş. Yattığım odanın, Neşerek'ten her an haber gelebilir diye zaten hep aralık bıraktığım kapısını vuran oymuş!

Fırladım yerimden, etekledim Sultan'ı. Sarıldık birbirimize. Odada yatağımdan başka, camın önünde bir de sedir vardır. Onu sedire buyur edip ben yatağımdaki yastığı yere attım, ayağının dibine oturmak için.

Bilirim ki Adile Sultan, misafirlerini alaturka nizam ile ağırlamayı tercih eder. Kendisi sedire yerleşir, misafirleri çeşitli kıymetli kumaşlardan yapılmış pufla minderlere çökerek, karşısında yer alırlar, sadece valide sultan rütbesinde olanlar yanına oturabilir.

Ben artık valide sultanlık makamında değildim ya, tam yastığa çökecekken, eliyle yanını işaret etti.

"Haddime düşmez, sultanım," dedim.

Adile Sultan, "Sen ki valide sultanlığının hakkını fazlasıyla verdin, yerin her zaman yanımdadır," dedi "Hem devran da değişiyor, bak ben dahi az daha giremiyordum içeriye. Şimdiki askerler ne padişah torunundan anlıyorlar ne padişah kızından. Taşradan mı getirmişler bunları nedir, hiç terbiyeleri yok! "

Azametli heybetiyle Feriye Sarayı'nın harem dairesine girmek isteyince, lanet olası Sadrazam Rüştü'yle Serasker Avni'nin tembihli muhafızları onu içeri sokmak istememişler. Arabasının kapısından başını uzatarak, bu yaşında dahi hâlâ gür sesiyle kükremiş: "Siz hangi cüretle cennetmekân II. Mahmut Han Hazretleri'nin kerimelerini sual edersiniz? Ben ihtilalci paşalardan biri miyim ki böyle davranırsınız? Adile Sultan Hazretleri'yim ben! Biraderim Padişah Hazretleri'ni görmeye, halini hatırını sormaya geldim. Tez çekilin önümden sizi gidi haddini bilmezler!" demiş.

Bu azamet karşısında, aralarında bir şeyler mırıldanarak gerilemişler.

Bize anlatırken, şaşkın muhafızların taklidini de yapıyordu, hem kendi güldü, hem de günlerden beri ilk defa bizi de güldürdü.

Allah ondan razı olsun!

Konuşma sırası bana gelince ben ilkin o meşum sabah, sarayımızdan tahkirlere maruz kalarak çıkartılışımızı nakletmeye başladım.

Zaten bir lahza olsun gözümün önünden gitmiyordu maruz kaldığımız muamele. Cennetmekân Abdülmecit Han'ımızın Beşiktaş Sarayı'nda sahne kurdurup temsil ettirdiği ve seyrine doyamadığı Yunan trajedyalarının zavallı kahramanları gibiydik her birimiz.

Ne demişti krallardan biri: "Kimsenin sonunu görmeden ona bahtiyar kişi demeyiniz!" Allah şahittir, ben bu seyirlerden pek zevk almazdım, sadece birkaç kere hünkâr kayınbiraderimin hatırı için seyreylemiştim.

Meğer başımıza gelecekleri temsil eder imişler!

İşte o meşum gece, daha gün yeni ağarırken, bir elleri tabancalı, diğer elleri kılıçlı birkaç subay, başlarında Süleyman Paşa nam nankör, arkalarında ise süngülü birkaç asker daha, haremin önündeki karakola gelmişler. Küllü mabeyin halkı şu işe bakın ki, o akşam evlerindeymiş, nöbetçiler ise derin bir gaflet uykusunda!

Kapının sertçe vurulduğunu duyunca, haremin başağası Cevher Ağa yetişmiş, üzerinde paşa sırmaları dahi olmayan, sadece binbaşı forması giymiş ve siyah kemer kuşanmış bir süngülü asker ona, millet-i Osmani'nin Abdülaziz Han'ın idaresinden memnun olmadığından padişahı halettiklerini, milletin selameti için kendilerini Topkapı Sarayı'na götürmeye geldiklerini, bu hususu Padişah'a bildirmesini söylemiş. Neyce ki saygısızlık edip haremin içine dalmamış, "Ben burada bekliyorum," demiş.

Cevher Ağa, hünkârın odasına girme salahiyeti olduğu halde, önce beni uyandırdı. Başıma bir örtü, sırtıma bir şal alarak derhal aslanımın odasına koştum.

Aziz'im "Ne oluyor validem?" diye sorunca, ona önce "Yangın çıkmış," dedimse de, arkasından "Takdir-i Hüda" gibisinden bir şeyler söylemeye çalıştım. Tam o sırada donanmadan toplar atılmaya başladı. Aslanım bana, "Bunlar Sultan Murat'ın cülus toplarıdır validem," diyerek hemen giyinmeye koyuldu.

Ben o meşum sabahı anlatırken, Adile Sultan'la ikimiz gözyaşlarımızı zor tutuyorduk.

147

"Ben geceleri en ufak sesten rahatsız olduğum için, kulaklarıma pamuk tıkıştırıyorum yatarken. Top seslerini duymadım. Yoksa hemen fırlardım," dedi Adile Sultan, "Neden karşı koymamış biraderim?"

İsabet ki karşı koymamış, öldürürlerdi onu, diye geçirdim içimden.

"Benim mütevekkil evladım, pederiniz Mahmut Han gibi değildi, ihtilaller içinde pişmemişti. Tanzimat devrindeydik, malum. Padişahların artık gayrı mesul ve masun olduğunun idrakindeydi, aslanım. Kaderine razı oldu."

Herhalde anne olmadığı için Adile Sultan'a söylemesi kolay geliyordu.

"Halbuki o cüsseli vücudu ile kendini almaya gelen zabiti devirebilirdi ya da haremdekilerden biri pencereleri açıp dışarıya haykırsaydı... Kim bilebilirdi neler olacağını?"

"İşte o zaman şimdi bu odada başka bir ana-oğul ikamet ediyor olabilirdi ya da evladım mezarda olurdu, sultanım. Tesellim şu ki, evladım hayatta."

Yüzüme leblebi taneleri gibi dökülen gözyaşlarımı sildim.

Adile Sultan, elindeki ipek mendili uzattı, "Pertevniyal'im, bu cerahat içinde kalmasın, ağla ve bana her şeyi anlat ki açılasın," buyurdu.

Anlattım. Anlatırken o sabahı tekrar yaşıyormuşum gibi titriyordum.

"Aslanım dahil hepimizin nutku tutulmuştu, büyülenmiş gibi ne söylendiyse yaptık! Aziz'im giyinirken ben kendi daireme koştum, kalfaya 'Uyuyan kalmasın' diye emir verdim. Kadınefendiler, sultanlar, hanım sultanlar, cariyeler... herkes telaş ve endişe içinde, üzerimize ne bulduksa alelacele onu geçirdik.

Zabıta refakatinde itile kakıla rıhtıma çıkarılıp, bizi bekleyen üstü açık sandallara bölüştürüldük. O kargaşada, zabıtalar üzerimize aldığımız şalları hoyratça çekip ceplerimizde, kuşaklarımızda altın ve mücevher arıyorlardı.

Neşerek sırılsıklam olmuş yavrum, onun şalını çekip alan ahlaksız geri de vermedi, zaten hastaydı, tir tir titriyor, çenesi birbirine vuruyordu. Sultanlar şehzadeler ağlaşıyordu. Gökyüzü halimize ağlıyor olmalı ki, nasıl bir yağmur, gök gürültüsü ve şimşek anlatamam! Sanki sema şimşeklerle parçalanıyor, şeytanın gazabı denize iniyordu... Zannedersiniz kıyamet günü!

Sizi daha fazla üzmeyeyim, mektubumda nakletmiştim size Sultanım, hiçbir şekilde ikamete hazırlanmamış Topkapı Sarayı'nda, farelerle, börtü böceklerle tahtaların üzerinde aç uyuduk, aç uyandık. Neyse ki yardımınız tez ulaştı, gözümün nuru sultanım, yoksa halimiz nice olurdu?"

Adile Sultan bana bu saraya onun tavassutuyla değil, Sultan Murat Han'ın iradesiyle naklolduğumuzu söyledi. Murat Han pek müteessir olmuşlarmış! Müteessir olacaksa, niye yaptı bu kötülüğü!

"Sultan Efendimiz," dedim, "madem zat-ı şahaneleri halimizden müteessirdirler, irade buyursalar da, bu sarayda aramızdaki kapıyı açtırsalar. Birbirimizin yanına esaslı bir bahane ile de olsa ancak izin alarak ve bahçeden dolanarak giriyoruz. Sultanlar da pederlerini görememekten pek üzgünler. Küçük kızlar bunu bir oyun gibi telakki ettiler, sanıyorlar ki biz tebdil-i havaya geldik. Lakin neden biraderleriyle oynayamadıklarını sorup duruyorlar. Esma Sultanımız yaşı itibariyle durumun farkında ve pek çok müteessir; bizleri üzmemek için fazla konuşmuyor lakin Nazime'mi bilirsiniz, hem pek hassastır hem de pek düşkündür pederine; on yaşındaki kızın aklı bu işin bir oyun olmadığına yetiyor da, neler olduğunun henüz idrakinde değil. 'Peder-i şahanemi niye göremiyorum?' diye sual etmekten helak oldu çocuk. Buraya tebdil-i havaya geldik uydurmasına da, elbette inanmıyor."

Gözümden akan yaşları silip, devam ettim konuşmaya.

"Bu saraya naklettik diye sevinirken, sevincim kursağımda kaldı, Sultan Efendimiz, bu sabah kahvaltı faslından sonra, fevkalade müessif bir hadise cereyan etti..."

Kaşları yay gibi havaya kalktı Adile Sultan'ın.

"Nasıl bir hadise?" diye sordu.

"Aslanım, yanında Başmabeyinci Ethem Bey ve Mabeyinci Fahri Bey olduğu halde, herhalde biraz hava almak için sarayın bahçesine indi, benim dairemin bulunduğu tarafa doğru yürüdüler. Ben tam penceremi açmış, onlara seslenmek üzereydim ki, bir binbaşı yanlarına gelip selam dahi vermeden bahçede gezinmenin yasak olduğunu kaba bir üslup ile ihtar etmez mi!

Ethem Bey utanç içinde, 'Sizin kim olduğunuzu bilemediler Efendimiz,' diye ısrar ettiyse de, aslanım ikinci kere böyle bir hakaretle karşılaşmamak için bir daha asla dışarıya çıkmayacağını beyan ederek hemen içeri girdi.

Bu alçaklığı kimin emrettiğini biliyorum ben, yıllardır makamında gözü olan, gözü çıkası hatundur bu. Evladımı teskin ve teselli etmek üzere ben de kendi dairemden bahçeye indim, veliaht dairesine yöneldim. Bir başka muhafız koştu geldi, kaba bir üslupla bahçeye çıkmanın yasak olduğunu söyledi. Ben itiraz edecek olunca, elini göğsüme, tam da şurama (kalbimi işaret ettim) yaslayıp, beni itmez mi!

150

Sendeledim, az daha düşüyordum... Yanımdaki kalfa koluma girerek yakaladı beni.

Başıma ilk defa böyle bir şey geliyordu, ne yapacağımı bilemedim, dizlerim çözüldü, gözlerim karardı, beni hemen yakındaki merdivenin eşiğine kadar sürükleyip oturttular. Uzun süre kendime gelip kalkamadım.

Ben ki Devlet-i Aliyye'nin senelerce valide sultanlığını yapmış bir saraylıyım, hem de burama (böğrümü gösterdim yine) elini bastırarak, bana dokunarak beni itmek! Bu ne densizliktir, ne hürmetsizliktir! Değil bir valide sultana, bir cariyeye dahi yapılamaz! Biz saraylılar yabanın, yabancının önünde teessürümüzü göstermemeye talimli olduğumuz halde, kendime hâkim olamayıp ağlamaya başladım. Yaşlar elimde olmadan dökülüyordu gözümden. Pek utanıyor ama gözyaşlarıma mani olamıyordum. Sonra beni içeri alıp sedire yatırıp kolonya ile şakaklarımı ovdu kızlar. Bu hadiseden aslanımın katiyen haberi olmaması için herkese tembihte bulundum. Zaten maruz kaldığı kabalıktan dolayı gönlü kırılmıştı, bir de bu hadise için üzülmesini istemedim. Hadiseye şahit olanlar inşallah dillerini tutmuşlardır."

Adile Sultanımın anlattıklarımdan çok müteessir olduğu her halinden belliydi. Elimi sıkıca tutup, "Pertevniyal'im," dedi, "saat kaçta oldu bu hadise? Adamın adını bilemezsin elbette ama tam saatini söyle ki, o esnada nöbette olanları buldurup canına okutayım o densizin."

"Olan oldu cancağızım, gözümün nuru sultanım, yormayın kendinizi boşuna. Onlara emir verenler bu hakaretleri bilhassa yaptırtıyorlar, iyice tahkir edilelim diye."

"Ben bu işin peşini bırakmam, Pertevniyal," dedi Adile Sultan, "ailemin hiçbir ferdine hakaret ettirmem. Böyle davranan kimmiş, bu emirleri kim veriyor, tahkik ettireceğim!" İçimden "Hiç zahmet etme, ben biliyorum," diyesim geldi lakin Adile Sultan'a böyle şeyler söylenmez; dolayısıyla sustum. Zaten o sazı eline almış bırakmıyor, asabiyet içinde konuşurken odada bir aşağı bir yukarı dolaşıyordu.

Vallahi bir tarafına inecek diye korktum.

"Muhafız diye sarayın bahçesine diktikleri zabıta ya da askerler itip kaktıkları kişinin bir valide sultan olduğunu bilmiyor olabilirler... Hakeza o meşum sabah, şalını çekip aldıkları Neşerek'in de padişah zevcesi olduğunu bilemeyecekleri gibi. Lakin, Allah aşkına, saraylılarla muhatap olduklarında, başlarında hangi paşa var ise, bu hödüklere bir adab-ı muaşeret dersi vermesi lazım gelmez mi?"

İlahi Adile Sultan! Terbiye ve adab-ı muaşeret eski devirlerde kaldı!

"Bizim muhatap olduklarımızın hepsi mektepliydi, alaylı olanlar da sarayda terbiye edildikleri için, asla böyle şeyler olmazdı..." diyecek oldum.

Lakin beni duymadı Adile Sultan.

"Bu zabitler, değil bir padişah validesinin veya zevcelerinden birinin, padişah hizmetindeki her saraylının, kendilerininkine müsavi hatta icabında çok daha yüksek rütbeleri olduğunu nasıl bilmezler!"

"Bunlar cahil erler," dedim ben, "üzmeyin kendinizi..."

"Öğrensinler efendim! Başhazinedar kalfanın rütbesinin, askerlikteki müşir rütbesinin karşılığı olduğunu, üçüncü derecedeki hazinedarın mirliva, diğer hazinedarların miralay rütbesinde olduklarını öğretsin biri onlara! Bu cehalete Harbiye'den yetişme Avni Paşa nasıl göz yummuş, harem kadınlarına yapılan bu hareketlere nasıl karşı durmamış, anlayamıyorum!" "İşine gelmediği için," dedimse de o duymadı bile beni. "Ya o Avrupailik kumkuması, o Avrupalarda uzun yıllar ikamet etmekle gururlanıp duran Mithat Paşa'ya ne demeli? Valide sultanların imparatoriçe, padişah zevcelerinin kraliçe, saray kalfalarının ise Avrupa saraylarındaki nedimelerle müsavi seviyede düşes, markiz ya da kontes rütbesinde olduklarını bilmez mi sanıyorsun? Bilir de, Serasker'in korkusundan mı bilmezden geliyor! Ben yarın her ikisine de soracağım bu sualleri. Harbiye mezunu dahi olmayan alaylı zevatın kendilerinden çok daha yüksek rütbeler taşıyan saray kadınlarına hareket etmelerinin hesabını versinler bana, bakalım!"

Bu konuşma uzayıp gidecekti, neyse ki, kalfa limonataları doldurduğu iki şerbet bardağıyla içri girdi, tepsiyi önce bir kenara koyup Adile Sultan'ı yerden selamladı, sonra da "Avdetiniz duyulmuş ismetli Sultanım, sizin için artık elde ne varsa, ikramda bulunmak istemişler, buyurunuz afiyet olsun," diyerek sundu limonataları.

Birkaç yudum limonata içtik, sessizce.

Kalfa dışarı çıkınca, Adile Sultan "Elimden fazla bir şey gelmiyor lakin aranızdaki bu kapı meselesini galiba halledeceğim," dedi bana, "az önce limonatamı içerken aklıma bir şey geldi! Benim hazinedarımı bilirsin... Şayeste Kalfa... İşte onun bir biraderi vardı, Feriye'nin inşasında çalışmıştı... Hatta benim tavsiyemle mimarbaşına muavin tayin edilmişti..."

İlahi Sultanım, dedim içimden, bu haldeyken Feriye'nin inşasındaki ustaları hatırlayacak hal mi kaldı bende!

"Hatırlamadın galiba Pertevniyal... Pekâlâ, ya benim Şayeste'nin yeğeni Halil'i hatırlar mısın? Saray mektebinde bizim çocuklarla birlikte ders görürdü. Bilhassa Nazime ile pek arkadaştılar."

Halil'i elbette hatırlıyordum.

Adile Sultan, Beşiktaş Sarayı'ndaki dairesinde ender de olsa ara sıra ikamet buyurduğunda hazinedarı, esvapçısı, birkaç kalfası ve cariyesiyle birlikte gelirdi. İşte o ziyaretlerin birinde, hazinedarın ablası genç yaşta vefat edip evladı küçük yaşta öksüz kalınca, yeğenini bir süre yanında saraya getirebilmek için müsaade istemişti. Harem çocuk kaynıyordu zaten, ha bir fazla ha bir eksik, elbette izin verildi.

Halil birkaç haftalığına geldi, düzeni kurulunca taşradaki akrabalarına gönderilecekti lakin pek şirin bir çocuktu, cariyelerin sevgilisi oldu. Bırakmadık. Torunum Nazime ile birlikte büyüdüler, saray mektebinde diğer çocuklarla ders gördüler. Nazime Sultan vaktinden evvel uzayıp genç kız hallerine bürününce, Hünkâr pederinin arzusu üzerine onu dershaneden alıp hususi ders verdirmiştik. Yaşı küçük lakin boyu uzun, devekuşu gibi bir kız çocuğu... Çok da geçmişte kalmış değil, geçen yılın teşriniydi galiba...

"Neyse, ben sadede geleyim," dedi Adile Sultan, "işte bu bizim Halil'in babası, Feriye Sarayı'nın inşasında çalıştı demiştim ya, yaz aylarında evde ona bakacak anası yok, hem de iş öğrensin diye, beraberinde inşaata getirirmiş oğlanı. Çocuk bu, ne işi öğrenecek ki, binanın yarı bitmiş odalarında dolaşır oynarmış.

Bir gün teyzesine, yani benim hazinedarıma demiş ki, 'Feriye Sarayı'nda haremle mabeyin arasında kapılar var lakin bir de gizli kapılar var, dolap şeklinde. Her katta bir tane var, ben hepsini keşfettim' demiş."

"Sahi mi? Topkapı Sarayı'nda gizli geçitler olduğunu bilirdim de... Burada da mı varmış?" diye sordum ben.

"Halil öyle söylemiş. Sen 'Çocuklar pederlerini göremiyorlar diye üzüldüler' dediğinden beri, bir çare düşünüyordum ben, aklıma geldi işte! Konağıma dönünce Halil'i çağırtıp konuşacağım. Anlattıkları doğru ise yarın buraya getiririm oğlanı, göstersin size o kapıları."

"Halil'i sokmazlar ki içeriye," diye atıldım ben.

"Benimle birlikte gelirse, ben içeri soktururum onu, zaten ufak tefek fare gibi bir çocuk, yaşını hiç göstermiyor lakin cin gibidir ha! Nazime de eminim çok sevinecektir arkadaşını görünce."

Bir lahza hiç konuşmadan birbirimize baktık.

Acil durumlar olabilirdi, yan bina ile irtibat kurmakta elbette fayda vardı ama ben bir yandan da, başımıza yeni belalar açmayalım diye düşünüyordum.

"Aman, aman! Ben bu ihaneti yaşadıktan sonra artık kimselere itimat edemem," dedim, "başımıza diktikleri hizmetkârların hepsi zati Şevkefza ile Serasker'in casusları. Her hareketimizi onlara ihbar ediyorlardır. Hiç belli etmeden göz hapsine aldım hepsini, vallahi billahi kapı dinliyorlar... Artık ne vaat ettiyse onlara Şevkefza."

Beni duymamış gibi davrandı Adile Sultan, "Eğer o dolapların Aziz'in odasına açılanı da var ise Halil, Nazime'ye o kapıyı göstersin!" dedi.

"Aaa olur mu hiç! Daha çocuk sayılır, Nazime," dedim ben.

"Tam da o nedenle zaten! Bir aksilik olursa, çocuklar aralarında saklambaç oynarlarken gizli geçidi tesadüfen bulmuşlar gibisinden bir bahaneniz olur. Kimsenin başı yanmaz."

"Vallahi bilmem ki... Çocuklara güvenebilir miyiz?"

"Nazime pek aklı başında bir kızdır!"

"Haklısınız. Bu hadise onu vaktinden önce olgunlaştırdı. O meşum sabah, Topkapı'da saçını başını yolarak ağlaşan cariyeleri, 'Tez kendinize gelin!' diyerek öyle bir hizaya getirdi ki, şaşırdım kaldım."

"Sahi, öyle mi yaptı?"

"Evet! 'Bağrışmayın Allah aşkına, kardeşlerimi korkutuyor, validelerimizi büsbütün üzüyorsunuz,' dedi. Hemen sustular. Bunu yapabilen kız, sır tutmasını da bilir herhalde."

"Ben konağa dönünce bakacağım vaziyete. Yarın Halil'i buraya getirebilirsem, sen de Nazime'yi bir kenara çeker konuşursun onunla, Pertevniyal. Eğer kızın sır tutabileceğine ikna olursan söylersin bana, ben de Halil'e o gizli geçitlerin hiç olmazsa birini Nazime'ye göstermesini tembihlerim."

"Çocukların başına bir bela gelmesin de..."

"Onlara kimsenin kötülük yapmasına müsaade etmem. Eğer böyle geçitler var ise, hin-i hacette kullanmak üzere, senin de bilmende çok fayda var."

"Haklısınız Sultan Efendimiz, pek isabet olur," dedim ben saraylarda dönebilecek entrikalara şerbetli olduğum için.

"Bu konuştuklarımızdan kimseye bahsetme sakın! Kalfana dahi söyleme!"

"Dudaklarım mühürlü," dedim, parmaklarımı dudağımın üzerinden geçirerek.

Adile Sultan gitmek üzere ayağa kalkmaya davranırken aklıma geldi, Topkapı'ya götürülmemizden beri beni endişelere sevk eden ve nihayet bugün ne yapacağımı bilemez hale getiren şu pala meselesini Adile Sultan'a mutlaka danışmalıydım.

"Size bir şey sormak isterim sultanım," dedim, "değerli fikrinizi verdikten sonra azimet buyursanız?"

"Ne soracaktın?"

"Anlatayım sultanım, bizi Topkapı'ya götürdükleri gün, aslanım odasında hep baş ucunda asılı duran palasını da yanına almış; askerî pelerini vardı üzerinde, hani yerlere kadar uzun olan, işte onun altına saklamış palayı..."

"Hangi pala," diye sordu Adile Sultan, "şu yanından hiç ayırmadığı III. Selim Han'ın palası mı?"

"Aynen o pala! Bilirsiniz ata yadigârı diye pek ehemmiyet verirdi, pala hep baş ucundaki duvarda asılı dururdu."

"Görmemişler mi?"

"Görmemişler zahir! Görseler de, onu haledenlerin her birinden heybetli ve kuvvetli olduğu için, palayı istemeye cesaret edememişlerdir.

Pala, Topkapı'da iken mesele olmamıştı. Buraya nakledildiğimiz gün, herhalde kayıkta gelirken muhafızlardan birinin gözüne çarpmış olmalı ki, dün akşam aslanımı muhafazaya memur Fahri Bey huzuruma gelip, 'Serasker Avni Paşa'nın emri varmış, sabık Padişah tabanca ve palasının teslim edecekmiş,' dedi.

Ben 'Abdülaziz Han hiçbir zaman tabanca taşımaz lakin palayı biliyorum, ata yadigârıdır, katiyen vermez palasını,' diye cevapladım."

"Elbette vermez! Niye versin ki ata yadigârı kıymetli palasını?"

"Emir kati imiş! 'O halde kendiniz isteyiniz, verirse ne âlâ,' dedim ben.

İşte o zaman Fahri Bey bana endişesini anlattı. 'Pala illa alınacak olduğundan, müessif bir mesele çıkmaması için... yani zat-ı şahaneleri öfkelenip, palayı almak isteyeni kazara yaralarsa, faraza... veya birkaç muhafızın zor kullanmaya kalkışıp, Allah korusun, istemeden de olsa müessif bir hadiseye sebebiyet vermemeleri için.... Bilmem anlatabildim mi Sultanım,' dedi ve sustu. O sustu da benim dudaklarım titremeye başladı. Evladımı tahtan indirirken öldürmediler, şimdi öldürmek için bir bahane mi icat ediyorlar acaba, diye düşündüm."

"Tehdit mi ettiler seni yani?"

"Yok, etmediler de, palayı benim almamı istediler."

"Seni asla affetmez."

"Biliyorum Sultan Efendimiz, sabaha kadar uyumadım, çok düşündüm ve Fahri Bey'in ne demek istediğini anladım. Kan dökülmesin diyordu. İlla alacaklarsa palayı, içeriye zebani gibi dört beş kişi salsalar, aslanım onlara karşı koymaya kalkışsa, evvel Allah hepsini alt eder de, kendi de yaralanır veya o kargaşada Allah muhafaza, içlerinden birine zarar verirse... Korktum işte, fena şeyler olur diye..."

"Haklısın Pertevniyal'im," dedi Adile Sultan, "Fevri karakterli biraderim, palayı almaya kalkışanlara, dediğin gibi palasıyla karşı koymaya kalkarsa çıkacak arbedede kim vurduya gidebilir ki, bu muhtemelen bir tuzaktır! Madem hal sabahında karşı koymamış, şimdi başı boşuna derde girmesin."

"Palayı ben o odada değilken alsam odasından, yollasam Serasker nankörüne, kazasız belasız atlatsak bu işi, diye düşündüm. Beni affetmeyebilir ama canına zarar gelmez. Bir damla kanı aksın istemem evladımın. Siz ne düşünürsüzün bu hususta?"

"İyi düşünmüşsün, derim," dedi Adile Sultan, "sen en iyisi usulca al palayı teslim et. Aziz'i hırpalamaları için bahane kalmasın ellerinde."

"Sizin de benim gibi düşündüğünüzü işitmek içimi rahatlattı, Sultanım," dedim, "Fahri Bey'e haber salayım da beni münasip bir zamanda veliaht dairesine soksun, bu belayı da böylece savuşturalım, hiç kimsenin burnu bile kanamasın."

"Yalanı hiç sevmem bilirsin, lakin sakın Aziz'e palayı senin aldığını söyleme Pertevniyal. Böyle tecritte iken, zaten gönülleriniz yaralı, bir de küslük yaşamayın aranızda. Kendisi odasında değilken o ahlaksız muhafızlardan biri girip aşırmış diye bilsin."

Ben, zinhar Adile Sultan'dan benim için yalancılık yapmasını isteyemezdim. Yüce gönüllü hatun kendiliğinden derdime deva olunca attım kendimi yerlere, eteğini öptüm minnetle. Elimden çekip kaldırdı beni, birbirimize sımsıkı sarıldık. Hıçkırıklarımı zor tutuyordum.

Gitmek üzereydi. Ona danışmak istediğim bir husus daha vardı... Acaba söylesem mi, yoksa fazla yormasam mı sultanı?

Palayı isterken Fahri Bey bir de tebliğde bulunmuştu. Üç erkek uşağın hizmetlerimizi yapmak üzere hareme sokulmasına izin istiyorlarmış.

Bizimle birlikte yıllardır haremde yaşayan ağaları, kendi seçtikleri ağalarla zaten bu sabah değiştirmişlerdi. Çok canımız sıkılmıştı lakin itiraz edememiştik.

Yetmezmiş gibi, bir de hareme erkek uşak sokmaya kalkıştıklarında şiddetle itiraz ettim! Osmanlı kurulalıberi, hareme haremağaları haricinde erkek girmemiştir!

Bu kadim gelenek niye şimdi bozulsun ki?

"Zinhar," dedim, "böyle bir şey olamaz! Pencereleri açar, dışardaki muhafızlara avaz avaz bağırarak şikâyet ederim, haremin haysiyeti ile oynayamazsınız, cariyelerle birlikte isyan çıkarırız vallahi..."

Fahri Bey, hiç sesini çıkarmadığına göre, anladım ki uşakları hareme sokmaktan şimdilik vazgeçti.

Adile Sultan'a işte bu meseleyi de danışmak isterdim de, henüz ortada fol yok yumurta yokken, lafta kalmış bir iş için Sultan halamız boşuna telaşlanmasın, diye düşündüm.

O zaten elinden ne gelirse yapmaya çalışıyordu.

Vedalaştık, ayrıldık.

Adile Sultan yanımdan ayrılırken biraz ferahlamıştım. O da olmasa buralarda tamamen sahipsiz kalacaktık. Halil'i ertesi gün getireceği sözünü vererek gitti. Allah bu hamiyetli ve merhametli halamızın ömrüne ömür katsın.

Aramızda bir geçit tesis edebilmenin yüzümüzü biraz da olsa güldüreceğini evladıma müjdelemek için, bahçeye inip biçilmemiş otların arasından dolanıp arka kapıdan veliaht dairesine geçmeyi deneyeceğim az sonra.

Şevkefza Valide kendi kadar kötü Serasker Avni ile, bize mahpushanemizde dahi en eziyetli tertibi hazırlamış.

Bu kin ve nefret niye acaba?

Temennim odur ki, yüce Rabbim beni duysun, her ikisine de çektiğim çilenin bin mislini versin.

Amin!

5.
GÜN

ADİLE SULTAN

Feriye Sarayı, Harem Dairesi ve Adile Sultan'ın Yalısı
(3 Haziran 1876)

Çok yorgunum! Kaç gündür uyku haramdı bana. Aziz biraderim için ayrı, dudakları uçuk içinde, yüzünün nuru kaçmış, gözlerinin altı belermiş Murat yeğenim için ayrı üzülmekteyken bir de acilen halledilmesi şart olan pala meselesi çıkmıştı! Acaba Pertevniyal, palayı Aziz'e belli etmeden usulca alabilecek mi diye endişe etmekten hiç uyuyamadım dün gece.

Ayrıca ben yokken konağıma uğrayıp tezkiresini bırakan Hamza'nın yazdıklarını da okumuştum yatmadan önce ve Feriye'deki harem ağalarının değiştirilmesine fena halde canım sıkılmıştı.

Aziz biraderimin hareminde yıllardır hizmet veren ağalarından ne istediler acaba? Onları herhalde, içerden dışarıya haber taşısınlar diye Şevkefza'ya sadık ağalarla değiştirmişlerdir.

İlaveten, hareme üç erkek uşak sokmaya kalkışmışlar.

Saray tarihimizde görülmemiş şeydir haremde hadım olmayan erkek hizmetkâr!

163

Neyse ki Pertevniyal çetin ceviz çıkmış, bağırıp çağırmakla, hadise çıkartmakla tehdit etmiş, "Zinhar böyle bir şeye izin vermem!" demiş. Neticede o üç uşağı hareme yollamaktan şimdilik vazgeçmişler.

Pertevniyal nedense hiç bahsetmedi bana bundan; herhalde beni üzmemek içindir.

Hareme sokamadıkları uşakları da muhtemelen mabeyin kısmında vazifelendirmişlerdir. Bunlar da yine Şevkefza'nın harem ağaları gibi Serasker Avni'nin içerden haber almak için yerleştirdiği uşak kılığındaki casuslarıdır diye düşündüm de, bu tahminimi Pertevniyal ile paylaşayım mı karar veremedim!

O nasıl beni üzmemek için bu gibi hususları saklıyorsa, ben de onu daha fazla endişelendirmek istemiyorum, lakin ikaz etmeden de olmaz! Farkında olmadan yanlarında boşboğazlık etse bir bela, bilip de öfkelendiği bir anda laf sokmaya kalkışsa, bir başka bela!

Neyse... İcap ederse ileride ikaz ederim diye karar verdim.

Dün gece yatağa hayli geç ve sıkıntılı yatmamın bir başka sebebi de, hazinedarıma bu sabah Halil'i Feriye'ye getirebilmek için dil dökmek zorunda kalmamdı. Ona, Feriye Sarayı'na gönderilen şehzade ve sultanların çok sevdikleri Halil ile görüşme arzularından fazla bir şey söylemedim.

Bu teklifin hoşuna gitmediğini, Şayeste'nin sessiz kalmasından anladım.

Hakkı yok değil, Feriye elbette bir sahil-saray, lakin cümle âlem biliyor ki şu anda orası bir hapishane. Haklı olarak telaşlanmıştır da bana karşı gelmeyi göze alamadı hazinedarım.

Bu sabah Halil'i evinden alıp birlikte yola çıktıktan sonradır ki ancak, ona gizli kapıdan bahsedip, eğer yerini hatırlıyorsa Nazime'ye göstermesini söyledim. "Bazen acil bir haber, bir mektup ya da ilaç ulaştırmak farz oluyormuş, Nazime'nin bu kapılardan birini olsun bilmesinde fayda var," dedim, "lakin bu malumat tamamen üçümüzün, yani benim, senin ve Nazime'nin arasında sır olarak kalmak kaydıyla!"

Halil kocaman gözlerini açıp yüzüme baktı ve bu kadar ehemmiyetli bir sırrı, biri yaşlı biri de kendi yaşında iki sultanla paylaşmanın verdiği gururla göğsü kabararak, sırra sadık kalacağına yemin etti.

Konuşurken, artık heyecandan mı yoksa korkudan mı bilemem, çocuğun hafifçe sesi titriyordu. Düşündüm de, nasıl korkmasın zavallı, kendini bildi bileli birlikte oynadığı, ders yaptığı şehzadeler ve sultanlar, bir sarayda mahpustular!

Halil ise onların tebdil-i havaya gittiler yalanını yutmayacak kadar akıllıydı ve halkın ağzında fısıltı halinde başlayıp uğultuya dönüşen, Abdülaziz'in bir avuç hırslı paşa yüzünden haledildiği haberinin onun evinde konuşulmamış olması mümkün değildi. Halil arabada bir köşeye büzülüp, sessizce oturdu.

Feriye'ye yaklaşırken ben ihtiyaten bir kere daha hatırlattım, Nazime'ye göstereceği bu gizli geçit, sadece şu günlerde değil, ömrü boyunca üçümüzün arasındaki sır olacaktı!

Elini kabinin üzerine koyup yemin etti.

Saraya girerken işler yolunda gitti, nöbetçiler bir gün öncesinde kim olduğumu öğrendiklerinden ve şerrimden korktuklarından, fazla uzatmadan avluya saldılar arabamı.

Girdik içeriye.

Harem dairesinde Nazime erkenden hazırlanmış, bizi bekliyordu.

Halil'i görünce koştu, kucaklaştılar.

Pertevniyal Valide kucaklaşmalarından huzursuzdu, halbuki Halil'in boyu kızın çenesinin altına zor geliyor. Halil'den sadece birkaç ay büyük olan Nazime'nin ise, pederine çektiği için boyu uzayıp gitmiş, lakin vücudu kalem gibi düz, kıvrımsız çocuk bedeni hâlâ; gözleri ise on yaşının masumiyetiyle bakıyor.

Kısacası her ikisi de çocuk daha!

Selamlaşma faslı sona erince, "Nazime'm, Halil'in sana göstermek istediği bir şey varmış, önce onu halledin, sonra sen Halil'i şehzadelerin yanına götürürsün," dedim ben.

"Çok da fazla oyalanmayın, merakta bırakmayın bizi," dedi Pertevniyal Valide.

Çocuklar çıktılar. Pertevniyal, çocukların başına bir şey gelecek diye endişeliydi.

"Çocukları bırak da, kimse yanımıza gelmeden sen önce bana pala işini nasıl hallettin, onu anlat!" dedim.

Diz dize oturduk sedirde, alçak sesle çabucak nakletti.

Aziz Han Hazretleri sabah uyandığında helaya geçer geçmez, Fahri Bey, Pertevniyal'e haber yollatıp onu hemen yan binaya çağırtmış, gizlice Abdülaziz Han'ın odasına sokmuş. Pertevniyal de palayı bulunduğu yerden almış, etekliğinin altına saklayarak çıkarmış odadan, Fahri Bey'e vermiş. Fahri Bey, işin bu kadar kolayca halledilmesinden pek memnun, hemen Avni Paşa melununa ulaştırmak üzere bulundukları odanın altında bekleyen süngülü nefere pencereden uzatmış palayı... Pencere dedi de... Düşünür dururum kaç gündür, Aziz haledildiği sabah, penceresini açıp bahçedeki muhafızlarına bağırsaydı ya da onu almaya gelen gafilleri palasıyla tepelemeye kalksaydı, iş buraya varır mıydı acaba, diye!

Çıkacak gürültüye sadece iç muhafızlar değil bütün harem halkı koşardı. Pehlivanlara mahsus gücüne kuvvetine rağmen kaderine razı olup itiraz etmeden, hemen giyinen ve sessizce sarayından çıkan biraderimin ata yadigârı palasına, Avni haini hangi sebeple göz dikti acaba?

O kadar açgözlüdür ki o, palayı elde edince belki de mezatta sattırıp parasını cebine atacaktır!

Pala işi Aziz'in başını belaya sokmadan kazasız belasız nihayete erdi ya, aman ne isterse yapsın melun, yeter ki hayrını görmesin, inşallah!

Neşerek'i sordum.

Durumunda hiçbir terakki yokmuş.

Pertevniyal Valide, biçare gelininin hastalığına fazlasıyla üzülüyor, lakin Aziz'i telaşlandırmamak için, ona teferruatlı malumat vermeyi de istemiyormuş.

Zavallı biraderim, zevcesi hakkında malumat almak için dün akşam birkaç kere mabeyincilerle name yollamış. Cevaben, "İyiye gidiyor," yazmışlar.

Pertevniyal'den ayrılıp, Neşerek'in yanına gittim.

Perdeleri çekili serin ve loş odada, yastığın üzerindeki solgun yüzü bir avuç kalmış. Beni fark edince, küçülmüş simasında büsbütün irileşmiş hüzünlü gözleriyle gülümsemeye ve doğrulmaya çalıştı lakin kuvveti yetmedi, tekrar yastığa bıraktı kendini. Göğsü hırıl hırıl ötüyordu.

"Geçmiş olsun yavrum," dedim, "duydum ki hiç yemek yemiyormuşsun. Böyle iyileşemezsin ki. Biraz gayret et. Burada pişirilenleri sevmedinse ben sana konaktan yemek yollatırım. Ne istersin? Güç versin diye paça çorbası göndereyim mi sana akşama?"

"Sokarlar mı içeri?" diye sordu, başında bekleyen cariye.

"Çıkarken haber bırakırım nöbetçilere, 'Hastamız var, hususi yemek yollatacağım,' derim."

"Kimseyi dinlemezler Sultan Efendimiz, pek kötü muamele ediyorlar bizlere. Öksürük şurubumuz bitti, onu bile binbir eziyetle ısmarladık."

"Ben zat-ı şahaneleriyle bizzat konuşacağım. Haber yollatmıştım zaten, Murat Han Hazretleri yarın sabah onu ziyarete gideceğimi biliyorlar. O sizlerin bu halinizden katiyetle haberdar değil. Ona gözlerimle gördüklerimi anlatıp her şeyi halledeceğim, merak etmeyin siz. Ben hayattayken ailemin hiçbir ferdinin kılına zarar gelmeyecek," diye söz verdim.

Söz verdim de iyi mi ettim acaba?

Bugüne kadar her sözüm emir telakki edilmişti lakin ahval öylesine değişmiş ki, Avni Paşa denen nezaketten, zarafetten anlamayan kaba adam, ordu emrinde olduğu keyfiyetiyle sadrazamı dahi sindirmiş. Benim sözlerim ise hayatımda ilk defa havada uçuşan kelebekler misali hafife alınıyor ve bu vaziyet beni fazlasıyla asabileştiriyordu.

Hastanın başında onu yormamak için uzun kalmadım. Tekrar Pertevniyal'in yanına geçtim.

"Neşerek fena üşütmüş lakin hiç merak etme," diye teselli ettim, "gençtir, iyi beslenirse çabuk iyileşir. Ben ona her gün paça çorbası ve ciğer yahnisi yollatacağım. Yedirmesi sizden!"

"Zahmet olacak, iki gözüm! Allah muhafaza, hastalık zatürreye çevirmesin de! Bir doktor istettik, bakalım yollayacaklar mı..."

"Yarın sabah erkenden doğru Murat Efendi... Ah, özür beyan ederim, ağız alışkanlığı işte... Zat-ı şahaneleri Murat Han Hazeretleri'ne..." Lafımı ağzıma tıktı Pertevniyal, "Amcasına emr-i Hak vaki olana kadar beklemesi lazımken, hıyanetle tahta oturan zat için mi özür beyan ettiniz, Sultanım?" deyiverdi.

Doğru mu duydum ben?

Bu ne cüret!

"Şu saraydaki mahpus biraderim kadar, zat-ı şahaneleri de benim canım ciğerimdir, yeğenimdir," dedim, "Hem siz Murat Han'a cülusu için biat ve tebrik namenizi benim aracılığımla yollamadınız mıydı? Zat-ı şahaneleri tahta her ne şekilde oturmuş olursa olsun, o artık Âl-i Osman'ın padişahıdır; ona hürmette asla kusur olamaz!"

Pertevniyal, kayınbiraderi Abdülmecit Han'ın tahta yaş bakımından ilk sıradaki biraderi Aziz'i değil, oğlu Murat'ı oturtmak arzusunu sezmiş, hatta Şevkefza'nın gizli faaliyetlerini duymuş olsa dahi, benim yüzüme karşı böyle bir hadsizliğe cüret ettiği için ona gücendim.

Halil'i hareme dönene kadar beklemek zorunda kalmasam vallahi kalkıp gidecektim de, mecburen çocuklar dönene kadar buralarda vakit geçirmem gerekiyordu.

Başımı pencereye çevirip hep dışarıya baktım, konuşmadım bir daha.

Pertevniyal kabahatini anlamıştı, biraz sonra özür beyan etti.

Uzatmadım.

Dinimizde aciz olana vurulmaz!

Ayrıca ona da hak vermiyor değildim; Murat hatalıydı, sırasını beklemeliydi fakat mahşerin dört atlısı, başta Serasker Avni ile Sadrazam Rüştü hainleri, senelerdir meşrutiyet diye tutturmuş olan Mithat Paşa ve Şevkefza'nın valide sultanlık hırsı... hepsi bir araya gelerek aklını çeldiler, muhakeme kabiliyetini zaafa uğrattılar yeğenimin.

Hata yaptırdılar ona!

Ben emindim, Murat Han, amcasının şu andaki halini görse oturup ağlar ve hatta tahtı geri bile verebilirdi. Aziz Han'ın kılına zarar gelsin istemediğine kalıbımı basarım lakin Murat'ın padişah olmasına rağmen elinden fazla bir şey gelemediğini de görüyordum.

Zaten Tanzimat Fermanı'ndan beri padişahların mutlak kuvveti azaltılmıştı; Serasker Avni'nin ise emrindeki ordu sayesinde çok kuvvetlendiği, sadrazamı dahi ezerek devletin dizginlerini tek başına ele geçirdiği saray çevresinde biliniyordu. Ve fakat daha da vahimi, yeğenimin hangi sabah aklı başında, hangi sabah meczup uyanacağını kimse önceden tayin edemiyordu.

Amcasının hal'inden beri asap bozukluğu ve buhranlar içindeydi Murat.

Ben bütün bunları nasıl mı biliyordum? Aziz Han'ın hal'ini gözden kaçırdığı için bana karşı çok mahcup olan Hamza, artık günü gününe malumat getiriyordu konağıma. O yüzden Beşiktaş Sarayı'nda her olup bitenden haberim vardı.

Özrünü samimiyetle dilemiş olan Pertevniyal ile aramızdaki ağır havayı hafifletmek için, biraz saray dedikodusu mu yapaydım acaba?

"Bu akşam Şevkefza Valide Sultan, Nisbetiye Köşkü'nde şehzadeler için bir akşam yemeği ziyafeti hazırlatmış diye duydum. Demek ki valide sultanlığına hoş bir sada ile başlamak istiyor," dedim.

"Sebebiyet verdiği dargınlıkları, kırgınlıkları unutturmak içindir, sanki mümkünmüş gibi!" dedi Pertevniyal, benden gözlerini kaçırarak.

"Devlet idaresindeki zevatın arasında o kadar çok fesat ve kıskançlık var ki, herkes bir diğerinin gözünü oymaya çalışırken ibret-i âlem için ailemizin sulh içinde olması lazım," dedim ben, "Şevkefza müspet bir adım atmakla iyi etmiş!"

Az önce beni öfkelendiren Pertevniyal, bu sefer cevap vermek yerine sadece içini çekmekle yetindi.

Hakikat şu ki, Şevkefza'nın valide sultanlığı benim de içime sinmiyordu.

Aramızda, burnunu kendini ilgilendirmeyen hususlara sokup sürekli malumat topladığı için "Meraklı Makbule" diye isim taktığımız Şevkefza'yı, görümceleri olarak sadece biz sultan kardeşlerin çekiştirme hakkımız vardı; yoksa hiçbir hanedan mensubuna, huzurumuzda laf ettirmezdik.

Halbuki Pertevniyal ile Şevkefza'nın arasındaki çekişmeleri kaleme alsam, oldukça kalın ve pek eğlenceli bir kitap olurdu.

Mesela, biraderim Aziz veliahtken ikamet ettiği Kurbağlıdere'deki sayfiye köşkünü, tahta çıktığı gün, veliahtlığa terfi eden yeğenine hediye etmiş, Murat da araziye yepyeni bir köşk yaptırmıştı.

Köşkün inşası tamamlandığında, merakını yenemeyen Pertevniyal köşkü görmek istemiş, valide sultanların arzusu emir sayıldığından hemen köşke davet edilmişti. Ziyarete geleceği

171

gün her türlü hazırlıkları yapmışlar lakin Şevkefza'yı almış bir korku... Ya yeni köşke Pertevniyal Valide Sultan'ın nazarı değerse! Köşkün bembeyaz mermer merdivenlerinin görünür bir yerine kapkara zift sürdürtmüş Şevkefza Valide.

Pertevniyal, köşkün girişindeki billur parmaklıklı merdivenleri çıkarken gözü basamaktaki kara lekeye takılınca durmuş, "Kasrı pek beğendim lakin şu kara leke de neyin nesidir? Neden temizlenmemiş acaba?" diye sorunca, başta Şevkefza olmak üzere, köşkün bütün kadınları nazar güya hayırlısıyla kırıldığından rahat bir nefes almışlardı!

Günahı gıybet edenlerin boynuna, kulağımıza bu ikisinin birbirlerine karşı çeşitli büyüler yaptırdıkları, nefes üflettikleri de gelirdi. Pertevniyal'inkileri kendini ve oğlunu korumak maksadıyla yapılmış ak büyüler, Şevkefza'nınkileri ise hasmını mahvetme niyetiyle yapılmış karabüyüler, diye duyardık.

Abdülmecit biraderimin verem illetiyle yatağa düşmesinden vefatına kadar geçen iki sene boyunca, Şevkefza'nın büyüyle yetinmeyip Murat'ın dostu olan ne kadar yabancı ekâbir varsa hepsine haberler yollatıp görüşmeler düzenlediği, tahta Aziz'in değil Murat'ın çıkarılması için gizli faaliyetlerde bulunduğu da rivayet edilirdi.

Velhasıl bu iki hasım valide sultan, dünyadaki günlerini yıllar var ki birbirlerinin kuyusunu kazarak, birbirlerinden nefret ederek geçirmekteydiler.

Ne diyeyim, Allah onlara huzuru bari öbür dünyada nasip etsin!

Çocuklar da nerede kaldılar!

Yaptıkları işin gizli kalması icap ettiğinden, aranmaları için arkalarından kimseyi de salamıyorduk! Pertevniyal Valide, koridorlarda onları bizzat aramaya hazırlanırken Nazime tek başına geri geldi. Babaannesi ve ben nerdeyse bir ağızdan "Halil nerede?" diye sorduk.

Halil, sarayın şehzadelere ayrılmış oyun odasında oyuna dalmış!

Nazime'ye cariyelerin yanında soru soramadığımızdan, kızlardan birine ben birer kahve daha içmek istediğimizi söyledim, diğerini de Halil'i yanımıza çağırması için oyun odasına yolladık.

Odada yalnız kalınca, Nazime yanıma geldi, kulağıma fısır fısır Halil'in onu koridorun nerdeyse öteki ucunda bir odaya soktuğunu, o odadaki dolabın gizli bir bölmesi olduğunu, bölme yana kaydırılınca pederinin odasına girilebildiğini anlattı. Gözünü dolabın anahtar deliğine dayayınca, tam karşıya isabet eden sediri de görebilmiş Nazime. Pederi, işte o sedirde oturmuş *Kur'an* okuyormuş. Hünkârın *Kur'an* okurken veya evrak incelerken rahatsız edilmek istemediğini bildiğinden tutmuş kendini, yoksa dayanamayıp içeri geçecek, kollarına atılacakmış.

"İsabet ki öyle yapmamışsın ciğerparem, Hünkâr pederin laubalilikten hiç hoşlanmaz," dedim ben.

Pertevniyal bizi dinlemiyor gibi yapıyor, güya kendi işleriyle meşgul oluyordu fakat kulağı bizdeydi. Babaannesinin de bu gizli dolaptan haberdar olduğunu Nazime'den saklamaya Pertevniyal ile birlikte karar vermiştik.

Zira saraylarda yerin dahi kulağı vardır, babaanne torun aralarında konuşurken birileri duyabilir korkusundan, tedbir olarak Nazime gizli kapının dört değil, sadece üç kişi tarafından bilindiğini zannedecekti; ben, kendisi ve Halil!

Az sonra Halil, yanında çocuk yaştaki şehzadelerden biriyle döndü.

Şehzade Abdülmecit, ağabey gibi sevdiği Halil'in bu gece sarayda kalması için bizlere ricaya gelmiş. Ben izin vermeyince, Nazime'nin de Abdülmecit'in de boynu büküldü.

Nazime, yüzünde mahzun bir ifadeyle yanıma geldi, az önce yaptığı gibi yine kulağıma fısıldayarak bu akşam pederine uzun bir mektup yazacağını, Halil'in mektubunu alıp o gizli dolabın içinden geçerek, Abdülaziz Han pederinin baş ucuna bırakmaya söz verdiğini söyledi.

"Mektubunu herhangi biriyle yollayabilirsin, meleğim," dedim, "cariyeler ne güne duruyor?"

"Olmaz ki Efendimiz, ben pederime hususi bir mektup yazacağım. Cariyeler mektuplarımızı ya okurlarsa! Yazdıklarımı peder-i şahanemden başka kimse okumasın istiyorum."

Doğru söylüyordu, saraylarda kim casus kim değil anlamak mümkün değildir.

"Hem Neşerek Validemin de diyecekleri var, mektuba onları da yazacaktım."

"E, hani sen kimseye bahsetmeyecektin bu gizli geçitten, Nazime!"

"Bahsetmedim! Vallahi billahi bahsetmedim. Ben sadece Neşerek Valideme pederime mektup yazıp Halil ile göndereceğimi söyledim. O da, 'Mektubun sonuna birkaç satır da ben ilave edeyim,' dedi. Lütfen Sultanım, yalvarırım müsaade edin, bu gece sarayda kalsın Halil."

174

Neşerek'in yazacağı birkaç satır mevzubahis olunca, yumuşadım. Zavallının belki de zevcine yazacağı son satırları olacaktı bunlar! Evlatlarımınkiler de dahil olmak üzere o kadar çok ölüm görmüştüm ki ben, hastaların yüzündeki renkten, gözündeki ferden anlar olmuştum ecelin yakınlarında dolandığını.

"Bir şartla müsaade ederim," dedim, "eğer Halil'in teyzesi onun geceyi sarayda geçirmesine izin vermez ise arabamı yollatır aldırırım Halil'i."

"Saraya nasıl girdi diye sorarlarsa ya?" dedi Pertevniyal Valide.

"Söyler benimle birlikte girdiğini. Bir mesele çıkarsa, kabahati benim üzerime atsınlar, 'Adile Sultan'ın yaşına verin, ayrılırken Halil'i yanına almayı unutmuş,' desinler."

"Hiç münasebet alır mı gözümün nuru ismetli Sultanım, siz hepimizden akıllı fikirliyken... Tövbe, tövbe!"

"Yalvarırım Sultanım, elinizi ayağınız öpeyim izin verin," dedi Nazime, dudakları titriyordu.

"Neden bu kadar ısrar ediyorsun çocuğum?" diye sordu babaannesi.

Ben kaş göz işaretiyle izin vermesini işaret ettim. Sebebini ona münasip bir zamanda anlatacaktım. Lepiska saçları, bembeyaz teni ve uzun boyuyla kendi Çerkez ırkının güzelliğini yansıtan Nazime'ye pek düşkün olan Pertevniyal Valide sonunda dayanamadı, "Eh pekâlâ, Halil kalsın bakalım bu akşam, şehzadelerin dairesinde fazla yatak var madem," dedi.

İzni koparınca, çocuklar her ikimiz de etekleyip peş peşe çıktılar.

Bardakları, fincanları toparlayan cariyeler de odadan ayrılınca, Pertevniyal'e Nazime'nin pederine yazmak istediği mektuptan bahsettim.

Çocuğun babasıyla haberleşmeye ihtiyacı vardı lakin daha da mühimi, sevgili kızından gelmiş bir mektubu ve kadınefendisinden birkaç satırı, sabah uyandığında baş ucunda görmesi, Aziz'in çökmüş bulunan maneviyatını şüphesiz takviye edecekti. Sanırım Pertevniyal de memnun oldu.

Pertevniyal'e ertesi sabah erken bir saatte Halil'i almak üzere arabamı göndereceğimi hatırlatarak, veda ettim.

Şimdi bir an önce konağıma dönüp hazinedarıma yeğeninin geceyi sarayda geçireceğini haber vermek istiyordum.

Faytonuma kurulunca düşündüm de, bunca elem ve acıya rağmen müspet bir gün geçirmiş sayılırdım. Palanın Aziz'den alınması meselesi, kimsenin burnunu kanatmadan hallolmuştu. Yarın sabah Halil'i aldırırken, Neşerek'e öksürük ilacı ve kuvvet verici yemekler, şehzade ve sultanlara oyuncak ve kitap, Aziz biraderime temiz çamaşırlar ve köy tarhanası gönderecektim. O kahvaltıda çorba içmeyi severdi, halbuki illa ekmek, zeytin ve reçel veriyorlarmış sabahları.

Hatta belki ben dahi gelir, bu sefer Aziz'i de ziyaret ederdim. Bugün görüşememiştik.

Pertevniyal, Aziz'in dün bahçede maruz kaldığı tatsız hadiseden sonra kimseyle görüşmek istemediğini, günü *Kur'an* okumakla geçireceğini söylemiş, ben de ısrar etmemiştim. Zira biz saraylılar hislerimizi belli etmeyi, başkalarının önünde gözyaşı dökmeyi sevmeyiz. Ben daha birkaç gün öncesinin heybetli, şevketli Hünkâr kardeşimin mahpus halini, gözyaşlarımı içime akıtarak görmeye hazır değildim, sanırım o da ablasıyla buluşmayı, mevkiine layık vakar içinde ifaya hazır değildi. Bir-birimizin kollarında irademizi imtihan etmek ve soğukkanlı olabilmek için henüz çok erkendi. Yarın, Nazime'nin mektubuyla şad olup teselli bulmuş ise kim bilir, biraderim belki de görüşmek isterdi benimle.

Ve eğer Halil, biçare biraderimin dudaklarına, ona ulaştıracağı mektuptan dolayı bir tebessüm kondurabildiyse, bu çocuğu yaşı tuttuğu gün Harbiye mektebine götürüp, bizzat ellerimle kaydettirecektim!

Ben saraydan ayrılırken, kapıdaki muhafızlar tahmin ettiğim gibi değişmişti, kimse Halil'i sormadı. İnşallah teyzesi de Halil'in geri getirilmesi için tutturmaz, arabacım da böylece paydos ederdi, beni konağıma bıraktıktan sonra.

Faytonum ana kapıdan çıkış yaparken içeriye pehlivan kılıklı birtakım adamlar giriyorlardı. Acaba Aziz gençliğinde yapmış olduğu gibi, güreş tutmak için saraya pehlivan mı çağırttı diye düşünüp gülümsedim kendi kendime. Zavallı kardeşim, ailesiyle dahi rahatça görüşemezken... Nereden nereye, ey kahpe felek!

Konağıma vardığımda, Hamza'nın selamlıkta beni beklediği haberini verdiler. Çağırttım, "Hayırdır," dedim "bu saatte uğramazsınız, yeni bir vaka mı var?"

"Hayır mı şer mi, ben nakledeyim siz karar verin Efendimiz," dedi Hamza.

"Bekle biraz, ben üstümü değiştirip geliyorum," dedim.

Başım uğuldayarak odama doğru yürürken, yoluma çıkan ve bana Halil'i soran hazinedarıma, "Halil geceyi sarayda şehzadelerle birlikte geçirmek istedi, ben de müsaade ettim. Yarın erkenden arabamı yollayıp aldırtacağım," dedim.

Bana bir şeyler söylemeye çalıştığında ise, hayatımda ilk defa ona nezaketsiz davrandım: "Şimdi değil Şayeste Kalfa, elan konuşacak durumda değilim, beni rahat bırak, şu anda çok daha mühim işlerim var benim!"

Eğilerek yana çekildi.

İyi oldu Hamza'nın bu vakitsiz gelişi! Beni bir sürü lüzumsuz suali cevaplamaktan kurtardı. Fenalık olsun diye değil, iyi niyetle öğrenmek istiyorlar, valide sultan nasıllar, padişah hazretleri efendimiz çok mu üzgünler, kadınefendilerimiz ne haldeler? Cevaplamazsan olmaz, vaziyet-i ahvali söylersen hiç olmaz!

Daireme geçip, üzerimdeki ağır esvabı çıkartıp hafifledim. Münasip bir şey giyinip kütüphaneye vardım. Beni görünce ayağa fırladı Hamza.

Kendim divana yerleşirken, "Oturun Hamza Efendi," dedim, divanın karşısındaki atlas minderlerden birini işaret ederek, "anlatın bakalım nedir bu kadar acil olan haber?"

"Acil değil Sultanım, lakin ben ne olur ne olmaz, bir an önce duyduklarımı size nakletmek istedim," dedi hafiyem. "Etraf kaynıyor. Askerlerde, ulemada ve halkta büyük huzursuzluk var. Sabık sultanımız Abdülaziz Han Hazretleri'nin ikamet buyurduğu Beşiktaş Sarayı'nın muhafazasına memur edilmiş olan piyade taburları, hayatları pahasına padişahlarını korumaları lazım gelirken, bu vazifeyi ifa edememekten dolayı üzüntü duymaktalarmış. Zabitlerden neferlere kadar küllü rütbeler kendilerini suçlamaktaymış. 'Eğer padişahımızın halledileceğini bilseydik asla saraya gelmezdik,' diyorlar ve büyük nedamet gösteriyorlarmış. Serasker Avni Paşa böyle konuşanlardan tespit edebildiklerini hemen İstanbul dışına tayin etmiş."

Gözleri yerde, sözlerinin bendeki tesirini bekledi.

"Eyvah," dedim ben, ikinci bir Alemdar vakasının tekrarından korkarak!

"Eyvah ki ne eyvah!" dedi Hamza, "Zira, Sultanım, askerler gibi ulema da hiç memnun değilmiş vaziyetten. Abdülaziz Han'ın tahta iadesini arzu etmekteymişler ve halktan büyük destek görüyorlarmış. Serasker Avni korkuya kapıldığından, Dolmabahçe'nin muhafazasına sırf kendine sadık paşalarını yerleştirmiş. Nazırların sakıt padişaha nazik davranılması ricasını ise bu hususun sadece kendisi ile Kaptan-ı Derya Ahmet Paşa'yı ilgilendirdiğini çok sert ve tehditkâr bir lisan ile beyan etmiş. Nazırlar şaşırıp kalmışlar."

Hamza bana başka şeyler de söylüyordu lakin ben onu artık dinlemiyordum.

Aklım fikrim, nerdeyse yetmiş yıl öncesinde bir ayaklanma ile tahttan indirilen III. Selim'deydi. Alemdar Paşa onu tekrar tahta oturtmak niyetiyle Topkapı Sarayı'nı basmış, lakin geciktiği için padişahın cesediyle karşılaşmıştı.

Selim Han'ı öldürten IV. Mustafa'yı ise Alemdar Paşa öldürtmüş, tahta pederim II. Mahmut'u oturtmuştu.

Aziz biraderimi de Murat yeğenimi de böyle kötü sonlardan sen koru, Ya Rabbim!

Hastalık derecesinde kindar ve hırslı Serasker Avni, bir karşı ihtilal olup Aziz tahta yeniden oturduğu takdirde, cezasız kalmayacağını bilirdi, böyle bir ihtimali ortadan tamamen kaldırmak üzere harekete geçeceğinden emindim.

Hatta, evlerden uzak olsun, bir diğer ihtimal de Murat Han'ın ruhiyatının bir türlü düzelmemesi halinde Aziz'in tekrar tahta çıkarılması demekti ki, bu ihtimali de mutlaka düşünmüş olmalıydı Avni haini.

Yani, Aziz kardeşimin hayatı tehlikedeydi!

Onu yok etmeden zinhar rahat etmeyecekti o leş kargası Serasker!

Allah'ım, ben ne yaptım!

Ne yaptık biz, Pertevniyal ile birlikte!

Nasıl tedbirsizce, düşüncesizce, kardeşimin yegâne silahını elinden aldık!

Pertevniyal palasını habersizce alarak, onu savunmasız ve çaresiz bıraktı, ben de ona çanak tuttum, "Palayı mutlaka al," dedim!

"Hamza Efendi, yine geç kaldınız! Bütün bu malumatı bana çok daha evvel vermeliydiniz!" diye bağırdım.

"Sultanım, daha dün bir bugün iki," dedi Hamza, "Abdülaziz Han'ın halinin üzerinden henüz bir hafta dahi geçmedi. İlk iki gün hayırlı veya şer her hadise, Murat Han'ın cülusunun gölgesinde kaldı. Size şu an naklettiklerim ancak iki günden beri asker, ulema ve halkta biriken hissiyatın tezahürleridir."

Hamza haklıydı, onun suçu yoktu, biraderimin palasının alınmasını tasvip ederek, yanlış yapan bendim! Bizdik, ablası ben ve validesi Pertevniyal!

Aniden, gözümün önüne, sarayın kapısından çıkarken rastladığım iri yarı adamlar geldi. Onlar hareme sokulmak istenen üç uşak olmasınlar!

Yok, hayır! Kötü şey düşünme Adile Sultan! Kötü şey sakın düşünme!

Ben yarın sabah çok erken saraya gitmeli, Aziz'i de Pertevniyal Valide'yi de, hatta harem halkının hepsini ikaz etmeliydim ki tetikte olsunlar.

180

İcabında Aziz'i koruyabilmek için o gizli dolabı kullansınlar.

Yarın saraya vardığımda, doğru biraderimin bulunduğu binaya geçmeli ve yanından bir lahza olsun ayrılmamalıyım!

Avni'nin askerleri bana karşı gelemezler, bana dokunamazlar, bana karışamazlar!

Bir cinayet işletecek ise eğer Serasker Avni, önce beni yani Sultan II. Mahmut Han'ın kerimesi, Abdülmecit ve Abdülaziz Hanların hemşiresi, Sultan V. Murat Han'ın halası Adile Sultan'ı çiğnemesi lazım ki, o dahi buna cüret edemez!

2. Bölüm

HER YERDE KAN VAR

Geçmişten adam hisse kaparmış... Ne masal şey!
Beş bin senelik kıssa, yarım hisse mi verdi?
"Târih"i "tekerrür" diye ta'rîf ediyorlar;
Hiç ibret alınsaydı, tekerrür mü ederdi?

Mehmed Âkif Ersoy

PERTEVNİYAL VALİDE SULTAN

Feriye Sarayı Haremi ve Sabık Padişah
Abdülaziz Han'ın Dairesi
(4 Haziran 1876, saat 08:30)

Nazime dün akşam pederine yazdığı mektubu odasına kapanıp bitirdikten sonra, bir iki satır ilave etsin diye Neşerek Validesine götürmeye kalkıştığında, Neşerek çoktan uyuyakalmıştı.

"Gözümün nuru Nazime'm, biliyorsun ki Neşerek Valide çok rahatsız. Geceleri öksürük nöbetinden uyuyamıyor. Hazır dalmış zavallıcık, billahi müsaade etmem uyandırılmasına," dedim, güya mektuptan hiç haberim yokmuş gibi.

Nazime üzüldü fakat ısrar etmedi.

Diğer binaya geçmek için mektubun bitmesini bekleyen Halil mektubu gizlice Nazime'den alıp giderken, ben yine hiçbir şeyden haberim yokmuş gibi Halil'in ağzını aradım, "Burada boş oda var, niye burada kalmıyorsun?" diye sordum. Tıpkı Nazime gibi, boyu Halil'den bir karış uzun lakin yaşı çok daha küçük olan Şehzade Abdülmecit onu bekliyormuş, birlikte oynamaları için.

Halil bana ne mektuptan bahsetti ne de gizli kapıdan.

Belli ki sırrı ağzından kaçırmayacak, aferin ona!

Çocuk kalfalardan biriyle çıktı, öteki binaya geçmek için...

Öteki bina! Ne saçma bir iştir bu, iki oda arasına duvar örüp aynı binayı öteki bina yapmak!

Neyse ki dün kim tembihlediyse, daha müsamahalı davrandılar hepimize. Sanırım Adile Sultan'ın ziyaretinin tesiri oldu.

Kalfa, Halil'e diğer kapıya kadar refakat edip döndükten sonra, ben de daireme çekilip yattım lakin uyku tutturamadım. Ara sıra daldımsa da hep kötü rüyalarla uyandım. Sabahı zor ettim.

Güzel güneşli bir sabaha başladık.

Sabah namazından sonra derin uyumuş, yeni açmıştım gözlerimi ki, odama cariyelerimden biri girdi. Abdülaziz Han Hazretleri sakallarını düzeltmek için bir makas istemişler. Uyku sersemi halimle kalktım yataktan, nakış kutumu aradım. Bir makasım vardı lakin değil sakalı, ipliği zor keser. Gözlerim ince işi artık gözlükle dahi göremediği için, ne zamandır elimi nakış dikişten çekmiştim; mahpusta zamanım *Kur'an* okuyup dua etmekle geçiyor ya, beyaz ipliğim de bitmiş, haberim yok! Makası uzatırken "Sen kızlara sor bakalım, haremde belki daha keskin bir tane bulursanız, onu verirsiniz," dedim, "kör makasla eziyet çekmesin aslanım."

Aldı makası Dürdane, tam çıkarken "Bana mutlaka Aziz Han Hazretleri'nden haber getir, Dürdane. Bu sabah hali ahvali nasılmış. Kahvaltısını yapmış mı? Adile Sultan tarhana yollatacaktı, çorbasını içmiş mi? Bugün ziyaretlerine gitmek istiyorum, müsait olduklarında bana haber yollatsınlar," diye ilave ettim.

Uzandım tekrar yatağa. *Kur'an*'ımı açıp, okumak istedim fakat gözlüğümü dün Adile Sultan'ı ağırladığım salonda bırakmışım, zaten üzerime bir ağırlık geldi nedense. Gözlerim kapanıyordu... Dalmışım.

Dürdane'nin sesiyle kendime geldim.

"Efendimiz, ben başka makas tedarik ettim, onu götürdüm," diyerek benimkini baş ucumdaki komodine bıraktı.

"Sultan Aziz Efendimizin keyfi nasılmış? Neşesi yerinde miymiş?"

"Makası verdikten sonra, padişahımız hakkında malumat almak için epey oyalandım oralarda, Arz-ı Niyaz Kalfa bir kahve ikram etti, içerken Padişahımızın ahvalini sordum, 'Maşallah bu sabah iyidirler,' dedi; yan pencereden görmüş, aynanın önünde makas ile sakallarını düzeltiyormuş. Demek ki Efendimiz iki gün öncesine nazaran kendilerini daha iyi hissediyorlar, zira dün kimseyle görüşmeyip günü sadece *Kur'an* okumakla geçirmişlerdi, pek keyifsizdiler," dedi.

Ah, hiç bilmez olur muydum!

Evladım değil miydi bahçede kendine gösterilen hürmetsizliğin sonrasında, "Beni tahttan indirmeleri öldürmek içindir validem, zira bir memlekette iki padişah olmaz," diyen!

Ben de ona "Tanzimat'tan sonra böyle şey mi kaldı, ilahi aslanım, Rabbimize tevekkül edin, hiçbir şey olmayacak," demiştim de, "Görürsünüz," diye ısrar etmiş idi. Bugün sakallarını düzeltmek istemesi hayra işaret demek ki Nazime'nin mektubu eline ulaştı, bozulan asabı tez düzelmiş!

Oh ne iyi! İçime sular serpildi!

Ben de bir an evvel kalkıp hazırlanayım, hem evladımı göreyim inşallah, hem de Halil'i yolcu edeyim, Adile Sultan'ın arabası erken gelecekti çocuğu almaya.

Yatağımdan kalkmaya davranırken, dışarda bir vaveyla koptu.

Çığlıklar, ağlamalar, bağırmalar, hıçkırık sesleri! Odama dövünerek şimşek gibi dalan iki cariyenin önünü, kollarını iki yana açan Dürdane kesti.

"Bu daireye destursuz girilmez! Ne oluyor kızlar?"

Kızların arkasında saray mabeyincisi Fahri Bey'i gördüm, yüzü bir tuhaf!

Anladım ben, kötü bir şey var!

Fırladım, yatağımın üzerindeki başörtümü yolda koşarken başıma sarıp oğlumun dairesine vardım. Kapı kapalı. Açamadım, yumrukladım kapıyı. Arkamdan yetişen Fahri Bey omuz attı, birkaç kere yüklendi ve açtı. Daldım odaya.

İlk gördüğüm, yerdeki kandı!

Oğlum sedirin köşe minderinde sağ tarafına devrilmiş, her iki bileğinden akan kan entarisinde, minderde, zeminde, her yerde... Her taraf kan! Kan! Kan!

Kendinden geçmiş yavrum, ben üzerine atılınca gözlerini araladı, adeta gülümsedi bana gözleriyle, sonra kanlı ellerini göğsüme dayayarak, "Allah!" dedi. Bir şeyler mırıldandı, duyamadım, anlayamadım, çünkü peşimizden odaya doluşan harem ağalarıyla cariyeler çok gürültü yapıyor, avaz avaz bağrışıyorlardı. Gidiyor evladım... Kollarımın arasından kayıyor... Ben ciğerparemin yüreğinin üzerine, göğsüne kapandım, onunla birlikte ölmek için. Yalvarırım Rabbim beni de al! Bana can ne lazım bu âlemde! Beni de oğlumla beraber al, hemen şimdi al, Rabbim... Beni de al... beni de al!

Biri omuzlarımdan yakaladı beni, çekiyordu oğlumdan ayırmak için lakin ben sımsıkı sarıldığım evladımı bırakmıyordum. Başkaları geldi... Ellerimi hoyratça çözdüler Aziz'imden. Aaa... parmağımdaki yüzüğü çekiştiriyor biri, parmaklarım şişmiş, çıkmıyor yüzük... durun... durun parmağımı koparacaksınız... ben veririm size, neyim varsa veririm... yeter ki kurtarın evladımı... önce onu kurtarın, akan kanını durdurun, yalvarırım durdurun... Ay n'apıyorsunuz! Öyle çekince çıkmaz küpe... Ay, ayy, kulağım kopacak! Kopsun varsın, küpelerimi de al, yeter ki kurtar aslanımı... ağğğ... grrr... boğu... ağğğ... ne yapıyorsunuz ayol... ağğğ.... çek parmağını ağzımın içinden... ağğ... öğğğ... ne altını? Altın diş çıkmaz yerinden oğlum... çekil... çek elini... boğuluyorum...

FAHRİ BEY

Feriye Sarayı, İkinci Mabeyincisi
(Feriye Sarayı, 4 Haziran 1876, saat 09:30)

Sabah dokuz sularındaydı, odama kapıyı vurmadan dalan Ebru Nigâr Kalfa, "Abdülaziz Han'ın odasından bazı feryatlar duyulmuş lakin kapısı kilitliymiş, açamadık," dedi, telaş içinde.

Fırladım, belki kapısının bir anahtarı da ondadır diye düşündüğüm için, önce Pertevniyal Valide'nin odasına doğru koşarken, Serasker Avni'nin emriyle vazifelendirilmiş İzzet Bey'in bir gün önce hareme sokulması için ısrarcı olduğu üç kişiden biri sanki koşarak yanımdan mı geçti, yoksa bana mı öyle geldi?

"Bu saçma emri Valide Sultan'a ben katiyen bildirmem, hareme erkek uşak sokulmaz; illa ısrar ediyorsanız kendiniz söyleyin," dediğimde, İzzet Bey çok kızmış fakat rütbece ondan yüksek mevkide olduğumdan, üstüme daha fazla gelmemişti...

Valide Sultan'ın dairesine vardığımda, zaten bir başka kalfa haber vermiş olmalı bir kötülük olduğunu, telaş içinde fırladı odasından, o önde, ben ve iki kalfası onun peşinden koşarak Abdülaziz Han'ın dairesine ulaştık... Yaşlı valide nasıl hızlı koşmuş ise onu oğlunun kapısını yumruklarken buldum. Kapıya yüklenip açtım, bir kaplan gibi fırlayıp hepimizi geçerek evladının kanlar içindeki bedenine sarıldı. Sultan Aziz oturduğu sedirde bilekleri kesik, üstü başı kan içinde, sağ tarafına kaykılmış vaziyetteydi. Bileklerinden oluk gibi akan kan sedire bulaşmış, yere akmıştı, lakin henüz sağdı, bir şeyler söylemeye çalışıyor fakat odaya doluşmuş cariyelerin gürültüsünden, ne dediği anlaşılmıyordu.

Ben Valide Sultan'ı sımsıkı sarıldığı oğluyla bırakıp, bir an evvel bir hekim bulmak için dışarı fırladım. Koridor boyunca öylesine korkunç bir kargaşa vardı ki, cariyeler ileri geri koşuşturuyor, camları kırıyor, avaz avaz bağırıyor, saçlarını başlarını yoluyorlar, can çekişen sultanın hizmetinde olan kalfalar hekim peşine düşeceklerine, "Ah! Nasıl oldu da gaflete düşüp eline makas verdik, ah neden verdik, vah niye verdik!" diye çırpınmaya, kargaşa yaratmaya devam ediyorlardı.

"Ne makası?" diye sordum.

Bana haber vermeye gelen Ebru Nigâr Kalfa, "Sakalını kesmek için makas istemişti, meğer kol damarlarını keserek intihar edecekmiş," demez mi!

Mabeyne koştum ve İzzet Bey'e haber verdim ki, borazanları çaldırarak acil vaziyet ilan etsin. Borazan gürültüsüne harem ağalarının da feryat figanları da karışınca ortalık tam savaş meydanına döndü. Kim ne diyor, ne yapıyor, anlamak mümkün değildi.

Feriye Sarayı'nda bulunan bizlerin dışında içeriye ilk giren, sarayın deniz tarafını muhasaraya almış olan gemilerden gelen Donanma Komutanı Arif Paşa oldu. Peşinden de, bu kadar çabuk nasıl haber aldıysa artık meşhur beşçifte kayığında Serasker Avni Paşa karşı kıyıdan arz-ı endam etti.

Serasker varken diğerleri emir veremeyeceğine göre Abdülaziz Han'ın karakola taşınması emrini Avni Paşa vermiş olmalıydı ki, birkaç asker, sultanı karakola taşımak üzere içeri girdi; sedirin etrafına doluşmuş cariyelerle harem ağalarını hoyratça ittiler.

Ben ve odada bulunanlar, valideyi ciğerparesinden ayırmak için davrandık.

Zavallı kadın, külçe gibi yığılmıştı oğlunun üzerine. Onu omuzlarından çekerek kaldırmaya çalışan zabitlerden birinin, yüzüğünü almak için parmağını zorladığını gördüm. Sonra kulağındaki elmas küpelere hamletti.

Valide Sultan kendini bırakmış haldeydi ki, aynı zabit, parmağını validenin ağzına sokup, takma dişlerini yerinden oynatmaz mı! Valide Sultan'dan boğuluyormuş gibi hırıltılar gelmeye başladı. Bir taraftan da "Yapmayın, etmeyin, hepsini vereceğim, siz oğlumu kurtarın!" demeye çalışıyordu... Sonra birden sesi kesildi.

"Sen! Ne yapıyorsun, orada!" diye gürledim.

"Ağzına elmas saklamış mı diye bakıyorum," dedi.

"Aklını mı kaçırdın, bu ne hadsizlik!"

Bir başka ses, "Siz zabite müdahale etmeyin Fahri Bey, siz Sultan Aziz'in karakola taşınmasına yardımcı olun sadece," buyurdu, benden daha yüksek perdeden gürleyerek.

Dönüp baktım, Damat Nuri Paşa!

Dondum kaldım.

Hanedan damadı, bir hanedan mensubuna yapılan bu ayıba nasıl müsaade ediyor, anlaşılır gibi değildi.

"Valide'yi öldürüyordu," diyebildim.

"Sadece bayılmış!" dedi.

Cariyeler baygın Valide'nin kollarına girdiler, onu sürükleyerek odadan çıkardılar. Sonra da biz, hâlâ hayat emareleri gösteren Sultan Aziz'i, penceredeki perdeyi söküp sedye gibi kullanarak karakola taşırken, oturduğu yerin önündeki rahlede, Yusuf Suresi açılmış olan *Kur'an-ı Kerim* gözüme çarptı.

Dindarlığını iyi bildiğimiz ve daha bu sabah *Kur'an* okuduğu açık duran sayfadan belli olan Sultan Aziz'in İslam'ın emrine karşı gelerek intihar etmesi için, Allah taksiratını affeylesin, çok derin bir buhrana kapılmış olması gerekiyordu!

DAMAT NURİ PAŞA

Beşiktaş Sarayı, Feriye Saray Karakolu ve Haremi
(4 Haziran 1876, saat 09:40)

Elim haber bana ulaştığında mabeyindeydim.

Hemen Sultan Murat Han'ın haremdeki dairesine koştum.

Zat-ı şahanelerine amcası Sultan Aziz'in bileklerini keserek intihar teşebbüsünde bulunduğunu söyledim.

Yüzü bir anda bembeyaz oldu.

"HAFAZANALLAH! HAFAZANALLAH! Durma! Hemen fırla, en iyi hekimleri çağırsınlar!" derken elleri, dudakları titriyordu. "Allah aşkına amcamın tedavisinde azami ihtimamı göstersinler. Aman bir şey olmasın! Sakın ha bir şey olmasın. Millet bunu benden bilir! Bu yükün altından hiç kalkamam! Haydi durma, fırla git, hekimleri çağır... Hemen... Feriye'ye... Haydi! Haydi!"

Sultan Murat'ı odanın ortasında şaşkın ve perişan bırakıp çıktım.

Saraydan çıkıp vaka mahalline varmam uzun sürmedi, lakin Sultan Aziz'in dairesine girebilmek için koridordaki kargaşayı aşmam gerekti. Cariyeler ve harem ağaları ağlayıp bağrışarak, nerdeyse bir cinnet halinde değişik istikametlere koşturmaktaydılar.

Sultanın odasına nihayet girebildiğimde birkaç zabit, sedirde kanlar içinde yatan evladının üzerine kapanıp sımsıkı sarılmış anasının kollarını çözmeye çalışıyordu. O esnada aralarından biri, validenin yüzüğünü parmağından, küpelerini de kulaklarından zorlayarak, adeta sökerek aldı. O askeri görmezden geldim zira suçuna şahit olduğum bu zabit, ileride bir gün bana lazım olabilirdi.

Aynı zabitler, mabeyinci Fahri'nin de yardımıyla, sultanın cansız bedenini pencereden söktükleri perdenin içinde karakola taşırken, cariyeler de yarı baygın Valide'yi kollarından sürükleyerek odasına götürüyorlardı.

Hemen müdahale ederek, Pertevniyal Valide'nin kendi odasına değil bir başka odaya yerleştirilmesini temin ettim ve ayrıca kalacağı odanın kapısına da iki muhafız dikilmesi emrini verdim. Pertevniyal Valide'nin kendi odası ise ikinci bir emre kadar kilit altına alınacaktı. İçeriye, torunları dahil kimse sokulmayacaktı!

Abdülaziz'in şuursuz harcamaları ve borçlarının vebalini bir sonraki padişah ödeyeceğine göre yeni Valide Sultan Şevkefza, Sultan Aziz ve validesinin para, tahvil ve mücevhere dair neleri varsa hepsine el konmasını emretmişti.

Şevkefza Valide'nin bana vermiş olduğu çeşitli emirleri yerine getirmek üzere bazı tedbirler almam gerekiyordu. Aklım ise karakoldaydı. Bu minval tatsız işleri itimat edebileceğim birine havale etmeli ve hemen karakola dönmeliydim.

Mabeyinci Fahri, karakoldaki işini bitirmiş geri dönüyordu.

Üç gün öncesinde Feriye Sarayı'nın bütün mabeyincileri, hazinedarları, muhafızları, kalfaları, harem ağaları ve hatta cariyeleri, Serasker Avni ve Şevkefza Valide Sultan

197

tarafından itina ile seçilmiş olduklarından Fahri'ye rahatça güvenebilirdim.

Fahri, talimatlarımı dikkatle dinledi.

"Bu sabah şahit olduğum zaafa bir kere daha kapıldığını zinhar görmeyeceğim," dedim. "İktidarlar, sultanlar, paşalar değişir. Kim idarenin başındaysa onun emri demiri keser. Tamam mı?"

"Evet, Paşam" dedi.

"Ve her emrin bir sebebi vardır. Bir önceki sultanın ve hareminin borçlarının ödenmesi için onlardan kalan mal, mülk ve cevahirin yeni sultana geçmesi gerekiyor. Acımak yok! Zaaf göstermek yok! Göreyim sizi Fahri Bey, bu sarayda Abdülaziz Han ailesinden ve hareminden herkesin üstü başı dahil olmak üzere, dolapları, çekmeceleri, eşyaları aranacak, değerli kumaşlar da dahil kayda geçecek. Bu, yeni valide sultanımızın emridir!"

Onu asker selamıyla selamlayıp çıktım.

Her şey yeni sultana geçiyor madem, Sultan Aziz'in atlarının sizin ahırda işi ne diye sormadı elbette... O değerli atlara el koyduğumu Fatma Sultan dahi bilmiyordu ki, o nereden bilsin!

Yaptıklarım benim de hoşuma gitmiyordu lakin, padişahlara damat olmanın ne manaya geldiğini ben yıllar önce öğrenmiştim.

Valide sultanlardan hiçbir farkımız yoktu, biz damatların!

Damatlık sıfatını kaybettik mi, sıfırlanıyorduk!

Tevekkeli değil, valide sultanların dünyalıklarını büyük bir hırsla yapmakta, hanlar hamamlar almakta, altın, mücevher biriktirmekte üstlerine yoktu!

İleride bir gün padişah oğulları hakka erken kavuşur veya tahttan indirilirlerse, ömürlerinin sonuna kadar onları geçindirebilecek dünyalıkları olsun diyeydi herhalde bu servet hırsı!

Madem şimdi senin de arkanda bir valide sultan vardı, yürü ey Damat Nuri, dedim, fırsatını bulmuşken doldur cebini; devran döner herhangi bir sebeple kendini kapı önünde bulursan, senin dünyalığın da hazır olsun!

Feriye Karakolu'na vardığımda, Sultan Abdülaziz'i karakolun kahve ocağının karşısında, erlerin oturduğu eski püskü mindere yatırılmış buldum. Sultan'ı üzerinde taşıdıkları perdeden alarak mindere yatırmış, bu sefer de üstüne karakol penceresinden söktükleri perdeyi örtmüşlerdi.

Sonradan öğrendim ki, perdeyi bir hamlede elleriyle kopartarak sabık padişahın hiçbir yeri gözükmeyecek şekilde üstüne örten, Serasker Avni Paşa'ymış.

Ben içeri girdiğimde cesedin baş ucunda, ölüm meleği gibi hiç kımıldamadan dimdik duruyordu Paşa.

Ürperdim!

Bana, sesinde en ufak bir heyecan veya his olmaksızın, "Sultan Aziz vefat etti. Makasla kol damarlarını kesmiş. Birazdan doktorlar gelecek, rapor yazdıracağız," dedi. "Padişahımız Efendimiz nereyi irade buyurdularsa, hemen oraya defnedilecek. Allah Murat Efendimize uzun ömürler ihsan etsin."

"Allah mekânını cennet etsin," dedim, onun soğukkanlılığına şaşarak ve kendi sesimin titremesine mani olmaya çalışarak.

Rabbim affetsin beni, meğer o sırada Sultan Aziz'in canı hâlâ tende imiş!

Eğer Feriye'de tedbir alacağıma bir hekime başvuraydım... acaba?

Her neyse, olan olmuştu! Atmalıydım böyle düşünceleri kafamdan!

Bizim için en hayırlısı, tahtta ilelebet Murat Han'ın oturmasıydı!

Benden biraz sonra, karakola sırasıyla Sadrazam Rüştü Paşa, Mithat Paşa ve Müşir Namık Paşa geldiler. Onları, haberi alan diğer nazırlar takip etti.

Bilahare çağrılan doktorlar da arz-ı endam etmeye başladılar.

İlk gelen hekim, Avni Paşa'nın komşusu ve yakın dostu olduğunu bildiğimiz, Tıbbıye-i Şahane'nin kumandanı ünlü Marko Paşa'ydı. O sırada evinde misafir ettiği bir başka hekimle birlikte gelmişti.

Avni Paşa, Sultan Aziz'in bu sabah sakallarını düzeltmek için bir makas istettiğini ve sonra o makasla bileklerini kesmiş olduğun anlatarak, Marko Paşa'dan bir intihar raporu tanzim edip imzalamasını istedi.

Marko Paşa, Sultan'ın örtünün altından sarkan kollarını inceledikten sonra, sadece bileklerine bakarak rapor hazırlanmasını mahsurlu buldu.

"Bileklerde yaralanma var lakin bu bir intihar delili değildir," deyince, Avni Paşa son derece sinirlendi.

"Tereddüde mahal yoktur," diye başlayıp, uzun uzadıya konuştu ve adeta zorla, Marko Paşa'ya raporu yazdırıp altına imza attırdı.

İkinci imzayı da, Marko Paşa'yla birlikte gelen hekim attı.

Bir sonra gelen hekim, Miralay Doktor Ömer Bey'di.

Ömer Bey raporu okudu ve Sultan'ın sadece kollarını değil, bütün bedenini incelemek istedi.

"Edepsizlik ediyorsun, derhal imzala!" diye emir buyuran seraskerine, Ömer Bey belli ki her şeyi göze alarak, hiçbir baskı karşısında böyle bir raporu imzalamayacağını söyledi. İşte o zaman Avni Paşa, Ömer Bey'e yaklaşarak her iki kolunun ucundaki miralay rütbesinin sırmalarını eliyle söktü, Ömer Bey'i kovdu.

Ömer Bey çıkarken içeriye saray doktoru Karatodori Paşa giriyordu.

Sonradan gelen doktorların çoğu, ağız birliği etmişçesine illa sultanı muayene etmek istiyorlar, kimi ise kendine anlatılanı kâfi bulup ikna oluyor, raporu imzalıyordu. Rapor ifade farklılıklarıyla, defalarca kaleme alındı. Belli ki, imzalayanlar ileride çıkabilecek arazlara karşı kendilerini emniyete almak istiyorlardı.

Zaman geçiyor, ölüm raporu bir türlü hazırlanamıyordu.

Hazırlananlarda ise ya imza eksikliği oluyordu ya da Avni Paşa hazırlanan rapordan memnun kalmıyor, muğlak ifadelere itiraz ederek illa kesin intihar teşhisi konsun istiyordu.

Odada bulunan doktorlar kati teşhisin konması için daha ihtimamlı bir muayenede ısrarcı olduklarından, rapor defalarca yeniden yazıldı.

En sonunda Avni Paşa, bulunduğumuz salonunun kapısının önüne yürüdü, orada durdu ve ucunu yere dayadığı kılıcına dayanarak gür sesiyle adeta emir buyurdu.

"Bu cenaze Ahmet Ağa, Mehmet Ağa değildir! Bir padişahtır! Her tarafını açıp, size gösteremem!"

Odada önce keskin bir sessizlik hâkim oldu, derken bir uğultu başladı, yükseldi ve son buldu. Nihayet, ilk imza Doktor

Marko Paşa'ya, son imza da Doktor Mehmet'e ait olmak üzere on dokuz imzalı rapor tamamlandı.

Padişah'ın kollarındaki kesikleri bazıları görmüş, bazıları hiç görmemişti ve hiçbiri Padişah'ın kollarının haricinde, başka bir tarafını muayene etmemişlerdi.

Sultan Aziz'in oda kapısının kırılmasından ve intiharın anlaşılmasından yaklaşık bir buçuk saat sonra başlayan tıbbi tetkikat bittiğinde, raporla ilgili anlaşmazlıklar yüzünden öğlen namazı kaçırılmıştı.

Şimdi artık hedef, cenazeyi ikindi namazına yetiştirebilmekti.

Serasker bana Pertevniyal Valide'nin de gelip ifade vermesi gerektiğini söylediğinde, içimden yüzüne tükürmek geldi. Maksadını anlamıştım zira, kadıncağız yarı baygın, perişan haldeyken ona oğluna sabah erken saatlerde sakallarını kesmesi için makas yollattığını söyletecek, bu ifadeyi zapta alacaktı.

Orada daha fazla kalmak istemedim.

"Ben bizzat haber veririm," diyerek çıktım, saraya yürüdüm.

Önce, vazifelendirdiğim Fahri Bey'in bulunduğu Valide Sultan'ın dairesine gittim.

Fahri Bey, odanın her tarafının didik didik arattırmıştı. Dört bir yana dağılan adamları sandıkları, dolapları, çekmeceleri açmışlar, buldukları eşyaları ortaya yığmışlar, yatağın üstünden çektikleri çarşafın içine kayıt tutarak doldurmakla meşguldüler. Belli ki arada bir, ufak tefek bazı şeyleri de ceplerine indiriyorlardı. Bir tanesinin kıç cebinden altın çerçeveli bir gözlüğün ucu çıkmıştı. Bu odada çalışanlar Serasker Avni'nin himayesinde diye bilinenlerdi; başımı belaya sokmayayım diye, görmezliğe geldim, zira Serasker denince akan sular duruyordu! Şu dünyada birine bulaşmayacaksan eğer, o illa Avni Paşa olmalıydı! İşini layıkıyla yapmış olan Fahri Bey'e teşekkür ettim ve Pertevniyal Valide'nin Serasker'in emriyle karakola ifadeye götürülmesi gerektiğini, bu işe nezaret etmesini söyledim.

"Birkaç parça daha kalmıştı zapta geçirmediğim," diye cevap verdi, "bu işimi tamamlasam..."

O da mı diğerleri gibi nemalanmak istiyordu acaba?

"Sonra tamamlarsınız. Valide Sultan'a mukayyet olmak her şeyden daha mühim," dedim, "maazallah, götürenlerin ellerinden kurtulur, denize filan atlar.... Malum, müessif hadiseden dolayı sabahtan beri bir cinnet hali içinde.... Aman, azami dikkatle götürün karakola kadar!"

Fahri Bey itiraz etmedi, yanındakilerle birlikte çıktı.

Odada tek başıma kalmıştım. Şu anda burada benden başka kimse bulunmadığına göre, odanın ortasına yığılmış ve henüz çarşafın içine istiflenmemiş eşyadan bana da birkaç parça hatıra düşebilirdi!

Serasker'in emirleriyle yapmakta olduğum fenalığın, öte dünyada hesabını verip cezasını çekecek isem, bari bu dünyada ben de azıcık hayır göreyim istedim! Aceleyle sedef kakmalı zarf açacağını, mineli gümüş yüksük ve benzeri birkaç parça ufak tefek nesneyi kendime ayırmaya başlamıştım ki, koridorda yeniden çığlıklar yükseldi.

Aralık kalmış kapıdan bir an başımı dışarı uzattım... Fahri Bey ve birkaç zabit, Pertevniyal Valide'yi kollarından sürükleyerek koridorda yürütmeye çalışıyorlardı. Validenin hâlâ üzerinde oğlunun kanıyla boyanmış beyaz entarisi vardı, başı açık, ayakları yalınayaktı. Yaşlı kadın direniyor, şehzade ve sultan torunlarıyla cariyeleri peşinden koşturuyor, önünü kesmeye çalışıyor, "Validemizi nereye götürüyorsunuz!" diye bağrışıyorlardı.

İçimden bir an bu korkunç manzaraya müdahale etmek geldi.

Evladının kanlı cesedini bir saat önce kucaklamış bir yaşlı kadına yapılabilecek bir muamele değildi bu! Hele de birkaç gün öncesine kadar imparatorluğun protokolünde padişahtan sonra gelen ikinci sıradaki kişiye.

Tuttum kendimi... Odaya, işimin başına döndüm.

Hünkârın ölümünden beri tuhaf bir haleti ruhiye içindeydim.

İnsaniyetim ile mal düşkünlüğüm çetin bir mücadeledeydiler... Yaptıklarımı asla beğenmiyor lakin vazgeçemiyordum.

İç sesim, "Sen ölümü düşünecek yaşta değilsin," diyordu, "Önünde günahlarını bağışlatmak için hayli vaktin var!"

Evet, evet, evet diye düşündüm, şu an önüme çıkan fırsatlardan istifade edeyim, sonra yapacağım hayır ve ibadetlerle nasıl olsa bağışlatırım kendimi.

Benimle konuşan iç sesim miydi yoksa şeytan mı, pek emin değildim... İşte tam o esnada, kapımın önünden sürüklenerek geçmekte olan Valide beni tanıdı ve yardım istedi. Duymamış gibi yaptım. Valide geçtikten sonra, onu takip eden zabitlerden birine sakin bir sesle, "Valide Sultan'ı sürüklemeden götüremez misiniz?" diye sordum.

"Gitmek istemiyor," dedi.

"Valide Sultanım, korkulacak bir şey yok, sadece ifadenize başvurulacak dedikse de dinletemedik," dedi bir başka zabit.

"Korkmuyor, sadece giyinmesine müsaade etsinler istiyor," dedi bir başkası, ellerini çaresizlikle iki yana açarak. "Lakin Serasker acele getirin diye emir vermiş!"

Valideyi ite kaka merdivenlere götürürlerken, kendimi tutamayıp müdahale ederim diye, odaya girip kapıyı kapattım ve "Sen, sadece sana verilen emre riayet et!" diye telkin ettim kendime, "Öyle bir zamanda yaşamaktasın ki, gözünün yaşına bakmaz tependeki ceberut, hayatını karartır!"

Bir yandan da içime sindiremiyordum bu kadar korkmayı. Hani emreden padişahım olsa, İslam'ın başıdır, ne yapsa yeridir diyeceğim, sadrazam olsa, devletin başıdır... Lakin o da değil, herif sadece serasker, gel gör ki herkesi sindirmiş, titretiyor. Gölgesi dahi yetiyor korkudan titrememize!

Pertevniyal Valide'nin elmaslarını, yüzüklerini, bilezik ve küpelerini, elbiselerini, şallarını, kumaşlarını, arada sırada bir ikisini şahsıma ayırmaya devam ederek istifledim ve kayda geçirdim.

Mücevher kutularının içinde altına ve paraya hiç rastgelemeyince odada ne kadar dolap, çekmece, sandık hatta kutu varsa, hepsini aradım. Yarım saatten fazla sürmüştü bu aramalar lakin nedense Şevkefza Valide'nin bulmamı tembihlediği altınlardan, para ve tahvilden eser yoktu. Tahminim onları merhum padişahın odasında bulacağımdı.

İhtiyaten bir de pencere pervazlarının altlarına ve üstlerine bakayım diye cama yaklaştım ki... Rıhtımda kıyamet kopmakta... İstiflediğim eşyaların arasında birkaç adet dürbün de vardı, hemen eşyaları didikleyip dürbünü buldum, pencereye koşup baktım. Rıhtımdaki kargaşaya sebep, haremden çıkartılan yüzlerce cariye ve onları zapturapt almaya uğraşan zabitlermiş meğer.

Haremi olduğu gibi hazinedarı, harem ağaları, kalfaları ve cariyeleriyle beraber, yine Topkapı'ya mı götürüyorlardı acaba?

Eğer öyleyse, her birinin gözünü korkutarak bu sabah harem dairesinde olup biteni anlatmalarına mani olacaklardı ki, henüz hiçbirimiz neler olduğunu tam olarak bilmiyorduk.

Benim koku alma hassası yüksek burnuma nahoş kokular geliyordu...

Tanzimat Fermanı ile hürriyet ebediyen geldi zannedenlere ise kötü bir haberim vardı... Hürriyete kavuştuk zannederken, sanırım bir korku devrine başlamak üzereydik.

NAZİF AĞA

Adile Sultan'ın Arabacısı Feriye Sarayı Önü
(4 Haziran 1876, sabah saatleri)

Adile Sultanımızın Feriye Sarayı muhafızlarınca artık iyi bilinen landosunu bu sabah içeri sokamayınca, fevkalade bir vaziyet olduğunu hemen anladım.

"Halil adında bir çocuk var içerde, şehzadelerin arkadaşı, bari haber salın da gelsin," dedimse de hepsi duvar kesilmişti muhafızların. Ne onlardan malumat almak mümkün oldu, ne içeriye haber yolladılar.

İçerden dışarıya, dışardan da içeriye kuş uçmayacak diye emir aldıklarına göre, Halil'i konağa geri götüremeyecek idim.

Geri dönmek için manevra yaparken, saraya arka arkaya Sadrazam ve paşaların arabaları gelmeye başladı. Vezir vüzera arabalarından inip telaşlı adımlarla karakola girdiler. Anlaşılan pek mühim bir vukuat vardı.

Arabamı münasip bir yere çekip sarayın bahçe parmaklılarına yanaştım, içerde olup biteni görmeye, en azından duymaya çalıştım. Uzun bir zaman geçti... Bir malumat edinmek için beklemeye devam ettim.

O sırada etrafı kollamakta olan bir harem ağası, parmaklıkların ardında beni gördü, tanıdı, eliyle git işareti yaptı. Ben de ellerimle ne oldu işareti yaptım. İşaret diliyle anlatmaya çalıştı. Israrla aynı hareketi yapıyordu. Sonunda anladım!

Belli ki biri ölmüş!

Ah keşke yanlış anlamış olsaydım! Korkunun ecele faydası olmadığını bildiğim halde pek korkarım ölümden.

Ölen valide sultan olmasın! En yaşlı oydu aralarında...

Ağa yine bir şey tarif ediyordu... İşaretle anlatmaya çalıştığına inanmak istemedim lakin kapıdaki bütün bu tedbirler ve içeri giren nazırlar...

Aaa! Hekimler! Ellerinde tababet çantaları, sırtlarında uçuşan hekim pelerinleriyle hekimler de geliyordu birer ikişer.

Hekimler geliyorsa belki ölü değil de bir hasta vardır.

Neşerek Kadınefendi... Evet herhalde ona bir şey oldu! Hastalığını biliyorduk hepimiz... Allah gençliğine acısın, çocuklarını öksüz komasın... Aaa, şu cariyelerden biri bana doğru yürüyor sanki... Evet, bana geliyor... Aferin kız! Harem ağasından cesur çıktın... Cariye cesaret etti, parmaklıklara yanaştı.

"Adile Sultan'ın arabası değil mi bu?" diye sordu. Başımı salladım.

"Sultan Aziz vefat etti," dedi ve hemen uzaklaştı.

Oracığa nasıl yıkılıp kalmadım, bilmem!

Belki de yanlış anladım... Olamaz mı? Yok, gayet açık söyledi...

Kapı gibi sultanı kederin zehriyle yok ettiniz!

Dağ gibi sağlam, güçlü kuvvetli pehlivan sultanı genç yaşında kahrından öldürdünüz!

Yoksa niye ölsün durup dururken, bu yaşta!

Allah topunuzun belasını, cezasını versin!

Kırbacımı atların sırtında şaklatarak, dörtnala Adile Sultan'ın Fındıklı'daki konağına geri dönerken, biraderinin vefatını hangi kelimelerle sultanıma nakledeceğini düşünüyor, kahroluyordum.

Nasıl başlasaydım acaba... "Allah siz ismetli Sultanıma uzun ömürler versin," diyerek mi? Yoksa "Hepimizin başı sağ olsun," mu desem? Olmaz! Ben kim oluyorum ki kendimi de katarak hepimiz diyeyim... Tövbe, tövbe... Benim de aklım karıştı.

Konağın avlusuna girmekte iken, Adile Sultan'ı yanında Hamza Efendi ile konaktan çıkarken görünce rahat bir nefes aldım. Sultan, acı haberi Hamza'dan mutlaka almış olmalıydı.

Yanına gidip etekledim. Adile Sultanımın yüzü bembeyazdı. Koyu renk bir elbise giymiş, hiç mücevher takmamıştı, ne gerdanına, ne yakasına... Biliyor!

Ben Sultan Aziz'e dair sorgu sual edileceğimi beklerken, "Çocuk nerede? Halil niye yanında değil?" diye sordu Adile Sultan.

"İçeriye kuş uçurtmadılar, Sultanım. Çok elim bir haber var, duymuşsunuzdur..."

"Evet duydum. Allah Sultan Aziz kardeşimin mekânını cennet eylesin, hepimizin başı sağ olsun. Lakin çocuk orada kalamaz, Nafiz Ağa! Onu hemen bulmak lazım."

"Sultanım, şimdi ben... Sultan Aziz Efendimizin naaşı elan Feriye'deki karakoldayken içeriye kimseyi sokmazlar Sultanım. Giremedim zaten! Serasker ve Sadrazam da geldiler Feriye'ye... Karakola girdiler..."

"Karakolda ne işleri varmış?"

"Sultan Aziz Efendimizi karakola nakletmişler."

"Niye hastaneye değil de karakola? Beni hemen saraya götür," buyurdu Adile Sultan ve "Siz de gelin Hamza Efendi, size de ihtiyacım olacak!" diye ilave etti.

Ben arabayı kapıya getirmek üzere dışarı koştum.

Kapının önüne geldiğimde, Sultan baş örtüsünü saçlarının üzerine örtmüş, Hamza ile ayakta beni bekliyordu. Landonun kapısını açıp, Sultan'a ve Hamza'ya içeri girmeleri için yol verdim.

Yerime oturdum, atları kırbaçladım. Yola düzüldük.

"Acele et. Arabayı sürme, uçur!" dedi Adile Sultan.

PERTEVNİYAL VALİDE SULTAN

Feriye Sarayı
(4 Haziran 1876, saat 10:45)

Ben Yüce Allah'ımın mütedeyyin bir kuluyum.

Ve değil mi ki ben her şeyin Allah'tan geldiğine, o istemedikçe bir yaprağın dahi kımıldayamayacağına inanırım, eğer bilmeden bir suç işledim ise o suçta, onun da idraki olmalı diye düşünüyorum haddim olmayarak! Eğer var ise idraki, o halde her şerrin bir de hayrı vardır ve benim şu anda neyle cezalandırıldığımı bilmeden çektiğim azabın, inşallah bir maksada hizmeti, inşallah bir hikmeti vardır.

Dilerim çekmekte olduğum acı, bir başkasına şifa veya saadet olmuştur.

Dilerim Rabbim beni duyar ve her neyse suçum beni bağışlar, bir an önce beni de yanına alır, evladıma kavuşturur.

Bundan böyle tek bir isteğim var, Aziz'ime kavuşmak!

Başka hiçbir şeyde gözüm yok!

Bu yüzden, nasıl ve ne zaman getirildiğimi bilmediğim bu odada, bir sedirin üstünde uyandığımda neden kendi yatağımda yatmakta olmadığımı hiç merak etmedim. Artık nerede ve ne halde olduğumun bir önemi kalmadı!

211

Son hatırladığım, Aziz'imin üzerine kapanmış olduğumdu. Ona kendine gelmesi, gözlerini açması için yalvarıyordum.

Sonra beni evladımın üzerinden çekerek aldılar... Parmağımdan yüzüğümü, kulaklarımdan küpelerimi hoyratça çıkardılar. Yetmedi, ağzımın içine parmağını soktu bir ahlaksız adam; beni boğacak sanmış, bu da bir boğma usulü olmalı diye düşünmüştüm bir an. Meğer ağzımda altın diş arıyormuş. "Vereyim hepinize bütün altınlarımı, varımı yoğumu, neyim kaldıysa buyurun alın, oğlumu bana iade edin," demeye çalıştım ama bayılmışım.

Gözümü açtım ki buradayım.

Üzerimde Aziz'imin kanı bulaşmış gecelik entarim var hâlâ... Çıkartmak istemiyorum üzerimden ki, ondan ayrılmamışım gibi hissedeyim... Bu sedirde onun kanıyla hercümerç, sonsuza kadar yatayım ve hesaplaşayım kendimle... Benim kabahatim var mı başımıza gelenlerde, eğer ben bir suçun cezasını ödüyorsam, oğluma niye kıydılar sualine cevap arayayım.

Pek dedikodusunu yaparlardı mücevher sevmemin. Doğrudur, hem kendim takardım hem hediye ederdim etrafıma. Mısırlı sultanlar geldiğinde hanımlara çok değerli mücevherler, paşalara ise çok değerli atlar hediye etmemin sebebi, Osmanlı'nın bağrından koparak ve ona ihanet ederek kendini var etmiş, şunun şurasında birkaç senelik Mısır hanedanı mensuplarına, Osmanlı'nın beş yüz senedir sürmekte olan haşmetini hatırlatmaktı.

Fena mı etmiştim? Bunca hayır işimin yanında tek suçum bu muymuş?

Aynı cömertliği bin misliyle yaparım, yeter ki yavrumu bir kere... Aaa! Odama destursuz dalan bu zabit de kim?

Yattığım yerden doğrulmaya çalıştım.

"Serasker Paşa'nın emri var, ifade vermeniz için sizi karakola götüreceğim," diyor bana. Allah o Serasker Paşa'nın belasını versin, dedim içimden.

"Bu kıyafette hiçbir yere gidemem. Önce odama gidip üzerime bir şeyler..."

Lafımı kesti terbiyesiz adam.

"Vakit yok efendim, Serasker Paşa acele getirin emri vermiş," dedi.

"Ben böyle başı açık, yalınayak gidemem. Odam şuracıkta..."

İçeriye saray memuru olduğu kordonlarından belli bir başka zat girdi o esnada.

"Sultanım, sanırım vakit çok dar, merhum hünkârımızın vefat raporunu tamamlamak ve cenazesini öğlen namazına yetiştirmek için acele ediyorlar," demez mi!

Ayağa kalkmıştım, gözlerim karardı, gerisin geriye yatağa düştüm. Aziz'im kan revan içindeydi lakin kurtulabileceğine dair bir umut vardı içimde. Yüzüme bakmış, konuşmuştu benimle... Gitmiş evladım... Dizlerimi dövmeye başladım.

Doğduğu andan itibaren binlerce hali geliyor gözlerimin önüne... Aziz'im kundağında, Aziz'im ilk adımlarını atarken... ve bir başka hatıra, Aziz'im küçücük bir çocuktu, Tiryal Hanım'ın kucağında, kocaman, uzun kirpikli gözleriyle bana bakıyordu, ikimizi birden anne belleyecek halbuki validesi benim, diye geçirmiştim içimden. Sonra da çok utanmıştım öyle hissettiğim, oğlumu çocuğu olmayan ortağımdan kıskandığım için. O bir anlık kıskançlığımı mı ödetiyorsun yoksa bana Rabbim? Hemen ödemeye razıyım, yeter ki beni de yanına al...

Aaa, ne yapıyor bu adamlar. Kollarıma girmişler sürüklüyorlar beni koridorda... Saçım başım açık, feracemi almama, başıma bir tülbent olsun örtmeme izin vermediler ki... Ayaklarım çıplak... Resmen sürüklüyorlar beni çünkü ayağa kalkacak gücüm yok... Odamın önünden geçiyorum... Kapısı yarı açık... Odanın orta yerinde kocaman bir bohça... Aaa! Nuri Paşa değil mi bohçanın başındaki, bizim Damat Nuri Paşa!

"Nuri Paşa... oğlum... evladım... baksanıza..."

Duymadı. Belki de duymak istemedi. İyi oldu, beni bu halde görmesin!

Geldik karakola. Meydan insan kaynıyor. Bir küçük odaya soktular beni. Serasker'i uzaktan gördüm. Gözlerimi yumdum hemen. Sual soruyorlar... Makas istemiş hünkâr, doğru mu? Doğru! Neden? Sakallarını düzeltecekmiş. Bir buhran içinde miydi? Olmaz olur mu, kaç günden beri hiç hak etmediği eziyetlere, hakaretlere katlanıyordu! Başka sualler...

Sustum!

Cevaplamayacağım. Bana söyletmek istediklerini söylemeyeceğim.

İsrar etmediler.

Bir yazı koydular önüme. "Bu ne?" diye sordum. Demin konuştuklarımızın zaptı imiş. "İmzalayın," dediler. Tam imzamı atacağım, bir başka zabit, bir kere okumamı söyledi. "Yok lüzum," dedim, evladım gitmiş... Bana dar gelir bu dünya... Neyi yazsam veya okusam, Aziz'imin dönüşü yok. Yok! YOK! YOOOK! Aziz'im gitmiş! İmzaladım. Bitti işim.

214

Zannettim ki, saraya geri dönüyorum... Halbuki beni rıhtıma doğru sürüklüyor bunlar! Kayıklar vardı rıhtıma yanaşmış... Bir de çatana!

"Nereye götürüyorsunuz beni?" diye sordum.

"Topkapı Sarayı'na," dediler.

"Giyineyim, birkaç parça çamaşır, baş örtümü, feracemi... Böyle olmaz ki!"

"Emir böyle!"

"Kimin emriymiş bu? Benim bildiğim Murat Han Hazretleri katiyen böyle emir vermez!"

Cevaba dahi tenezzül etmediler. Yürüyordum aralarında, baktım bir ara kollarımı bırakmışlar... Fırladım arka bahçeye doğru koştum. Yakaladılar. Sabahtan beri yarı baygın bana bir deli kuvveti geldi, silkindim, kurtuldum ellerinden. Deli gibi yine arka bahçeye doğru koşmaya başladım. Bir yandan da avazım çıktığı kadar bağırıyordum. Binadan insanlar dışarıya fırladılar... Hepsi peşime takıldı... Beni yakalamaya çalışan zabitlerin yolunu kesiyor, mani olmaya çalışıyorlar... Benim haremin halkı bu! Cariyeler, harem ağaları, hazinedarlar, kalfalar... Bazıları ise Serasker'in yerleştirdiği casuslar, lakin onlara dahi fazla gelmiş olmalı bu şekilde öldürülmem! Onlar dahi yardım etmeye çalışıyorlardı bana.

Ah, yakaladılar beni!

Sakin sakin yürüdüm aralarında... Sonra aniden kurtuldum yine ellerinden, bir sağa bir sola koşmaya başladım. Ne tarafa gideceğimi bilemediklerinden, onlar da sağa sola saçıldılar, ben doğru arka bahçeye koştum yine... Yakalandım, yine kurtuldum... Harem halkı yine yollarını kesti, yine kaçtım, yine kaçtım... Çığlıklar attım... Bu mücadele dakikalarca mı yoksa

215

saatlerce mi sürdü, bilemem... Sonunda helak olup devrildim çimenlerin üstüne.

"Öldüreceğiz kadını, vebali üstümüze kalacak," dediğini duydum bir askerin.

Ben yerde yatıyordum. Ağırlaşmıştım. Kaldıramıyorlardı beni. Aralarında konuştular. Sonra benimle konuştular... Topkapı'ya kara yoluyla götürürsek rıza gösterir miyim diye sordular.

Evet, dedim.

Bıraktılar biraz kendime geleyim diye, yığıldığım yerde.

Daha sonra ibriktar kalfamı gördüm baş ucumda. Gözlerinden ip gibi yaş iniyordu.

"Efendimiz, helak oldunuz. Korkmayın, ben de sizinle geliyorum. Bizi kara yolundan araba ile yollayacaklar Topkapı'ya. Siz dinlenin, nefesinizi toplayınca gideriz," diyordu bana.

"Bana bir baş örtüsü bul, Didar Kalfa," dedim, "bir de terlik getir. Topkapı'da yerler taştır... Bir de *Kur'an*'ımı isterim mutlaka!"

Gitti lakin eli boş döndü.

Daireme girmesine izin vermemişler.

Daha sonra, Didar Kalfa bir kolumda, bir zabit diğer kolumda olduğu halde zar zor yürüdüm aralarında, arka bahçe kapısında beni bekleyen atlı arabaya. Cariyeler korkularından bir baş örtüsü olsun uzatamadılar bana.

Arabaya bindik.

Didar Kalfa karşıma oturmuş, yara bere içindeki ayaklarımı ovuyordu. Canımın acısını hissetmiyordum. Hiçbir şey hissetmiyordum Topkapı'ya doğru giderken, hiçbir şey umurumda da değildi! Ha saraydaymışım ha zindanda, odama güneş

216

sızamıyormuş, pencerelerle kapıları çivilemişler, aç kalmışım, susuz kalmışım, başım açıkmış, ayağım çıplakmış... Bana vız geliyordu her şey!

Bundan böyle benim için hayat, evladıma kavuşana kadar, *Kur'an* okuyarak nefes alıp vermekten ibaret olacaktı.

Ben, öte dünyada olması lazımken, yerini şaşırdığı için bu dünyada kalakalmış bir ölüydüm artık!

ARABACI NAFİZ AĞA

Feriye Sarayı
(4 Haziran Pazar günü, saat 11:00)

Atlarımın sırtını hayatımda ilk defa acımasızca kırbaçladığım için, Feriye Sarayı'na çabuk vasıl olduk.

Sarayın kapısında göreceğimiz muameleden endişeliydim lakin arabamızın önünü kesen muhafızın süngüsünü, Adile Sultan'ın küllü haşmetiyle arabadan inip elinin tersiyle iteceğini hiç beklemiyordum!

Ben de muhafız kadar şaşırdım.

Eyvah, dedim içimden, bakalım başımıza neler gelecek!

"Sen şöyle beri bas, asker!" dedi Adile Sultan, "Ben içeri gireceğim."

"Emir büyük yerden Sultanım. İçeri girmek yasak!"

"Hamza Efendi, inin arabadan," buyurdu Adile Sultan.

Hamza indi. Ben de kendi yerimden inip, atların yanında dikildim.

Adile Sultan muhafıza konuştu: "Şimdi oğlum, sen gençsin, başın derde girmesin diye sana müsamaha gösteriyorum, adını sormayacağım. Serasker Avni Paşa nerede?"

"Karakoldalar. Sadrazam da oradalar."

"Hamza Efendi, siz karakola gidin. Seraskere ve Sadrazama deyin ki, Adile Sultan kapıda. Saraya girecek, dün şehzadeler ve sultanlarla oynasın diye yanında getirdiği, geceyi burada geçirmiş on yaşında bir çocuk var içeride, hazinedarının yeğeni, onu alıp çıkacak. Eğer bir mesele çıksın istemiyorlar ise irade göstersinler, girelim. Aksi takdirde her ikisi de nelerin olabileceğine vâkıftırlar. Bugün yeteri kadar acı yaşandı, başka mesele çıksın istemiyormuş, deyin."

"Sultanım... Sultan Efendimiz, Sadrazam ve Serasker hazretlerine ben nasıl..."

"Dediğimi yapın Hamza Efendi! Lafı eveleyip gevelemeden, ben nasıl dedimse aynı kelimelerle nakledin!"

Hamza Efendi ayakları geri giderek karakola yürüdü.

Adile Sultan sert adımlarla arabanın etrafında gidip gelerek ben, ise elim ayağım korkudan kesilerek bekledik. Az sonra Hamza yanında bir yaverle döndü. Yaver, Adile Sultan'ı başıyla selamladı ve kapıdaki nöbetçilere Sultan'ı içeri sokması için talimat verdi.

"Biz üç kişiyiz," dedi Sultan.

"İsmetli Sultanım, sadece sizin için müsaade çıktı... O da..."

Adile Sultan, "Arabacım benimle gelmek zorunda zira içerde hastamız var, Neşerek Hanım'a ilaç ve yemek getirdik, onları taşıyacak. Hamza Efendi de içeri girecek, Sultan Murat Han'dan Valide Sultan'a ve kadınefendilere taziye beyanı getirdi! Yaver, sen şimdi git; Sadrazam'la Serasker'e, Adile Sultan böyle buyurdu, dersin!" dedi.

Yaver itiraz edecek oldu lakin Adile Sultan'ın sesi öylesine gür ve buyurgan, edası da öylesine azametli idi ki, lafını yarıda kesip sustu. Adile Sultan vakit kaybetmeden bahçeye geçti ve yine sert adımlarla yürümeye başladı. Hamza da çaresiz peşinden yürüdü. Ben yemeklerin bulunduğu sefer tasını indirdim arabadan.

"Tetkik etmek ister misiniz?" diye sordum, ne yapacağını bilemeden duran yavere.

Yaver, "Estağfurullah... Yemek varmış madem, buyurun," dedi.

Herhalde Adile Sultan'ın bir başka isteği ile Serasker'in karşısına çıkmayı göze alamamıştı. Ben elimde yemek sepeti, Sultan'la Hamza'nın peşinden koştururken düşündüm de, bugüne kadar acaba bir kişi olsun hayır deme cesaretini gösterebilmiş miydi Adile Sultan'a? Sanki sesinde ve bakışlarında, insanları ona itaat etmelerine mecbur kılan tuhaf bir tılsım vardı.

İçeri girdik.

Binanın içi ana baba günüydü. Ağlayan, bağıran, ayılan bayılan, saçını başını yolan her yaşta kadınlar, kadınefendiler ve ikballer, cariyeler, kalfalar...

Adile Sultan'ı görünce koşup ayaklarına kapandılar, eteğini, ellerini öpmeye meylettiler, bir ağızdan ağlayarak konuşuyor, müessif hadiseyi nakle çalışıyorlardı fakat söylediklerinden hiçbir şey anlaşılmıyordu. Adile Sultan hepsini bir el hareketiyle susturdu.

Kendisi çok sakindi.

"Biraderimin naaşı nerede?" diye sordu. Bir ağızdan "Karakolda," dediler.

"Valide Sultan neredeler? Dairelerindeler mi?"

"Hayır, onu da az evvel karakola götürdüler," dedi kalfalardan biri, "Hiç acımaları yok zira yarı baygındı validemiz, kendine tam gelemeden, karakoldan haber geldi, Serasker Avni Paşa ifadeye çağırmış... Sonra..."

Diğerleri fark etmemiş olabilirler lakin ben artık yılların verdiği tecrübeyle, Adile Sultan'ımın dudaklarının kıpırtısından, Serasker'e sessizce bela okuduğunu anladım. Kalfanın lafını bitirtmedi, Sultan "Dün Halil gelmişti şehzadelerle oynamaya. Çocuğu bugün gören var mı aranızda?" diye sordu bu sefer.

"Sabahtan beri çocuk görecek halde değiliz ki Efendimiz," dedi başkalfa.

"Aranızda hiç kimse mi görmedi bu çocuğu?" diye ısrar etti Adile Sultan.

Kimseden ses çıkmadı.

"Gidin bakın şehzadelerin yanında mı? Nazime Sultan'ın yanında da olabilir. Hemen gelsin!"

Bir başka kalfa ürkerek yaklaştı, Sultan'ı etekledi ve zor duyulur bir sesle, "İsmetli Sultanım, validemizin hali pek perişandı... Onu iteleye kakalaya çatanaya bindirmeye çalıştılar..." dedi.

"Ne çatanası? Valide Sultan karakolda değiller mi?"

"Önce karakola aldılardı, sual ettiler zahir, sonra rıhtıma getirip bir çatanaya bindirmek istediler. Çok direndi, çatanaya binmek istemedi, yanına İbriktar Kalfası'nı katıp sanırım yine Topkapı Sarayı'na gönderdiler... Üzerinde gecelik entarisiyle..."

Kalfa ağlamaya başladı.

"Ölmüşle olmuşa çare yok, kalfa! Biz önce en önemli işimizi halledelim, sonra sıra Valide Sultanımıza gelecek. Ben nereye götürüldüğü ile meşgul olacağım, lakin şimdi bana hemen Nazime Sultan'ı yollayın," buyurdu.

Az bekledik.

Giden cariye yanında Nazime Sultan'la döndü. Nazime Sultan hıçkırarak halasına koştu. Birbirlerine sarıldılar, sonra Adile Sultan ağlayan çocuğun koluna girip onu koridorun öteki ucuna doğru yürüttü. Bir süre hıçkıran Nazime nihayet sustu. Bu sefer de uzun uzun ve fısıldaşarak konuştular. Gözlerimi onlardan ayırmayan ben, bir ara nedense, Adile Sultan'ın telaşlandığını hissettim. Sultan'ın elleriyle başını tutmuş endişeli hali sadece birkaç saniye sürdü. Sonra hemen toparlandı ve yanımıza gelip talimatlarını sıraladı.

Hepimiz karşısında divan durup bekledik.

Ben harem dairesine giremeyeceğim için, Adile Sultan elimdeki sefer tasını yanımızdaki cariyelerden birine verip, Neşerek Hanım'a yolladı.

Nazime Sultan'a da, on yaşında bir çocuk hastanın başında artık ne işe yarayacaksa, bugün akşama kadar Neşerek Valide'sinin başından ayrılmamasını tembih etti. Göz göze geldik. Ben hemen bakışlarımı yere indirdim lakin, o benim gözlerimdeki suali çoktan görmüştü. Azar işiteceğimi zannettim ama beni adam yerine koyarak izahat verdi; "Çocuk perişan, ona bir mesuliyet verilmeli ki, acısını unutup dikkatini işine tekzip etsin," dedi bana, alçak sesle.

Nazime Sultan elbette halasıyla kalmak istiyordu; lakin Adile Sultan'a zinhar karşı gelinemeyeceği için, geldiği cariye ile birlikte, isteksizce gitti.

Çocuk uzaklaşınca, Adile Sultan bizimle kalan kalfaya hemen içeri gidip, haremden iki adet büyükçe boy tesettür çarşafı getirmesini söyledi.

Kadın şaşırdı.

"Acele edin kalfa. İzahatı sonra yaparım," dedi Sultan.

"Haydi, çabuk olun, tez istediklerimi getirin!"

Kalfa uzaklaşınca, Hamza Efendi ile bana döndü.

"Halil binanın içinde kaybolmuş. Nazime ve şehzadeler aramışlar, bulamayınca evine gitti zannetmişler. Halbuki çocuk elan burada! Siz birazdan kalfanın getireceği çarşaflara bürünerek benimle birlikte hareme geleceksiniz. Ben onun nerde olduğunu tahmin ediyorum," dedi Sultan, "onu birlikte bulacağız."

Kalfa elinde çarşaflarla koridorun ucunda gözükünce, sustuk.

Az sonra Hamza Efendi ile çarşaflara bürünmüş olarak, kadın kıyafetinde Adile Sultan'ın peşinden harem kısmına geçerken, "Ne olursa olsun, siz sakın konuşmayın," diye tembihledi Sultan.

Şu saraydan sağ salim çıktığımızı görsem, bir ömür konuşmamaya razıydım ben!

Adile Sultan ilk önce Abdülaziz Han biraderinin odasına girmek istedi, lakin odanın önünde silahlı iki muhafız bekliyordu.

"Bu odaya kimse giremez, ne yapacaksınız içerde?" diye sordu, içlerinden biri.

"Senin beni sual etmeye haddin yok, asker!" dedi Adile Sultan.

"Madem ki cennetmekân Sultan'ın dairesine giremiyoruz, biz de yan odaya gireriz. Biraderimin yaptırdığı sarayda dolaşmamı bana kim yasaklayabilir ki, hele de tahtta yeğenim otururken! Çekil bakayım önümden!"

Asker tereddüt etti fakat Adile Sultan'ın azametinden ürkmüş olmalı, "Yan odaya girmek yasak değil," diye mırıldandı.

Sultan, kapının tokmağını çevirdi, içeriye girdi ve kapı önünde hâlâ bekleşip duran bize, asabi bir sesle "Ne bekliyorsunuz hatunlar, girsenize!" buyurdu.

Girdik. Odada kimse yoktu. Sultan kapının üzerinde duran anahtarı çevirip kilitledi ve odadaki büyük dolaba yürüyüp, kapısını açmak istedi. Açamadı.

Biz de denedik, kilitliydi dolap.

"Kırın!" dedi Sultan.

Hamza Efendi yüklendi kapıya, birkaç kere zorladı, sonra ikimiz birlikte yüklendik, kapı açıldı ve Halil, yarı baygın vaziyette ayaklarımızın dibine düştü. Elinde, göğsüne bastırdığı bir zarf tutuyordu. Sultan zarfı aldı, kuşağına soktu.

Ben odaya temiz hava girsin diye pencereye koştum. Pencereler kilide vurulmuştu, açamadım.

"Çarşafını çıkar üstünden, eline sar ve kır camı," buyurdu, Adile Sultan.

Yaptım dediğini. Cam kırılınca içeriye hava doldu. Çocuğu Hamza ile kırılan camın önüne taşıdık. Sultan, inleyen çocuğun yüzüne küçük fiskeler atıyor, "Halil... Oğlum Halil, uyan yavrum, Halil," diyerek sürekli adını çağırıyordu.

Halil gözlerini açtığında, başı Adile Sultan'ın dizlerindeydi, sayıklıyor, manasız bir şeyler söylüyordu.

"Kapıdan girdiler... kocaman adamlar... koskocamandılar... itiştiler, sonra onu sırt üstü devirdiler... biri bacaklarına oturdu... öteki arkadan kollarını tuttu... beyaz çakı... kan... kan.... kan... kan... nefes alamıyorum... hava... hava... annee... annee... her yerde kan var, anne!"

Çocuk, Adile Sultan'ın kucağında çırpındı.

224

Adile Sultan pencerenin önündeki sedire oturdu, Halil'i kucağına yatırdı, bebek uyutur gibi kollarında sallamaya başladı ve bize "Biriniz gitsin su getirsin," buyurdu.

Kımıldamadık. Şaşkınlıktan donmuştuk ikimiz de.

"Hamza Efendi siz bu binanın içini bilirsiniz, siz gidin. Bol su getirin. Bardakla değil, ibrikle, sürahiyle... Peşinize kimseyi takmadan, tek başınıza dönün!.. Haydi, ne bekliyorsunuz!"

Çarşafı yere düşmüş Hamza Efendi, çarşafı yeniden kuşandı ve lahavle çekip, çıktı.

Sultan, yazı masanın üzerinde duran defterlerden birini istedi benden. Hemen verdim, alıp yelpaze gibi sallamaya başladı çocuğun yüzüne, bir taraftan da alçak ve tatlı bir sesle, hatta bugüne kadar ondan hiç duymadığım tatlı, yumuşak, müşfik bir sesle konuşuyordu: "Halil, sen bir rüya gördün. Gördüğün her şey bir rüya, oğlum, hakikat değil. Bazen böyle kâbus görür çocuklar. Akşam çok yemek yedin herhalde, rüya gördün. Şimdi uyandın artık. Unut o kötü rüyayı, unut yavrum."

"O üç adam... çakı vardı... yere yat... bacağına... baca... oturdu... sonra... sonra... ben gördüm... kan... kan... kan..."

"Hepsi rüya idi, Halil. Rüya bitti! Uyandın! Unut o kötü rüyayı, unut."

Çocuk bir hayaleti kovar gibi, elleri kollarıyla git işaretleri yapıp duruyor, ara sıra da "Rüya değil, hakikat!" diye bağırıyordu.

"Sen dolaba girdin Halil... Sırrımız var ya, hani üçümüzün arasında, hatırladın mı? Nazime pederine mektup götürecekti... Ne oldu sonra?"

"Ben onu dolaba kadar getidim. Sonra, Nazime Sultan korktu, dolaba girmek istemedi, mektubu bana verip odasına döndü. Ben sabah çok erken gelip... dolaba.... ah... işte o zaman... ah... ah... kan... kan..."

"İşte sen ne zaman ki dolaba girdin Halil, havasızlıktan uyuyakalmış, kâbus görmüşsün."

"Uyumadım... gürültüler oldu... Ben anahtar deliğinden baktım... adamlar vardı..."

"O gördüklerin rüya, işte! Havasız ve karanlık yerde öyle olur, uyuyuverir ve kâbus görür insan. Şimdi uyandın artık! Evine götürmeye geldim seni. Rüyayı unut!"

"Gördüm ben... pencereden kaç..." Çocuğun lafını ağzına tıktı Adile Sultan, "Halil! Sana ne söyledim ben! Rüya gördün dedim! Benden iyi mi bileceksin? Haydi bakayım, bir daha duymayacağım bu saçma sapan rüyayı anlattığını. Kötü rüyaları tekrarlamak uğursuzluk getirir. Teyzene de babana da sakın anlatma! Uğursuzluk getirme üstlerine!"

Hamza Efendi elinde bir sürahi suyla geri geldi. Suyun birazını önce çocuğa içirdik. Sonra yüzüne gözüne çarptık, alnını, saçlarını, şakaklarını ve kollarını ıslattık. İyice kendine gelince, yine konuşmak istedi.

Adile Sultan "Yorgunsun yavrum, sen biraz dinlen artık," dedi, ve sonra Hamza'ya döndü, "Kâbus görmüş çocuk... Bilirsiniz, havasız yerde kalınca, öyle olur. Akşam şehzadelerle saklambaç oynarlarken dolaba saklanıp, orada uyuyakalmış," diye izahat verdi.

Hamza Efendi inandı mı bilemem fakat ben sultanın göğsüne sakladığı mektubu gördüğüm için, anlattıklarının eksik olduğunun farkındaydım.

Adile Sultan dizlerinde Halil'in başı olduğu halde uzunca bir süre oturdu, ona alçak sesle ve ısrarla gördüğünün sadece kötü bir rüya olduğunu tekrarlayıp durdu.

Halil biraz sakinleşince Adile Sultan yine bana ve Hamza Efendi'ye emirlerini sıraladı.

"Nafiz Ağa, sen Halil'i evine götüreceksin. Hamza Efendi, siz de çocuğu ailesine teslim ederken onlara Halil'in akşam sarayda şehzadelerle saklambaç oynarken dolapta uyuyakalmış olduğunu anlatacaksınız. Ben burada kalıp Valide'nin nereye götürüldüğünü ve diğer kadınefendilerle sultanların ihtiyaçlarını öğreneceğim."

"Baş üstüne," dedim ben.

"Çocuğu teslim ettikten sonra Hamza Efendi'yi istediği yere bırakır, beni almaya buraya gelirsin."

"Emriniz başım üstüne sultanım."

"Hamza Efendi, eğer çocuk halsizse, başını dizlerinize koyup uzansın arabada. Belki eve gidene kadar yine uyur, kendine gelir," diye bir talimat daha verdi, "lakin o kâbusu tekrara kalkışırsa, ona ısrarla söyle ki gördükleri sadece kötü bir rüyadan ibarettir."

Allah Allah, dedim içimden, nedir bu küçük oğlana verilen ehemmiyet?

Hamza'nın gözlerinde de aynı soruyu gördüm, lakin Adile Sultan'ı sorgulamak ne haddimizeydi!

Çarşaflarımıza büründük yine, Halil'i iki elinden tutmuş haremden çıkmaya hazırlanıyorduk, Adile Sultan sesini alçaltarak ikimize de "Çocuğun hayatı sizin iki dudağınızın arasında! Halil bir kâbus gördü! Buna siz de inanın, onu da inandırın!" buyurdu.

Biz anlayacağımızı anlamıştık zaten!

Sadece Halil'in hayatı için değil kendi hayatımızın da emniyeti için, çocuğun gördükleri sadece kötü bir rüyadan ibaretti... Bir kâbustu!

Ve ben artık biliyordum, emindim, saraylar dışardan cenneti andırsalar da aslında cehennemin ta kendisiydiler!

DAMAT NURİ PAŞA

Beşiktaş Sarayı
(4 Haziran Pazar günü, saat 12:40)

Abdülaziz Han'ın ölüm raporunun yazılması hem uzun sürdü hem de çok münakaşaya sebebiyet verdi.

Marko Paşa, "Evet bileklerde bir yaralanma durumu var lakin bunun merhum tarafından yapıldığını gösteren hiçbir işaret yok," deyince, Serasker Avni hırsından delilere döndü. Ayağını yere vurdu, "Odasında yalnızmış, zaten kim böyle bir şeye cesaret edebilir ki!" diye bağırdı.

Karakola daha sonra gelen, Serasker'in emrindeki zabitlerden doktor Ömer de merhumun cesedini illa elle muayene etmek isteyince, kol ağızlarındaki rütbenin bizzat Serasker tarafından sökülüp atılmasına ve Ömer'in karakoldan kovulmasına şahit olan diğer doktorlarda şafak attı!

Sanırım başlarına gelebilecekleri düşünmek dahi istemediler.

Serasker'in başında beklediği merhum padişahın yatırıldığı odaya girdiler, çıktılar, aralarında fısır fısır müzakere ettiler.

Epey bir zaman kaybından ve defalarca yazılıp yırtılan raporlardan sonra nihayet Serasker Avni Paşa'yı tatmin edebilecek bir şekilde, rapor kaleme alındı.

Ben bir sureti elimde olduğu halde, Beşiktaş Sarayı'na döndüm.

Sultan Murat Han Hazretleri yemekte idiler.

Yanına gittim.

Amcasının vefat haberini vererek baş sağlığı dilediğim anda Sultan'ın yüzünden kan çekildi, sapsarı oldu. Akabinde elindeki çatalı şiddetle duvara doğru fırlatarak, "Eyvah! Millet şimdi bunu benden bilecektir," diye bağırdı, art arda öğürdü ve önündeki tabağa istifra etti. Sonra da bayıldı.

Hizmetkârlar koşuştular. Kolonya getirip yüzünü sildiler, masayı temizlediler.

Onu yan odadaki divanlardan birine taşıyıp yatırdık ve hemen saray doktoruna haber yolladık.

Kendine gelince benden olayı teferruatı ile anlatmamı istedi.

Anlattıklarımı dikkatle dinleyen Sultan Murat'ın, amcasının intiharından dolayı büyük ve samimi bir teessür içinde olduğunu görebiliyordum. Namütenahi, "Amcam itikat sahibidir, nasıl intihar eder, aklım almıyor," diye tekrarlıyordu.

Ona çok tesir eden bir başka husus da, ölümün intihar olduğunu yazan raporu Marko Paşa'nın imzalamak istememesi ve ancak Avni Paşa'nın ısrarlı zorlamasıyla imzalamasıydı.

Zira Sultan Murat gayet iyi bilirdi ki, iyiliğin de kötülüğün de mesuliyetini halk illa padişaha yükler. Padişahın haberi olmadan hiçbir şeyin vaki olamayacağını zannederler!

Bana Feriye Karakolu'nda konuşulanları birkaç kere üst üste anlattırınca, anladım ki, halkın Sultan Aziz'i onun öldürttüğü zannetmesi ihtimali amcasının ölümüne duyduğu büyük acıyı dahi bastırıyordu ve hatta o anda tahta geçtiğine dahi bin pişmandı.

Zaten dün, bizzat reislik ettiği hükümet meclisinde fena halde hüsrana uğramış olduğu için, akşam en yakını bildiği kardeşi, zevcem Fatma Sultan'a iç dökmeye gelmişti.

Fatma Sultan'ın bana anlattığına göre, önce Sadrazam Rüştü ile Serasker Avni'nin ve Şeyhülislam Hayrullah'ın iki yüzlülüğünden şikâyet etmiş, akşam yemeğinde biraz da demlenince, iyice dökmüş içini.

"Sadrazam Rüştü ile Serasker Avni'nin, amcamı meşrutiyeti getirmek için tahtan indirmek istediklerine inanmıştım; meğer hiç öyle bir niyetleri yokmuş, bana resmen ihanet ettiler," diye şikâyette bulunmuş. Hatta yıllardır pek takdir ettiği, kendi gibi Meşrutiyetçi Mithat Paşa'dan dahi hiç hoşnut değilmiş. Onun için de, "Yaldızlı konuşmaları sadece sözde kalıyor, ayrıca o kadar kibirli ki, herkesi kendinden nefret ettirdiğine gözlerimle şahit oldum," demiş.

Fatma Sultan, geceleri hiç uyuyamayan, elleri titreyen, uçukları geçmeyen biraderinin haline çok üzülüyor, bir buhran geçirmesinden korkuyordu. Aramızda uzun uzadıya konuşmalarımızın neticesinde, her ikimizde de hasıl olan kanaat şuydu ki, Sultan Murat'ın, amcasının tahttan indirilme vakasına dahli yok, sadece mutabakatı vardı ve o mutabakatın diyetini ödemekte olduğunu zannettiğinden bu kadar bozuktu asabı.

Ölümünde ise hiçbir suçu yoktu!

Şu anda, Hünkâr'ın perişan haline bir nazar atmak dahi kâfiydi bunu anlamaya.

231

Biz vefat haberiyle fenalaşan Sultan'ı sakinleştirmeye çalışırken bir zabit, hükümetin cenaze törenine dair verdiği kararı getirdi.

Alınan karara göre, Sultan Aziz, Feriye'de teçhiz ve tekfin edilip pederi II. Mahmut Han'ın Divanyolu'daki türbesine gömülecekti.

Kararı zat-ı şahanelerine ben okudum.

Sultan Murat meclisin bu kararını öğrenince o kadar müteessir oldu ki, bir buhran daha geçirmesine ramak kaldı.

Osmanlı padişahlarının cenazeleri Topkapı Sarayı'nda hazırlanır ve her nereye gömülecek iseler, kabirlerine illa Topkapı Sarayı'ndan götürülürdü.

Sultan II. Mahmut ve Sultan Abdülmecit gibi başka saraylarda ikamet etmekteyken vefat eden sultanlar dahi, ebedî yolculuğa ilk adımlarını Topkapı Sarayı'ndan atmışlardı. Kadim anane böyleydi!

Sultan Murat, amcasının cenazesinin Feriye'de yıkanıp kefenlenmesine şiddetle itiraz etti ve hemen yaverini göndererek, hükümete bu kararı yasakladığını bildirdi. Abdülaziz Han, her Osmanlı padişahı gibi mutlaka Topkapı Sarayı'nda tekfin edilecekti. Başka türlüsü asla kabul edilemezdi.

Nazırlar Padişah'ın buyruğunu kabul etmek zorunda kaldılar.

Ben bu işin hal'inden sonra Sultan Murat'ı saray doktorları Salih Efendi ve Emin Paşa'ya teslim ederek, saraydan ayrılıp cenaze hazırlıkları için Feriye'ye döndüm.

Sultan Aziz'in cenazesi, karakol odasından çıkarılarak, Feriye'nin rıhtımına yanaşan bir çatanaya kondu. Sarayburnu'nda rıhtıma çıkarıldı.

Topkapı Sarayı'ndan gelen enderun ağaları, o sırada sedye bulunamadığı için Sultan'ın naaşını, karakolda yatırıldığı kanlı minderle birlikte, yakında bir binanın menteşelerinden söktükleri tahta kapının üzerine koyarak Topkapı Sarayı'na taşıdılar. Tahtından indirilmiş de olsa, bir sultan için içler acısı bir manzaraydı bu.

Ben Abdülaziz Han ile hiçbir zaman samimiyet kuramamıştım lakin hürmette de kusur etmemiştim. Son yıllarında yakınında bulunanlar mizacının asabileştiğinden, hazinedarları da masraflarını kısamamasından şikâyet ederlerdi. Her ne olursa olsun, bugün ona ve validesine reva görülen muameleyi her ikisi de hak etmemişlerdi.

Saray imamları sakıt Padişah'a son vazifelerini ifa ettikten ve namazını da kıldıktan sonra, Abdülaziz Han, Divanyolu'ndaki II. Mahmut Han türbesinde, pederinin yanına gömüldü. Cenaze merasimine Sadrazam ve nazırların çoğu katıldı lakin halkın, muhtemelen haberleri olmadığından iştiraki fazla değildi. Şehzadelerinin hiçbiri gelmedi. Sonradan öğrendim ki, iştiraklerine izin verilmemiş.

1861 yılının 25 Haziran'ında, beş çifteli kayıkla Topkapı Sarayı'na getirilen, Hırka-ı Saadet dairesinde duasını ettikten sonra, altın kaplama merasim tahtında cülus töreni yapılan ve saatler süren biat kuyruğu sona erince yedi çifteli, altın yaldızlı saltanat kayığı ile Beşiktaş Sarayı'na götürülen, otuz ikinci Osmanlı padişahı Abdülaziz Han'ın on altı yıl süren saltanatı işte böyle sona ermişti; naaşı menteşelerinden aceleyle sökülen bir tahta kapının üzerinde taşınarak!

Karnıma bir sancı saplandı.

"Şu görmekte olduğun manzaradan ibret al, Nuri Damat," dedim kendime, "Osmanlı'nın şanlı padişahının sonu buysa, saray damadından öte olmayan sana istikbalin ne getireceği belli değil madem, bugünü değerlendir, fırsatlarını iyi kullan!" Cenaze sonrası Beşiktaş Sarayı'na geçtim.

Amcasının elim vefatıyla sarsıldığı zor günün sonunda tamamen tükenen ve zihin karışıklığı yaşayan Sultan Murat'ı validesi ve hekimleri, gözlerden nispeten uzak olan Yıldız Kasrı'na gitmeye iknaya uğraşıyorlardı.

Sultan'ın durumu ise hiç iyi gözükmüyordu. O bu haldeyken, amcasının cenaze töreninin içler acısı teferruatını nakletmeyi uygun görmedim.

Feriye Sarayı'na geri döndüm ve Şevkefza Valide'nin arzusu istikametinde emirler yağdırdığım Fahri Bey'in vazifesini nasıl ifa etmiş olduğunu görmek üzere, harem dairesine geçtim.

Öğrendim ki Sultan Aziz ile validesinin daireleri didik didik edilmekle kalmamış, haremdeki cariyelerin, hazinedarların, kalfaların, harem ağalarının, kısacası kim var kim yoksa herkesin hem odaları hem üstleri başları, şalvarlarına varıncaya kadar aranmış. Haliyle bazı münasebetsiz hadiseler de meydana gelmiş... Kadınlar yakın temaslı aramalardan şikâyetçi olmuşlar, direnmişler. Şikâyetlerini dinleyecek kimse yokmuş. Odalarında ve üzerlerinde mücevher ve paraya dair her ne bulunduysa alınmış. O paralarla mücevherler benim şahsi malımdır diye karşı çıkanların da gözünün yaşına bakılmamış.

Yetmemiş, cariyelerin bazılarına askerler tarafından el konmuş, diğerleri sokağa atılmış.

Valide Sultan dahi bu utanç verici muameleden nasibini almış.

234

Sarayda suç işleyen cariyelerin geçmişte torbaya konarak denize atılmasını hatırlayan Pertevniyal Valide, onu da denize atarlar korkusuyla kendisini Topkapı'ya götürecek olan kayığa zinhar binmemiş. İtiraz etmekte olan Valide'ye bir binbaşı "Sus, behey büyücü!" diye, bir başkası "Milleti batırdınız, bir de gitmek istemiyorsunuz!" diye hakaret etmiş.

Oğlunu o sabahın erken saatlerinde kaybetmemiş olsa, Pertevniyal Valide hepsinin ağzının payını verirdi diye düşündüm, ne var ki evladını henüz kaybetmiş bir ana, hayatının en büyük acısıyla çıra gibi yanarken, ki bu acıyı bir baba olarak defaten yaşamış olduğum için iyi bilirim ben, duyduğu hakaretler bir kulağından girip ötekinden çıkmıştır!

Feriye'de bir haber daha vardı beni bekleyen! Şevkefza Valide Sultan'ın yıllardır içinde biriktirdiği kin ve intikam hissi anlaşılan Pertevniyal Valide ile sınırlı kalmamış, onun en yakın dostu Tiryal Kadınefendi'ye de bulaşmıştı.

Tiryal Hanım, Sultan II. Mahmut'un Pertevniyal'den bir önceki hanımıydı. Hiç çocuğu olmadığı için, Abdülaziz Han doğduğunda, Pertevniyal Valide ile birlikte şehzadeyi kendi evladı gibi büyütmüştü. Mahmut Han'ın vefatından sonra kendi konağında ikamet etmeyi tercih etmişse de Pertevniyal Valide ile aralarından su sızmazdı. Büyük servet sahibi olduğunu bilirdik.

İşte bu Tiryal Hanım'ı, konağına haber yollatarak Feriye'ye çağırmışlar.

Zavallı kadıncağız, Pertevniyal Valide çağırıyor diye nerelerden kalkıp gelmiş ve Feriye'nin kapısı önünde, anında tevkif edilerek Topkapı Sarayı'na yollanmış.

Konağını terk ettiği an, içerde nesi var nesi yoksa, hepsine el koymuşlar, cariyelerini de sokağa atmışlar.

Bu hususu Beşiktaş Sarayı'na dönüp, Şevkefza Valideye sorduğumda, hayretle kaşlarını kaldırdı,

"Benim hiç haberim olmadı," dedi. "Kim ne isteyebilir ki yaşlı başlı Tiryal Kadınefendi'den? Bu emri kim verdi acaba?"

Doğru söylemiyor diye düşündüm lakin şaşkınlığı o kadar samimiydi ki, ya Şevkefza Valide müthiş bir oyuncuydu ya da Tiryal Hanım'ın benim bilmediğim kudretli ve gizli bir düşmanı vardı.

Her kim ise, elbette ilanihaye gizli kalmaz, gün gelir çıkardı ortaya!

Bugün olup bitenler hakkaniyetli işler değildi, lakin adil bir dünyada yaşadığımızı kim iddia edebilirdi ki!

Bu dehşetengiz günün akşam saatlerinde saraydaki dairemize doğru yürürken, yüreğimde ince bir sızı vardı!

Sultan III. Selim'in çabalarıyla başlatılan asrileşmeyi, II. Mahmut Han çok kanlı ve ısrarlı bir mücadele vererek Vaka-ı Hayriye zaferiyle sürdürmüş, oğlu Abdülmecit Han ise Gülhane Hatt-i Hümayunu ile taçlandırmıştı. Yerine gelen kardeşi Abdülaziz ise bu fermanın getirdiği yeniliklere sahip çıkmıştı.

Velhasıl, II. Mahmut Han'ın peş peşe tahta geçen iki oğlu, muasır medeniyete yakışır, adaletli bir idareyi saltanatları süresince devam ettirmişlerdi.

Nasıl sızlamasındı yüreğim... Ben bu ahdin sona ermekte olduğuna şahitlik etmiştim bugün.

Liyakat ve adaleti bir kere daha rüşvete, şahsi hırslara kurban etmiş, hünkâr cinayetlerinin çoktan kapanmış kapısını bugün yeniden aralamıştık!

Ne yazıktır ki, hiçbirimizde şer karşısında dimdik duracak omurga yoktu! İçinde debelenip durduğumuz devran, benim de bir halkasını oluşturduğum paslı bir zincirdi, er veya geç kopmaya mahkûmdu!

Vaziyeti benim gibi görebilenlerin içinde, atiye karşı hep bir korku ve kendimizi emniyete almanın endişesi vardı.

Bizler... Osmanlı'nın valide sultanları, kadınefendileri, şehzadeleri, sultanları, hanım sultanları, damatları, sadrazamları, seraskerleri, nazırları maziden ders alabilmişsek, başımıza gelebilecek belalara karşı her daim tedbirli olmak zorundaydık!

Sanırım işte bu yüzden kurnaz, sinsi ve açgözlüydük hepimiz.

Ve işte bu yüzden derin, huzurlu uykulara bırakamıyorduk gece yastığa koyduğumuz başlarımızı!

Saatler sonraydı, odamın penceresinden rengi gül kurusuna dönüşmüş ufka baktım. Bugün bir sultan daha geçip gitmişti tarihin sayfalarından.

Ben, bir sultanın gidişine, bir diğer sultanın gelişine şahit olmuştum.

Yarın yeni bir güne başlarken sabah namazına durduğumda, Rabbime bundan böyle yaşanacakları bana ve milletimize hayırlara vesile etmesi için yakaracaktım.

Günahkâr bir kulun sesine kulak verir miydi acaba Rabbim?

Sanmıyordum.

İçimde işlerin daha da sarpa saracağına dair bir his vardı...

Bir endişe, bir korku...

Yarının neler getireceği ise meçhuldü.

Ve şu an itibariyle, Abdülaziz Han'dan geriye ilk yarısı halkta hayranlık ve memnuniyet, diğer yarısı sukutuhayal uyandırmış on altı yıllık bir saltanat, Aziziye denen Avrupai-Osmanlı karışımı kıyafetle yassı fes, yine Aziziye denen altın paranın hoş sedası ve Avrupa bankalarına altından kalkılması mümkün olmayan bir borç kalmıştı.

Bir de, bugün şahit olduklarıma istinaden yarı meczup bir yeni sultan!

O yüzden mi acaba kan ağlıyordu gökyüzü?

ŞEVKEFZA VALİDE SULTAN

Beşiktaş Sarayı ve Yıldız Kasrı
(4-15 Haziran 1876)

Murat'ımın gözüne, Abdülaziz'in hal'inden beri uyku gir-
medi. İki gündür biraz düzelir gibi olmuştu morali, lakin Nuri
Paşa'nın getirdiği intihar haberinden sonra adeta çöktü ve
kalan son kuvvetini amcasının cenazesi Topkapı'da kefenlensin
diye harcadı.

O üzüntüden deliye dönerken ben, "Ölen ölmüş, üzül-
menin bir faydası yok harap etme kendini," demek istedim...
Anlatamazdım, dinletemezdim. Sustum.

Neyse ki bu sefer buyurduğu iradeye hürmet gösterdiler,
itiraz etmediler.

Amcası Topkapı'da tekfin edildiği için biraz olsun teselli
buldu.

Ben de sevinmiştim, içi rahat etti, artık kendini toparlar diye.

Ah, ne boşuna ümitlenmişim ben!

Günün içinde, saatler geçtikçe daha fena oldu.

Odasına kapanıp avaz avaz ağladı.

Tavana gözünü dikip benim göremediğim birileriyle konuştu.

Bir yudum su içiremedim, bir lokma aş yediremedim.

Çıra gibi için için yanıp duruyordu evladım.

Şahsi hekimi Kapoleon'u çağırttım hemen.

Geldi, teskin edici bir şurubu da yanında getirmiş. Binbir rica ile başaramayınca, zorlayarak içirdik. Derin bir uykuya daldı.

Uyandığında daha da beter olmuştu. Çok hızlı konuşarak bir şeyler anlatıyordu ama biz anlayamıyorduk. Mabeyincisi Seyit Bey biraz konyak içirmemizi tavsiye etti. Halbuki Kapoleon, alkol almasını katiyetle yasaklamıştı. Bu yüzden Seyit Bey ile münakaşa ettik. Ben onu, Murat'ımın içkiye müptela olmasına amil kişi olarak suçladım. Şiddetle inkâr etti. Kabul etmesini beklemiyordum zaten, lakin kendine düşen vicdan payını bilsin, bari bundan böyle bu hususa itina etsin diye vurdum yüzüne ne zamandır kalbimde sakladıklarımı. Kasa kasa şarapları, şampanyaları, konyakları temin edip, şehzademin ikametgâhlarına naklettirdiği gözümden kaçmamıştı, Şehzade'ye bu kadar çok alkolün faydası olmayacağını kaç kere ihtar ettiğim halde... Lakin o sırada ben valide sultan payesinde değildim, sözümün bir değeri yoktu ki!

Yıllardır sarayların içinde sözü geçen tek bir hatun vardı, o da illa Pertevniyal Valide Sultan'dı!

Haydi o valide sultandır, diyelim... Fatma, Cemile, Münire, Behice, Refia ve isimleri saymakla bitmez cennetmekân Abdülmecit Han'ın daha nice sultan kızlarına ve elbette aralarından bir kraliçe edasıyla tebarüz edip hepimize tepeden bakan Adile Sultan'a da hürmette kusur eylemeyeyim, lakin bir kız çocuğu olsun doğuramamış Tiryal Hanım'a ne demeli?

Onun dahi, sırf Pertevniyal Valide'nin has arkadaşı olduğundan dolayı, sözü benim sözümden ileriydi! Neyse ki o kendi konağında yaşıyor, her taşın altından çıkmıyordu. Devran değişti ve işte şimdi sözümün söz sayıldığı günler geldi çattı lakin bu sefer de bende laf edecek şevk kalmadı.

Allah'ıma yalvarsam, bana ne ihsan eylediyse geri alsa, sadece Murat'ımın akıl sıhhatini iade etse. O gözünden zekâ fışkıran, sözünden bal dökülen yakışıklı, ferasetli, herkesin sevdiği, hürmet ettiği, Frenk diyarında dahi hürmet ve gıpta telkin etmiş evladım, eski haline dönse... Canımı şu an vermeye hazırım!

Lakin ne gezer!

Ağzının etrafı silme uçuk. Gözlerinin altı mosmor. Bakışları ürkek ceylan bakışı gibi. Elleri titrek. O güzel başı, kuş gibi boynuna gömülmüş. Ya hiç durmadan konuşuyor ya tek kelam etmiyor.

Benim onun için üzüldüğüm ilk günlerden çok daha fena şimdi.

Cülus esnasında hakkında çıkan dedikoduları bertaraf etmek niyetiyle biraderlerine Nisbetiye Köşkü'nde hazırlattığım akşam yemeği için Pertevniyal Valide bana, "Biraderleri topluca öldürmeye çağırdı," diye iftira atmıştı.

Ben de yemeği Beşiktaş Sarayı'na aldırmıştım.

Mehmet Reşat, Süleyman, Kemalettin, Nurettin ve Vahdettin Efendiler için, saray aşçılarına en leziz yemekleri ısmarlamış idim. Abdülhamit Efendi mazeret beyan edip gelmemişti, diğerleri geldiler. Afiyetle yemeklerini yediler. Sonra huzura çıktılar. Murat'ımın halini görünce hepsi şaşırdı ve üzüldü, zaten o da saklamadı, halinin pek fena olduğunu kendi söyledi.

"Şu halime bakın biraderlerim... Çok kötüyüm, ilaçsız uyku tutmuyor, başım ağrıdan çatlıyor," diyerek şikâyetlerde bulundu.

Bir gece önce kimsenin zehirlenmediğini, öldürülmediğini gören vesveseli Abdülhamit Efendi de, ertesi gün nihayet huzura çıktığında, aslanım ona da başının çok ağrıdığını söyleyerek beni üzmüştü.

"Böyle şeyler söyleme, gıybete kapı açıyorsun," demiştim.

Zaten ağır rivayetler dolaşıyordu hakkımızda...

Güya Abdülaziz Han ve Pertevniyal Valide'nin eşyalarına ve paralarına ben el koydurmuşum. Onların mallarını talan etmekle kalmayıp, Valide'nin sevgili ahbabı ve ortağı Tiryal Hanım'ın da servetine el koymak üzere onu Topkapı'ya gönderen de benmişim!

Deli bile inanmaz bu rivayetlere. Tiryal Hanım'dan bana ne!

Valide ve Hünkâr'ın servetine gelince, Osmanlı'da gelenek odur ki, sarayların eşyaları ve padişahların mücevherleri devletindir. Padişahtan padişaha devredilir. Ben sadece Beşiktaş Sarayı'nı terk eden devrik padişah ile validesinin dairelerini arattım, bulunanları zabıt altına aldırdım ki, bir önceki devr-i saltanatın borçları Murat'ımın omuzuna yıkılacağına göre bir nebze yardımım dokunsun.

Tiryal Kadınefendi'nin hadisesinde ise, günahı boynuna, Serasker Avni Paşa'nın parmağı olabilir... Geçmiş zaman olmuş, bir ara Tiryal Hanım'ın konağından kovulduğu rivayeti dolaşmıştı sarayda. Nedenini pek merak etmemiş, öğrenememiştim. O günlerde dedikodu yapmaktan çok daha mühim işlerim vardı benim. Murat'ımla alakası olmayan rivayetleri takip etmezdim.

Her neyse, varsın bütün suçları bana atsınlar, oklarını bana saplasınlar... Ben her tenkide hatta iftiraya dayanırım, yeter ki

Murat'ım bu rivayetleri sakın ola ki duymasın, ruhu daralmasın, asabı bozulmasın.

Ben onun ruh halini şen tutmak için elimden geleni ardıma koymuyorum lakin benim gayretim kâfi gelmiyor... Hekimler... hocalar... muskalar... hepsi nafile!

Amcasının vefat haberiyle sarsıldığı gün, akşam vaktine kadar bekleyip aslanımın durumunda bir iyilik hasıl olmayınca, hekim Akif Paşa'ya haber salmıştım. Hekim Kapoleon da zaten akşam üstü tekrar uğrarım demişti.

Her iki doktor da sultanın Yıldız Kasrı'na naklinde ısrarcı oldular. Yavrum, "Beni öldürmeye mi götürüyorsunuz?" diye direndi. Onu ikna edene kadar akla karayı seçtik.

Yıldız'a gelip yerleştik de ne oldu?

Evladım hâlâ sadece kendi görebildiği kişilerle sohbet halinde. Onun bu tuhaf halleri yüzünden kaç kere ilan edildiği halde kılıç kuşanma töreni henüz yapılamadı. Padişah'ın sırtında cerahatli bir çıbanın çıktığı, bu yüzden üniforma giymesinin hekimleri tarafından yasaklandığını bahane ederek, töreni birkaç kez iptal ettik.

Sadece odasına kapanıp bedensiz kişilerle konuşsa ve kimselere gözükmese... Ben onu memleketin her tarafındaki nefesi kuvvetli hocalara okutup üfleterek iyileştirebilirim lakin bazen de pek aklı başında uyanıyor. Kahvaltısını ediyor, her şey yolunda gidiyor... İtina ile giyinip kuşanıyor... O kadar aklı başında oluyor ki onu tamamen gözden uzak tutmanın da dedikodulara sebebiyet vereceğini bildiğimizden, sultanlarını ziyarete gelen nazırları kabulünde, başmabeyincisi ve ben hiçbir mahsur görmüyoruz.

Salona giriyor aslanım, ben kapı aralığından, yüreğim ağzımda bakıyorum, aaa o da ne! Her birini sanki kardeşleriymiş gibi sımsıkı sarılarak kucaklamış, iki yanaklarından öpüyor!

Nazırlar şaşkın, kapının ardındaki bizler çaresiz, donup kalıyoruz!

Bir keresinde, setre pantolon ve ceketiyle bahçedeki su dolu havuza atladı!

Bir başka keresinde atına ters bindi.

Ya arabayla, karşısına mabeyinciler oturtulup en yakındaki camiye gider iken faytonun bir köşesine büzülüp kalması... Saraya döndüğünde, üzerindeki istanbulin ile yatağa girmesi!

Ya çıktığı ikinci cuma selamlığında, cami merdivenlerini inerken çıkıp, çıkarken inmeye kalkışması... Cumaya gelmiş kalabalığa bu hali açıklamak mabeyincilere düştü. Zat-ı şahanelerinin zihnine aniden bir şey geldi, sonra bir başka şey geldi, deseler de... Kim neye inandıysa artık!

Ben bu hadisenin ertesi günü, evladımın da arzusu üzerine, Allah'ın manevi huzuruna vasıl olmak üzere biri Kâbe'ye, diğeri Hazreti Muhammed Efendimizin ruhaniyetine hitaben Medine'ye iki tazarruname yazdırdım.

Günler geçti, henüz faydasını görmedik.

Ben geceleri herkes yattıktan sonra odama kapanıp, başımı yastıklara gömerek hıçkırarak ağlıyor, biraz ferahlayınca çareler düşünüyorum.

Deniz havasının iyi geleceği tavsiye edilince, vapurla Marmara'da gezintiye çıkardım. Saray hekiminin tavsiyesi ile zehirli kanı emmesi için vücudunun her bir tarafını sülüklerle kapladık; eskisinden beter oldu, üstelik kansız ve takatsız kaldı. Viyana'da ruh hastalıkları tedavisiyle ünlü hekim Leidesdorf'u acilen İstanbul'a davet ettim. Padişah olduğunu saklayarak üç ay müddetle Avrupa'da bir klinikte tedavi gördüğü takdirde, kati şifa bulacağı sözünü verdi, lakin Sadrazam Rüştü ve Mithat Paşalara bu hususu kabul ettiremedim. Padişahın üç ay müddetle gözlerden ırak kalmasını sakıncalı buldular.

Başka hekimler getirttik. Her birine istediği ücreti misliyle ödüyorum. Dillerini tutması için verdiğim hediyeler de cabası.

Bana nefesi kuvvetli çeşitli hocaları da salık veriyorlar.

Her birinden ayrı medet umuyorum.

Elimde avcumda ne var ise, hepsini evladımın sıhhatine kavuşması için heba ediyorum. Tahttan da saltanattan da vazgeçtim. Murat'ımın çektiği azabı gördükçe, keşke ömrünün sonuna kadar tahta çıkmasaydı diyesim geliyor. Zira, onu alıp cülusa götürdükleri günden beri huzuru, rahatı yok.

Aziz Han'ın ha'i gecesinde, Murat'ım öldürüleceğinden korkmuş idi.

O korku mu onu böyle eyledi yoksa bir padişah olarak verdiği iradelerin kabul görmemesi mi? Amcasının istediği sarayda ikametine müsaade edilmemesi mi? Mabeyin memurlarını dahi seçmemesi, sadrazamını, nazırlarını tayin edemememesi mi? Yoksa nice ümitlerle, Garp devletleriyle aynı seviyede, medeni bir idare kurmak istemesinin mümkün olamayacağını idrak etmesi mi... Bilemem!

Bildiğim şu ki, ne onun kalbinde ne de benimkinde en ufak bir şevk kaldı Osmanlı tahtında padişah ve padişah validesi olmak için!

Bir çileli gün daha!

Bugün, yani on dört haziran günü, Sadrazam Rüştü Paşá önceden haber vermek nezaketi göstermeden saraya gelmiş.

Padişah'ı görmek istediğini arz ettiğinde, her ne hikmettense, bana haber etmeden huzuruna kabul etmişler.

Murat Han, gecelik entarisi ile yatağından fırlayıp, "Ben iyiyim Paşa!" diye bağırmış, sonra da "Başım çok ağrıyor," diye yatağına geri dönerek başını yastıkların altına sokmuş.

Rüştü Paşa da, "Bu işi uzatmamak lazım," gibisinden bir şeyler mırıldanmış, yakınındakiler duymuşlar... Öyle anlattı bana Rüştü Paşa'nın gelişini haber vermeyen münasebetsiz mabeyinci.

Mabeyinci dendiğinde zaten malum nedenlerle tüylerim diken diken oluyordu, bu sefer de yeni tayin edilen mabeyinci, eminim mahsus duyurmadı bana sabah saatlerinde Sadrazam'ın gelişini ve aslanımın hususi odasına kadar soktu Rüştü Paşa'yı.

Yine kim hangi oyununun peşinde, kim bilir?

Osmanlı saraylarında oyun bitmez!

Duam şudur ki, bir pırlanta gibi kıymetli evladımın asabını bozarak onun bu hallere düçar olmasına sebep teşkil edenlere de, onu içkiye müptela edenlere de bin kere lanet olsun, rahat huzur yüzü görmesinler!

Benim çektiğim acıların bin mislini çeksinler!

Amin!

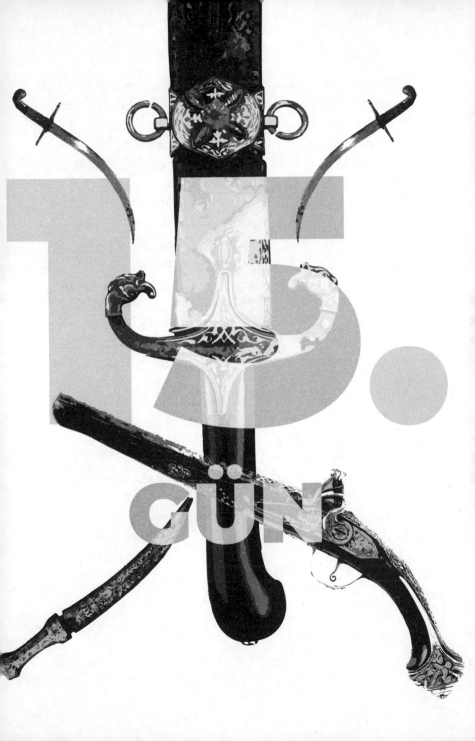

MİTHAT PAŞA

Mithat Paşa'nın Beyazıt'taki Konağı
(15 Haziran 1876, akşam saatleri)

Güvendiğim dağlara kar yağdı!
İhtilali niçin yaptık biz? Meşrutiyet için!
Meclis açılacak, Tanzimat ve Islahat Hatt-ı Hümayunları bir anayasaya dönüşecekti. Seçimler yapılacak ve meclisler icrayı kontrol edecekti. İngiltere'deki gibi taçlı demokrasi olacaktık! Hayalmiş hepsi!
Hiçbir şey olamadığımız gibi, kaba saba bir askerin avucunda bulduk kendimizi!
Tayinlere karışıyor, mecliste meşrutiyet mütalaalarına mani oluyor.
Sadece Abdülaziz Han ile validesinin dairelerinden değil, küllü saray erkânının ve kadınlarının odalarından, dolap ve çekmelerinden, ceplerinden, hatta hicap duyarak söylüyorum, ellerini sokarak yokladıkları iç çamaşırlarının arasından... Hatta yıllardır kendi sarayında mukim Tiryal Kadınefendi'nin de para, tahvil ve eşyalarına el koyarak topladıkları servetle, borçları kapatmaya çalışın bari, değil mi? Ne gezer!

Başta saltanat damatları ve gözünü para hırsı bürümüş Avni Paşa olmak üzere, vatanın selameti için birlikte yola çıktığım bu adamlar yağmalanmış mallardan nemalanmaya da kalkmazlar mı! Vallahi de billahi de iğrendim! Üstelik bu talanı sevk ve idare eden iki kişiden biri Serasker Avni, diğeri padişahımızın anası Valide Şevkefza Sultan.

Valide Şevkefza, yıllardır gölgede kalmanın intikamı içinde olabilir, kadınca hissiyatla, altında ezildiğini düşündüğü Pertevniyal Valide'ye gövde gösterisinde bulunuyordur; onu anlayabilmek mümkün de, Serasker Avni neden böyle bir husumet içinde diye merak ediyordum.

Ziya Bey, kendisini iki kez sadaretten alan Abdülaziz Han'a diş biliyordu, "Çok intikamcı bir şahıstır," diyerek izah etti. Sadrazamlıktan azline, yabancı devletlerden aldığı komisyonlar sebep olmuştu. Padişah'ın bu adamın karakterini bir türlü anlayamayıp üçüncü kez serasker tayin etmesi ise kendi tahtına mal oldu.

Sultan Murat'ın ise şu anda amcasının eski ikametgâhında olup bitenlerden haberi yok.

O, amcasının intiharından beri birtakım bedensiz mahlukatla konuşmakta ki, bu çılgın gidişata mani olabilecek tek kişiydi o!

Ona ne çok bel bağlamış, medet ummuş idik... Kimselere asla faş etmesem de, kendimden saklayamam, günden güne artan bir cinnetin içinde debelenmekte olduğunu! Ah ne yazık, ne yazık!

Bu, takdir-i ilahi olmalı!

Osmanlı tahtında oturan padişahı tahttan indirmenin ancak iki şartı vardır! Padişahın İslam dininden çıkması veya akli melekelerini kaybetmesi.

Kötü idare, istibdat, lüzumsuz israf ile memleketi iflasa sürüklemek, kaybedeceğini bildiği savaşlara girmek ve daha sayabileceğim namütenahi şer... hiçbiri... ve başka hiçbir sebep ile indirilemez bir Osmanlı padişahı tahtından.

İlla ki de dinden çıkmak ya da cinnet!

Biz ne yaptık, akli melekelerin azalması dolayısıyla kötü idareden dolayı vatana ihanet gibi çetrefil bir cümle kurarak ve Hayrullah'ı da alet ederek... İtiraf ediyorum işte, halt ettik!

Aziz Han üstelik gelmiş geçmiş çoğu sultandan daha fazla mütedeyyin olduğu halde, cinnet içinde bulunmadığı da besbelli iken, açgözlü bir şeyhülislama mevki vaatlerinde bulunarak cinnet fetvası yazdırmış olmanın vebalini ödüyor olmalıyız. Tahttan indirdiğimiz Aziz deli değildi lakin tahta çıkardığımız Murat, söylemeye dilim varmıyor, delirdi.

Allah'ın gazabına uğradık resmen!

Niye yaptık derseniz, ne yazık ki elimiz mahkûmdu, Abdülaziz Han, meşrutiyete direndiğinden, medeni ve asri bir idareye kavuşmak için tek çare onu hal idi.

Osmanlı Devleti batmıştı, giderek daha çok batıyordu, su yüzüne ancak bu şekilde çıkıp nefes alabilirdi.

Osmanlı'yı batıran ne savaşlar, ne Abdülaziz'in son yıllardaki hürriyet kısıtlamaları, keyfi cezaları ne de lüzumsuz harcamalarıydı.

Geçtiğimiz yıl patlak veren Hersek ayaklanmasının, kısa zamanda Mostar'dan Avusturya sınırına kadar yayılarak Sırbistan-Karadağ savaşlarına dönüşmesi ve hatta askerî ve siyasi buhranlar dahi değildi.

Sadrazam Mahmut Nedim Paşa'nın, borç aldığı ülkelere ilan etmiş olduğu, devletin borçlarının ve faizlerinin yarısının ödeneceğine ilişkin "Ramazan Kararnamesi" idi!

251

İki yüz milyon Osmanlı altını miktarındaki bu borcun faizi dahi ödenemediği, harici ve dahili yeni borçlanma imkânı da kalmadığı için, devlet resmen iflas etmişti.

Avrupalıların eli armut toplamıyordu, hepsi bu fırsatı ganimet bildiler!

Önce Bosna-Hersek ıslahatı ile geldiler üstümüze. Akabinde Bulgaristan'da ayaklanma başladı.

Bu tertibi kim hazırladı bilemiyorum, lakin hadise Müslüman-Hıristiyan çatışmasına doğru meyletti ve önce tahrik edilen Müslümanların Selanik'te iki konsolosu öldürmesiyle meydana gelen Selanik Vakası, ardından talebelerin ayaklanması... Derken efendim, Mahmut Nedim Paşa'nın istifası.

Adım adım üzerimize gelindi, ta ki Avrupa'nın büyük devletleri, Osmanlı devletinin işlerine müdahale kararı alana kadar!

Bana soracak olursanız, sanki bir muharrir hayalindeki zor piyesi kaleme almış, oyuncular da sahneleri sırasıyla oynayarak, piyesi sonuca ulaştırmaya muvaffak olmuştular! Biz Osmanlı Devleti, oyunun şaşkın baş aktörü olarak ve gözlerimize inanamayarak, seyreylemiştik etrafımızda olup biteni. Ve biten de biz olmuştuk!

Avrupa'nın büyük devletlerini, bizi tamamen yutmadan durdurabilmek ve isyan etmekte olan Hıristiyan halkı sükûnete davet için, meşrutiyetin şart olduğunu bir ben görebiliyordum. Meşrutiyete yanaşmayan Abdülaziz Han'ı sırf bu yüzden indirmek istedim... Batmakta olduğumuzu bildiğimden, Sadrazam Nedim Paşa'nın yediği haltı en az zararla kapatmak, tekrar borç alma imkânı yaratıp iktisadi iflası önlemek, kısacası devletimin bekası için!

Hal vakasına karışanların arasında bir ben düşünmüşüm memleketimin menfaatini. Diğerleri meğer mevkilerini kuvvetlendirmek, laflarını dinletecekleri bir başka padişahı tahta oturtup ceplerini parayla doldurmak için yapmışlar bu işi!

Allah belalarını versin hepsinin!

Benim de versin...

Tamam, biz suçlular çekelim cezamızı.

En başta Serasker Avni olmak üzere, intikam hırsıyla tutuşan Kayserili Ahmet Paşa, emrindeki taburları kandırarak hali tamama erdiren Süleyman Paşa, gözünü hırs-ı piri bürümüş ihtiyar tilki Sadrazam Rüştü ve bütün arzusu bu milletin iyiliği olan, işe sırf meşrutiyet uğruna karışmış olan ben... Biz çekelim cezamızı yeter ki vatan kurtulsun.

Lakin vatan giderek daha çok belaya bulaşmakta.

Bir de Karadağ ve Girit'te isyanlar çıktı başımıza!

Sultan Murat'ın her geçen gün şuurunu biraz daha fazla kaybetmesi ise tüm sıkıntılara tüy dikiyor!

Halbuki İngiltere başta olmak üzere büyük Avrupa devletleriyle dostane ilişkileri, krallar ve devlet adamlarıyla hususi dostlukları olan Padişah'ın ne çok faydasını görebilirdik, eğer o başımızda olsa idi.

Bela hiçbir zaman tek başına gelmez, zaten!

Osmanlı şu yaşamakta olduğumuz günlerden daha beter bir zaman geçirmiş miydi acaba?

Hem dahili hem harici sahalarda, kanayan acil yaralarımız var.

Harici meselelerimizi, sabık padişahın hal ve intiharı yüzünden ihmal ettik.

Fazla geciktirmeden, hatta acilen... Mesela bu akşam, Avrupa devletlerinin isyanlarla alakalı takındığı tavra karşı, bir muhtıra yazmak şart oldu.

Böyle harici yazışmalarda illa hükümetin fikrini almak velakin muhtırayı da gizlilik içinde yazmak lüzumundan, nazırlardan birinin konağında toplanmayı uygun bulduk.

Yaz mevsimi geldiğinde zaten âdet olduğu üzere, hükümet toplantılarını Babıâli'de değil, konaklarda yapardık.

Şura-yı Devlet reisi olarak, ilk yaz toplantısının benim Beyazıt'ta, Soğanağa'daki konağımda yapılmasını teklif ettim.

Nazırlar kabul ettiler.

Sadrazam'ın imzasını taşıyan davet tezkereleri nazırlara kâtip tarafından ulaştırılmış, lakin Boğaz'ın karşı ve üst taraflarında oturan birkaç nazıra, uzakta kaldıkları için rahatsız olmasınlar diye haber verilmemişti. Bunlardan biri de Hariciye Nazırı Raşit Paşa imiş. Bu sabah Divan-ı Hümayun'da, akşamki toplantıdan haberdar olup davet edilmediğini anlayınca, "Biz nazır değil miyiz!" diye serzenişte bulunmuş.

Bunu öğrenir öğrenmez, kâtibime hemen ona da yaldızlı bir davetiye çıkartmasını söyledim.

Kabinede davet edilmesini istemediğim iki kişiden biri, mecliste Şura-yı Devlet reisi olan eski sadrazam Yusuf Kâmil Paşa idi. Zira hem çok yaşlı ve hastaydı hem de gördüğü yerde Serasker Avni'ye hakaret etmeye başlıyordu. İkisinin aynı çatı altında, hele de benim konağımda bir arada bulunması münasebet almazdı.

Davet edilenlerin hepsi, konağımda toplanacak meclise icabet edeceklerini beyan etmişler.

Akşam, misafirlerimi bizzat kapıda karşılayıp üst kattaki yemek odasına kadar her birine refakat ettim. Paşaların ağaları ise giriş katına kurulan sofraya buyur edildiler.

Yemekte içki servisi yapıldı; aramızda içmeyenler vardı, onlara şerbet ikram edildi. Yemek boyunca vereceğimiz muhtıranın muhtevasını aramızda müzakere edip, ancak kahveler içilirken muhtırayı yazma faslına geçtik.

Tatsız bir muhtıra yazıyorduk.

Güçsüzdük lakin bunu asla belli etmemeliydik. Yazdık, yırtıp baştan yazdık, olmadı sil baştan yazdık. Her bir kelimeyi tarttık, ölçtük biçtik, yeniden yazdık.

Hava bunaltıcı sıcaktı ve yaprak kımıldamıyordu. Geniş odanın bahçeye açılan bütün pencerelerini ardına kadar açmıştık. Yine de havasız kalıyorduk. Aramızda konuşulanları ve okunan muhtıraları kapı önünde bekleyen nöbetçi ağaların duymaması için kapıyı da açamıyorduk. İçilen tütünün dumanı da bir bulut gibi üzerimize çöküyordu.

Halet Paşa sıcaktan rahatsız oldu, yerinden kalkıp dolaşmaya başladı. Ayakta dolaşıyor, habire koltuk değiştiriyordu. Raşit Paşa pencerenin önüne düşen koltukta oturduğu için memnundu. Cevdet Paşa ve eski serasker Rıza Paşa yan yana kapı tarafında oturuyorlardı. Ben Rıza Paşa'nın yanında idim. Masanın ortasına Serasker Avni yerleşmişti. Şişman yüzü, sıcaktan ve fazla yiyip içmekten kıpkırmızıydı.

Neyse ki aniden bir esinti başladı. Camın önünde oturan Raşit Paşa, sıcaktan bunaldığını söyleyen ter içindeki Cevdet Paşa'ya yer değiştirmek isteyip istemediğini sordu. Cevdet Paşa "Canıma minnet," deyince, aralarında yer değiştirdiler.

Saat 22:30 olmuştu, biz üçüncü kahvelerimizi içiyor lakin bir türlü bazı Avrupa devletlerine, Karadağ ve Girit isyanlarına müdahale etmemeleri gerektiğini ihtar edecek muhtırayı tam istediğimiz kıvama sokamıyorduk. Yazacağımız metin, maalesef ki buyurganlık devrimizin çoktan geçmiş olduğundan, fazla sert olmamalıydı; fazla alttan da almamalıydık.

Nihayet hepimizi tatmin eden bir ifadeyi sanırım bulduk, "Haydi paşalar, şu son metni okutuyorum, dikkatle dinleyelim," demiştim ki ben, "DAVRANMA SERASKER!" diye gürleyen sesi duyup başımı kapıya çevirdim. Sırmalı üniforması içinde, bir mabeyin subayı...

"DAVRANMAYINIZ!"

Bir an gözlerimi kapadım.

DAN! DAN! DAN!

Ne kadar zaman geçti... Bir an mı, bir ömür mü?

Açtım gözlerimi.

HER YERDE KAN VARDI! HER YERDE KAN VARDI! HER YERDE KAN VARDI!

İNTİKAM

Kaptan-ı Derya Ateş Ahmet Paşa'nın Cibali'deki ve
Mithat Paşa'nın Beyazıt'taki Konakları
KOLAĞASI ÇERKEZ HASAN BEY
(15 Haziran 1876)

11 Haziran'dan beri halamın Cibali'deki konağının ikinci katında, bana tahsis edilmiş loş odadaki geniş döşekte sırt üstü uzanmış, gözlerim tavan süslerine dikili, öylece yatıyorum şu anda.

Dört gün önce dünya güzeli, sırma saçlı, ela gözlü narin ablamın tabutunu omuzumda taşıdım. Henüz yirmili yaşlarını sürüyordu, iki küçük yavrusuna doyamamıştı, hiç hak etmediği çok büyük acılar yaşamıştı ve bir hafta önce dul kalmıştı. Onu taşırken, başımı tabutta onun başının bulunduğu yere dayadım ve konuştum ablamla.

Ona, "Sana acı çektirenlerin cezasını vereceğim," dedim!

Ve işte o gün bugündür gözüme bir lahza olsun uyku girmedi.

Buna rağmen hiç uykum yok!

Bu yüzden gözlerim yanıyor. Yüreğim daha da çok yanıyor. Hatta kanıyor yüreğim. Ve öyle zannediyorum ki, ağzımı açacak olsam, kalbimden gövdemin tamamına sızmış olan kan bir anda dışarı fışkıracak. Bu yüzden ağzımı da açmıyorum. Konuşmuyorum hiç!

Halam birkaç sefer başucuma gelip, bir lokma olsun bir şeyler yemem için ısrar ettikten sonra vazgeçti. Zaten o içeri girdiğinde gözlerimi kapatıp uyuyormuş gibi yapıyorum.

Cenaze merasiminden sonraki iki gün boyunca, "Hasan'ım, en iyi ilaç zaman ve uykudur. Acın ancak uykuda hafifliyorsa, uyu yavrum, uyandığında kendini daha kuvvetli hissedeceksin," tarzında bir şeyler mırıldanıp çıkıyordu.

Lakin bu sabah beni sarsalayarak illa uyandırmak istedi.

"Bir şeyler yemelisin Hasan, bak sana ballı ekmekle ılık süt getirdim, bir yudum olsun iç," diye ısrar etti.

Ben gözlerimi hiç açmadan elimle gitmesini hatta susmasını işaret ettim.

Gücendi galiba, hiçbir şey söylemeden gitti.

Aynı muameleye maruz kalmamak için, kendi bir daha gelmedi de, hizmetkârları yollamaya başladı bu sefer.

Baktım olmuyor, nerdeyse saat başı ellerinde tepsiyle odaya girip rahatsız ediyorlardı beni, soyundum, pikemin üzerine iç çamaşırımla yattım ki, beni öyle görünce içeri girmesinler.

Şimdi rahatım artık!

Gözlerim tavan süslerine dikili, muvaffakiyete ulaşması şart bir tertip yapmaya çalışıyorum... çalışıyorum da... hatıralar giriyor araya... hatıralar... hatıralar! Hiç rahat vermiyorlar.

Tavanın süsleri usulca silinirken, yerlerini her biri bir diğerinden daha korkunç, bir diğerinden daha vahşi, acımasız sahneler alıyor!

Tecavüzün, işkencenin, vahşetin ve ölümün resimleri dans ediyor tavanda...

O resimler, Ruslarla aramızda yüz yıllarca süren ırk ve din kapışmasından bizim tarafımıza düşen mağlubiyetin tortuları. Görmemek için gözlerimi sımsıkı kapatıyorum, tekrar açıyorum... Oradalar!

Aralarına karışmam için beni çağırıyorlar!

Hatırladıklarım neden illa da kedere, acıya dair?

Hayatım elemden ibaret değil ki, güzel hatıralarım da var benim...

Şimdi yattığım bu odada, bir yaş küçüğüm Osman ve iki yaş büyüğüm rahmetli ablacığım Nesteren'le birlikte defalarca kalmıştık çocukluğumuzda, zira bizim evimiz çok uzakta, ta Silivri'deydi.

Her şehre indiğimizde, Kaptan-ı Derya Ateş Ahmet Paşa'nın haremi olan halamın konağında konaklardık. Osman'la leyli okuduğumuz senelerde ise, hafta sonları hava muhalefetinden Silivri'ye kadar gidemezsek, yine bu odada kalırdık.

Pederim Gazi İsmail Bey, memleketi Kuzey Kafkasya'dan Rus zulmü yüzünden, karşı kıyıdaki Osmanlı'ya kaçtığında geniş düzlüklere, yeşilliklere ve dağlara alışık biri olarak kalabalık İstanbul'un insan kaynayan gürültülü sokaklarında, yan yana dizilmiş evlerinde mesut olamayacağı için ilk fırsatta Silivri'ye taşınmıştı.

Mahalle mektebinden sonra, biz iki kardeş Bahriye Mektebi'ne gittik.

Son senemizde ben Harbiye'ye geçiş yaptım. Yüksek tahsilimizi Osman Bahriye-yi Şahane'de, ben ise Mekteb-i Harbiye'de tamamladık.

259

Nesteren, soylu Çerkez ailelerinde âdet olduğu üzere, tahsil ve terbiye edilmek üzere saraya gönderilmiş ve saray usulüne göre, Neşerek adını almıştı.

Felek bize son derece iyi davranıyordu ki, Osman'la ben en iyi mekteplerde tahsil görür, dertsiz tasasız yaşarken, bir de talih kuşu konmaz mı başımıza!

Ablam Nesteren, kaderin bir hediyesi olarak Padişahımız efendimizin validesi Pertevniyal Sultan tarafından seçildi ve Sultan Abdülaziz Han'la evlendirildi.

Padişah Efendimiz, çok iyi silah kullanan, üstün dereceyle mezun olmuş bir asker olduğum için pek sevdi beni.

Kısa zamanda, şehzadesi Yusuf İzzettin Efendi'ye yaver tayin edildim. Hanedan yaverlerinin sırmalı kordonlarını kuşandığımda, hiç unutmam, anacığım sevinç gözyaşlarını tutamamıştı.

Ben işte bu mesut anları düşünmeye çalışıyorum da, olmuyor, zira her Çerkezin hafızası ancak ve illa acıyla doludur!

Mesut bir çocukluk geçirmiş, ikbal görmüş benim gibilerin dahi hafızasında, bize anlatılan veya bizden saklandığı için oradan buradan kulağımıza çalınan vahşetin hazin kırıntıları vardır!

Kanayan yaralarını çocuklarından istedikleri kadar saklasın büyüklerimiz, an gelir kanlı mazi hortlar, ana babalar anlatmasa, haminnelerin, dedelerin ağzından kurtulup kaçar bir iki söz...Onlar söylemese evin emektarları, dadıları, hizmetkârları anlatır. Unutturulmaya çalışılan gerçek, en umulmadık bir zamanda ortaya çıkar, çekilen çilelerin, katlanılan hakaretlerin tortuları gelir yüreğimizin bir köşesine yerleşir, sızlar da sızlar.

Kardeşim Osman'la benim, tarihimizin karanlık kuyusuna düşüşümüz de böyle bir tesadüf neticesinde olmuştu.

Eğer okuduğumuz askerî mektep o hafta sonunda talebeleri için Boğaziçi'ne bir gezinti tertip etmemiş olaydı, belki de Kafkas tarihimiz bizim için ilelebet bir sis perdesinin gerisinde kalacaktı.

O hafta sonu, Boğaz'ın Karadeniz'e açılan son köylerinden birinde balık yemeye gittik. Kıyıda balık tutanları görünce biz birkaç genç özenip, oracıktaki seyyar satıcıdan birer olta ve yem edinip balık tutmaya başlamıştık.

Bereketli bir gündü, epey balık vurdu oltalarımıza. Bir kovaya doldurduğumuz balıkları, kesekâğıtlarına paylaştırdık, uzun ve eziyetli bir yolculuktan sonra evlerimize döndük.

Uzun yolda kesekâğıtları patlamış, balık kokusu ortalığı sarmıştı ama biz neşeli ve gururluyduk, zira elimizle tuttuğumuz balıkları eve kadar getirebilmiştik.

"Kıvıl kıvıl taze balık/ Vallahi yemeyen alık/ Balıklar Karadeniz'den/ Ataların denizinden" diye yolda gelirken Osman'la aramızda uydurduğumuz tekerlemeyi çığırarak girdik bahçemize.

Bahçeye inen merdivenlerin başında durmuş bize bakan babaanneme takıldı gözüm. Yüzü allak bullaktı.

"Nerede tuttunuz bu balıkları?" diye sordu.

"Halis Karadeniz balıkları bunlar, babaanne!" dedi Osman.

Bizim gibi Çerkez asıllı olan bahçıvanımız Yusuf Ağa koşarak geldi, elimizden aldığı balıkları, biçtiği otları doldurduğu çöp tenekesinin içine savurdu.

Donup kaldık iki kardeş.

Onca keyifle tutmuş, onca zahmetle ta Silivri'ye kadar taşımışız!

"Yusuf Dayı bizim ellerimizle tuttuğumuz balıkları çöpe attın! Domuz eti değil ki, balık! Ne yaptın, Allah aşkına!" diye bağırdı Osman.

"Yapması gerekeni yaptı," dedi babaannem.

Çatık kaşları, başında beline kadar inen siyah başörtüsüyle, ilk defa kara bir hayalet gibi gözükmüştü, her zaman müşfik olan babaannem bana.

"Neden ama?"

"Babanız gelince anlatır!" dedi.

Babam hiçbir zaman anlatmadı, çünkü oğullarının yüreğine kin tohumları ekmek istemiyordu. Biz iki kardeş, Çerkezlerin neden Karadeniz'den çıkan balığı yemediklerini, o gece Yusuf Ağa'dan öğrendik.

Yusuf Ağa çok daha teferruatlı anlatmıştı da, benim aklımda kalan, Rus mezaliminden ve soykırımından arta kalan Çerkezlerin Osmanlı'ya 1864'teki deniz yoluyla tehciri sırasında yüzlerce kişinin nasıl denize atıldığı veya düştüğü, gitmemekte direnenlerin nasıl kurşunlandığı ve çoluk çocuk, genç ihtiyar yüzlerce cesedin nasıl balık istilasına uğrayarak, kıyıda nerdeyse bir balık adacığı oluştuğuydu.

"O kadar çok ölü varmış ki denizde, kıyı şeridi balıktan görünmez olmuş. Tehcirin sürdüğü aylar boyunca Karadeniz'in balığı, ölü Çerkezlerin etiyle beslenmiş. Şimdi o balıklar geçer mi bizim boğazımızdan?" demişti Yusuf Ağa.

Bu hikâyeyi dinlediğimiz o geceden sonra, Osman'la birlikte Karadeniz balığını yiyemediğimiz gibi, üç yüz seneye yayılan

Türk-Rus çatışmalarının teferruatına da balıklama dalmış, öğrendiklerimizin husumeti altında adeta nefessiz kalmıştık.

Osmanlı'nın on sekizinci asırda başlayan gerilemesi, Rusların güneye doğru yayılmasını hızlandırmakla kalmamış, Kuzey Kafkasya'nın zengin maden kaynaklarıyla petrolü de iştahlarını kabartmıştı. Ondan sonrası zaten Rusun mezalim, katliam ve tecavüzlerle, ince teferruatlarla tertiplenmiş zoraki sürgünlerle Çerkezleri bölgeden atma icraatıydı.

Balık tutalım derken, acılarla haksızlıklarla örülmüş tarihimizi ve bu dünyada taşınması en zor yükün nefret olduğunu öğrenmiştik, biz iki kardeş.

Çok çile çekmiş, mezalim görmüştü atalarımız.

Dünya, çektiklerimize sağır kalmıştı.

Çerkezlere yapılan haksızlığa geç kalmış isyanımız, yüreklerimizde nefret tortusu biriktirdi. Nefret isyan duygumuzu, isyan duygusu nefretimizi besliyordu.

Böyle bir fasit dairenin içinde girdik delikanlılık çağımıza.

İyi de kime isyan edeceksin? Olan olmuş! Çerkezler yurtlarından sökülüp atılmış. Evleri, tarlaları yakılmış. Kadınlarına tecavüz edilmiş. Zaman geçmiş, gitmiş! Kime hesap soracaksın? Neye ve kime isyan?

Herhalde, pek çok Çerkez genci gibi ben ve Osman da, verilmemiş hesaplara, dilenmemiş özürlere, sağır olmuş vicdanlara yüreğimizde birikip dışarı taşamayan isyanımızla büyüdük.

Bu yüzden kolay değildi Çerkez olmak!

İşte şimdi ben, bu yorgun yüreğin yüküyle ezilmekteyim ve babamın Çerkez ırkının çektiklerini çocuklarına neden nakletmek istemediğini, ilk defa ona hak vererek anlıyorum. Zira isyan duyguları içimizdeki kıvılcımı közlüyor, önceleri sinsi sinsi yanmaya başlayan ateş, zaman içinde yangına dönüşüyormuş meğer!

Nesteren'imin zamansız ölümü büsbütün tetiklemiş olmalı bu yangını ki, şu anda ben intikam ateşiyle kavrulmaktayım!

Gözlerimi diktiğim tavanda bana gözüktüğünü zannettiklerim, on yedi gün önceki rezil ihtilalin, on bir gün önceki intihar postuna bürünmüş cinayetin resimleri değil... Hatta ablamın yüreğimi acıdan paramparça eden, dört gün öncesinin cenaze alayına dahi ait değiller!

Irk ve din kapışması mazeretiyle başlatılıp, yüzyıllara yayılan menfaat savaşlarının bizim tarafa düşen mağlubiyetleri, acıları, tortuları, iniltileri, çığlıkları bunlar.

Bunlar, taçlı başların en zararlı zaafı olan şehvet ve şöhret hırsının, daha, daha ve daha fazlasını istemesinin, doymayan gözünün, son bulmayan arsızlığının, illa da ben en büyüğüm iddiasından geriye kalanlar...

Yıkılan yakılan köyler, tarumar edilen şehirler, toprağından sürülen perişan insanlar, yüz binlerce yetim!

Görmemek için gözlerimi sımsıkı yumuyorum, duymamak için ellerimle kulaklarımı kapatıyorum, tekrar açıyorum, hep oradalar!

Beni çağırıyorlar!

Gideceğim.

On yedi gündür süregelen ıstırabımı dindirmek için değil sadece, yüzyıllardır ırkıma karşı işlenmiş suçların intikamı için de gideceğim.

İçimdeki yangını söndürmeden, rahat yok bana!

Kapımda hafif bir tıkırtı önce, sonra halamın, "Oğlum, benim... Giriyorum içeri..." diyen sesi.

Ayağımla yatağın ucuna itiştirdiğim çarşafı üzerime çektim aceleyle.

Halam elindeki tepsiyi masaya bıraktı, yatağın ucuna ilişti. Ben de yatağımda doğrulup sırtımı yastıklara dayadım.

"Bak Hasan, sana acın derin diyerek üç gün müsaade ettim. Şu odaya tıkıldın, hayata küstün. Şimdi beni iyi dinle, Neşerek'imiz öldü..." Lafını kestim, "Hala, ablamın adı Nesteren! Neşerek olmasaydı belki hâlâ hayattaydı," dedim, sesim asabiyetten titreyerek.

"Kaderi tayin sana mı düştü, Hasan? Allah ablanın ömrünü bu kadara biçmiş. İyi bir Müslüman ölümü tevekkülle karşılar. Bebecikler, küçücük çocuklar da ölüyor, ölüm Allah'ın emri! Kendine gel! Sen aslanlar gibi bir Çerkez delikanlısısın. Odalara kapanıp ağlayamazsın."

"Ağlamıyorum hala. Sadece isyan ediyorum."

"Kime? Allah'a mı? Tövbe, tövbe!"

"Haşa, Allah'a değil! Nesteren'in ölümüne de değil; dediğiniz gibi ölüm Allah'ın emri. Benim kabullenemediğim, saraylıları Topkapı'ya götürürlerken kadınların giyinmelerine dahi izin vermemeleri... Ablacığımın üzerinden şalını çekip almışlar, iade de etmemişler. Düşündükçe kahroluyorum hala! Bir asker nasıl olur da bir kadına, hele de saray mensubu bir kadına eliyle dokunur, onu iter kakar! Bu ne küstahlıktır! Ablam o fırtınada çıplak omuzlarına yağmuru yemese, hastalanmayacaktı. Bir er, yukardan emir almadıkça böyle bir şeye asla cesaret edemez! Benim isyanım, eniştemi tahtından, ablamı sıhhatinden eden

265

Serasker Avni'ye! Belki siz bilmiyorsunuz lakin bu melaneti o hazırladı ve tatbik etti. Efendimizi öldürten de o!"

"Ablan Topkapı'ya götürülmeden önce, nerdeyse bir haftadır hastaydı zaten. Hünkâr enişten ise kendine reva görülen hıyanete her izzet-i nefis sahibi insan gibi tahammül gösteremedi. Feriye'ye getirildikten sonra da bahçede müessif olaylar yaşanmış, bir hadsiz asker, zat-ı şahaneye terbiyesizlik etmiş diye duydum, asabı bozulmuş haliyle... İntihar..."

Yine konuşturtmadım halamı, "İntihar değil! Cinayet! Efendimiz dindardı, *Kur'an* emrine asla karşı gelmemiştir. İntihar etmediğine ben kalıbımı basarım!"

"Hişşt! Sus! Yerin kulağı var, oğlum, söyleme böyle şeyler...Bak başın belaya girer sonra. Askersin sen, dikkatli ol Hasan'ım."

"Başım zaten belada hala. Avni melunu benim tayinimi acilen Bağdat'a çıkartmadı mı? Pek çok kişiye yaptığı gibi, beni oralarda zehirletecektir. Sultanın ölüm raporunu, cesedi incelemeden imzalamayı reddeden Ömer binbaşının dahi rütbelerini üniformasından elleriyle söküp, aynı gün onu Trablusgarp'a tayin eden kişi, tahttan indirip sonra da öldürttüğü padişahın kayınbiraderini mi rahat bırakacak? Hala, bitti benim askerliğim!"

Halam eliyle ağzımı kapattı.

"Nasıl söz o, Hasan! Askerliğin bitse, Bağdat'ta işin ne? Her zabit gibi gidersin, vazifeni yapar dönersin. O söylediğin binbaşıyı, belli ki emrine karşı gediği için göndermiş Trablusgarp'a. Sen emre karşı gelmedin ki! Hem daha geçenlerde anlatmamış mıydın, Serasker Avni'nin Avrupa'dan Amerika'dan yeni silahlar geldiğinde, hani illa seni çağırtıp, 'Sen iyi silahçısın, hele şunlarla bir atış yap da söyle bakalım, almamıza değer mi' diye fikrini aldığını. Üstelik rütbeni de binbaşıya terfi ettirmişler, seninki ceza değil, tayin, oğlum."

"Siz nereden duydunuz bunu?"

"Adile Sultan söyledi. Bilirsin o hafiyeleri vasıtasıyla hükümette ve orduda neler olup bittiğine vâkıftır. Abdülaziz Han'ın hal'inden sonra pek çok zabite rütbe terfii vermişler demişti Adile Sultan, seni de sordurmuş, öğrenmiş ki, kıdemli kolağasından binbaşıya terfi etmişsin. Biz de pek iftihar ettik halaların olarak. Öldürtecek olsa niye terfi ettirsin ki seni?"

Cevap vermedim halama. Arabistan'a terfi ederek yollanıp, oradan tabutta dönen ne çok zabit biliyordum ben!

"Bak sana tavuk suyuna çorba getirdim. Muhallebi de var, pekmez kattım içine kuvvetlenesin diye. Kaç gündür lokma koymadın ağzına. Haydi benim aslan evladım, önce yemeğini ye, sonra git tıraş ol, giyin ve kalk git askeriyeye teslim ol. Rahmetli enişten Ateş Ahmet Paşa'nın da hatırı bir yere kadar. İlelebet konakta saklanamazsın."

"Biliyorum efendim."

"Haydi o zaman Hasan'ım bak müddet vermişler sana. Sen söylemedin mi bugünün son olduğunu! İkindiye kadar ortaya çıkmaz isen, Ateş Ahmet Paşa'nın kaptanıderyalığıydı, Bahriye müşirliğiydi filan dinlemez, basarlar konağı, sen de hapsi boylarsın."

Halam masaya bıraktığı tepsiyi aldı, kucağıma koydu.

"Çorba bitene kadar buradayım. İç bakalım!"

"Siz başımda beklemeyin, ben içerim," dedim.

"Tabaklar boşalana kadar bekleyeceğim. Tepsiyi dizine bırakıp gidecek olsam, konakta cariye mi yok, yollatırdım biriyle. Başla!"

Çorbadan bir kaşık aldım. Ohh, içim ısındı. Bir kaşık daha aldım. Halam tepsideki ekmeği küçük parçalara bölüp çorbaya kattı.

"Çorba bitecek," dedi.

Dibine yaklaşmıştım zaten. Utanmasam bir tas daha isteyeceğim ama yiğitliğe yediremiyorum, bunca inattan sonra.

"Aferin benim oğluma... Daha da getirtirdim lakin günlerdir boştu miden, şimdi aniden yüklenmeyelim. Muhallebini de ye haydi."

Hiç itiraz etmeden, muhallebiyi de kaşıklamaya başladım.

"Oğlum, yemeğin bitince in hamama bir güzel yıkan, kendine gel. Sonra giyin, valizini hazırla ve nereye başvuracaksan oraya git. Bak bir daha söylüyorum, bunca emek verilmiş mesleğini yakma, sonra çok pişman olursun. Hem bak Hasan, bizim memlekette her an her şey değişir. Bakarsın sen daha Bağdat yolundayken, Serasker Avni gitmiş, yerine başkası gelmiş."

"Haklısınız hala, bugün teslim olacağım. Emri hemen yerine getirmediğim için bir ceza keserler elbette, lakin mesleğim yanmaz."

"Aaa, emri hemen yerine getirmene imkân mı vardı, ayol! Cenaze kaldırdın, teessür içindeydin, evladım. Sulh zamanlarında en basit ere dahi ana babasının, evladının cenazesi için izin verilir, bilmez miyim, rahmetli Bahriye Kumandanı Ateş Paşa'nın refikasıyım ben!"

Halam konuşurken muhallebiyi de bitirmiştim.

Tepsiyi kucağımdan aldı, "Afiyet olsun yavrum," dedi halam, "şimdi aşağı inip, hamamı yaktıracağım. Bir saate hazır olur. Sen de acele et ki, teslim olmadan önce Feriye'ye uğra, gitmeden yeğenlerini gör. Onlar daha çok küçükler, hatırlamasalar dahi, dayımız Bağdat'a gitmeden evvel bize vedaya gelmiş diye bilsinler. Uzakta da olsan hayırla, sevgiyle ansınlar seni. Onların seninle Osman'dan başka kimi kimsesi yok artık. Bizler de varız elbette ama bizim ömrümüz sınırlı, Hasan'ım."

Feriye'ye uğramaya vaktim olmayacaktı lakin itiraz etmedim, "Elbette uğrarım," dedim. İstedim ki halamın hatırında, ona karşı hürmetkâr, itaatkâr bir yeğen olarak kalayım.

Yeğenlerim ise beni zaten unutamayacaklardı!

Halam çıkınca, kalktım yataktan, dolabın üzerine koyduğum valizimi indirdim. İçindekileri dikkatle tetkik ettim. Silahların hepsi bakımlı ve işler durumdaydı.

Valizi tekrar yerine kaldırdım, yatağa uzandım yine. Hamamın ısınmasını beklerken, planımı kafamın içinde gözden geçirdim.

Serasker Hüseyin Avni Paşa denen hainin konağına akşam saatlerinde gidecektim ki muhakkak evinde olsun.

Daha önce uğramam gereken yer, askeriyeydi. Eğer bana anlayış gösterir iseler ki, göstereceklerini tahmin ediyordum, Serasker insanlıktan nasibini alamamış bir zat olsa bile, askerin içinde helal süt emmiş çok insan vardı... Derdimi anlatabilirsem, yeğenlerimle vedalaşmaya vaktim dahi kalırdı.

Yok, bana zaman tanınmazlar ise bir bahane ile binanın dışına çıkacak, Serasker'e ulaşana kadar saklanacaktım.

Dolabı açtım, kolağası üniformamı ve hâlâ sahip olduğum hünkâr yaveri kordonlarımı askıdan alıp, döşeğin üzerine serdim. Parmak uçlarımla okşadım bana bugüne kadar saraya serbestçe girip çıkma imkânı vermiş olan altın iplikle dokunmuş kordonlarımı.

Saray hayatından bana kalan işte sadece bundan böyle artık başka hiçbir işe yaramayan bu püsküllü kordonlardı.

Padişah enişte, padişah refikası abla, mabeyinde hususi çalışma odası, sarayda yatak odası, saray sofralarında yer... Hepsi birer hatıraydı artık.

Bornozuma bürünüp hamama indim.

Uzun uzun yıkandım, vücudumu tertemiz ettim de, bunca kin ve nefretle dolu ruhumu nasıl temizleyecektim acaba?

Odama döndükten sonra, ağır hareketlerle giyindim.

Kolağası üniformamın üzerine yaver kordonumu elbette takmadım, artık saray yaveri değildim, askeriyede el koyarlardı sırmalarıma, halbuki onlara hâlâ ihtiyacım vardı. Kordonlarımı ceplerime sığdırmaya çalıştım. Sığmayınca ceketin içinde doladım bedenime, üstüne ceketimi giydim.

Aşağı kata indim.

Halam salonda oturmuş, kahve içiyordu.

"Aferin, giyinmişsin! Pek de yakışıyor sana üniforma! Bir kahve de sen içer misin evladım?"

"Vaktim yok," dedim, "yolcu yolunda gerek. Yeğenlere de uğra dediniz zaten... Hala, ne olacak bu iki sabinin hali?"

"Padişah çocuklarına ve annelerine kaldıkları saraylarda bakılıyor, biliyorsun. Diğer şehzade ve sultanlarla birlikte Feriye'deler. Onlar hep beraber kalınca, daha mesut oluyorlar, lakin ne zaman isterlerse ben, Adile Sultan, Tiryal Ha... Hay Allah, ağız alışkanlığı işte... Zavallı kadıncağızı Topkapı'ya aldırdı ya Şevkefza Valide, aklımdan çıkıvermiş... Her neyse, bizler varız. Osman da burada. Gözün arkada kalmasın Hasan'ım."

"Ben artık veda edeyim size. Sonra yukarda kalan eşyalarımı alır çıkarım," dedim.

"Ben arkandan su dökmek isterim oğlum. Yola gidene su dökmeden, kimse yolcu edilmez! Sen eşyalarını toparla, ben de su getirteyim."

Kalktık birlikte. Ben merdivenlere yöneldim, halam da mutfağa.

Hay Allah! Az sonra bana sarıldığında üzerimdekileri fark etmesin de... Kapı önünde vedalaşmayı o yüzden istememiştim. Odama çıktım. Dolabın üzerindeki valizden silahlarımı çıkardım. Yatağın üzerine dizdim hepsini. Birkaç ay önce vefat eden Müşir Esad Paşa'nın terekesinden bir çift altı patlar revolver almış idim. Mükemmeldiler. Çok denemiştim, hiç tutukluk yapmamışlardı. Bunları kuşandım. Diğer ufak silahlarımı gözden geçirdim, hepsi doluydu. Onların birini sağ çizmemin içine, diğerini kıç cebime soktum. Ata yadigârı Çerkez kamamı belime, diğer iki ufak boy kamanın birini sağ cebime, diğerini sol çizmemin içine bıraktım. Boş valizi dolabın üstüne koydum.

Aşağı indim.

Halam, yanında hazinedarı ve birkaç cariyesiyle holde beni bekliyordu. Cariyelerden birinin elinde su dolu bir bakraç vardı.

Halamın elini öpüp başıma koydum. O da beni kucakladı, yanaklarımdan öptü, bir dua mırıldanıp yüzüme üfledi. Sırasıyla hazinedarın elini öptüm, cariyeleri başımla selamladım, kapıya yürüdüm.

"Arabayı hazır ettirdim. Seni askeriyeye bırakıversin. İzin alabildinse Feriye'ye kadar uzanırsın," dedi halam.

Teşekkür ettim. Bindim arabaya. Atların sırtında şaklayan kamçının sesine, bakraçtan fırlatılan suyun yere vuran sesi karıştı.

"Su gibi git, su gibi dön! Su gibi aziz ol," diye bağırdı arkamdan halam.

Arabadan sarkıp, halama el salladım. Yanındaki kadın kalabalığı ile halam da, biz köşeyi dönene kadar el salladılar bana.

Köşeyi dönünce, başındaki alacalı tirşe başörtüsü ile konağının önünde dikilen halam, İstanbul hatıralarımın son sayfası olarak kaydoldu zihnime.

Şura-yı Askeriye'ye vardığımda, müracaattaki askere, Hassa Ordusu Kumandanı ve Şura-yı Askeriye Reisi Redif Paşa'yı görmek istediğimi söyledim. Redif Paşa'nın odasına hemen bir er yolladılar.

Ben, oradaki bankoya oturmadan, kapıya yakın bir noktada, ayakta bekledim. Eğer beni tevkif için zaptiye yollayacak olurlarsa, hemen sıvışacaktım. Binadan çıktığımda ise, nereye doğru kaçıp kalabalığa karışacağıma, binaya girmeden karar vermiştim.

Baktım er tek başına dönüyor, rahatladım. Müracaata doğru yürüdüm. Er hazırolda selam çaktı, "Redif Paşa sizi bekliyorlar," dedi.

"Odasını biliyorum, ben giderim," dedim.

Fakat merdivenlere yöneldiğimde, yanımda birkaç zabit bitti, beni aralarına alarak Redif Paşa'nın odasına kadar götürdüler. Bu hiç hesapta yoktu! Kaçmam gerekirse ne yapardım bilemedim. Az sonra Paşa'nın odasındaydım.

Redif Paşa bana ateş püskürüyordu.

"Sen kendini ne zannediyorsun!" diye bağırdı, "Şehzade veya sultanzade misin? Kim oluyorsun da İstanbul dışına çıkmam diyorsun?"

"Öyle bir şey asla demedim Paşa Hazretleri."

272

"O halde neden askerî emre uyarak, vazife yerine zamanında hareket etmedin? Bu ne küstahlık? Şimdi seni tevkif ettireceğim. Divan-ı harbe çıkacaksın, rütbelerin sökülecek... Değer miydi buna İstanbul'da kalmak için? Ne var bu İstanbul'da? Bir askere memleketin her köşesi vatan toprağı değil midir?"

Ablamın ölümünü bilmiyor olabilir mi Redif Paşa?

"Paşa Hazretleri, ablamın ölümünden dolayı ailevi teessürüm ve mazeretlerim vardı. Cenaze sonrasında, ablama dini vazifelerimi de yerine getirmek istedim. Bilirsiniz, dualarımız vardır, âdetlerimiz vardır... Genç yaşta bir evlat kaybetmiş validem ile pederimin teselliye ihtiyaçları... Her neyse, ben ailevi meselelerimle başınızı ağrıtmayayım. Hazırlığımı yaptım, Bağdat'a yarın hareket edeceğim. Gecikme için sizden özür dilemeye geldim."

Uzun bir sessizlik oldu aramızda. Bakışları yumuşadı, sanırım Redif Paşa samimiyetime inandı. Neşerek Kadınefendi'nin vakıtsız olumunu duymayan kalmamıştı zaten.

"Pekâlâ. Ailevi teessürünü kabul ediyorum. Şimdi teslim ol ve gece burada kal," dedi.

Hazır-ol duruşumu hiç bozmadan, "Paşa Hazretleri, malumunuz, ablamın vefatı haricinde de pek çok elemi arka arkaya yaşadık. Validemi son hadiseler çok sarstı. Kendisi rahatsızdır. Size yarın sabah gün doğarken bu kapıda olacağıma askerî ve şahsi namusum üzerine yemin ediyorum. Müsaade edin son gecemi validemin yanında geçireyim. Yolum uzun, ne zaman döneceğim, döndüğümde geride bıraktıklarımı bulup bulmayacağım meçhul. Benden bu geceyi ailemin yanında geçirmemi esirgemeyin paşam. Gene de emr-ü ferman sizindir."

Redif Paşa hemen cevap vermedi.

Sağ elinin parmakları masasının üzerinde belli bir tempoda tıkırdadı bir süre.

Düşünüyordu. Sanırım padişahla akraba olan bir zabiti askerî divan-ı harbe vermenin veya beni tevkif edilmiş bir zabit olarak muhafızların arasında trene yollamanın pek çok tatsız dedikoduya yol açabileceğini hesaplıyordu.

Az sonra başıyla nöbetçi zabite işaret etti, "Binbaşıya kapıya kadar nezaret edin," dedi, "bu akşam ailesiyle vedalaşmaya gidecek."

Bana döndü, "Yarın sabah ezanında burada olmanız kaydıyla, çıkın Binbaşı."

Asker selamı verdim. Nöbetçi zabitle birlikte kapıya yürüdük.

Şansım yaver gitmişti.

Beyazıt semtinden Cibali'ye indim.

Cibali iskelesinden bir kayık kiraladım. Kayıkla Serasker Avni Paşa'nın Kuzguncuk'taki yalısına geçerken, ceketimin içinde bedenime doladığım saray yaveri kordonlarımı çıkarıp kayıkçının şaşkın bakışları altında, üniformamın üzerine taktım.

Yalının rıhtımına yanaştık. Kayıkçıya ücretini, üzerine bol bahşiş katarak ödedim. Rıhtıma atladım lakin eve ön cepheden giremedim. Yan bahçeden dolanarak arka tarafa geçerken bir uşak koşarak geldi. Sırmalarımı görünce hürmetle selamladı.

"Karşı sahilden kayıkla rıhtıma yanaştım da..." diye izahat verdim, "Serasker Paşa Hazretleri'ni acilen görmem gerekiyor."

"Evde değiller."

"Yaa! Hay Allah! Buraya kadar boşuna mı geldim? Pek acil bir durum var idi de..."

"Mithat Paşa'nın konağına gittiler. Bu akşam hükümet orada toplanacakmış. Çok acil ise, doğru Mithat Paşa konağına gidin efendim."

Gerisin geriye rıhtıma koştum. Uzaklaşmakta olan kayıkçıya tiz bir ıslık çaldım ve seslendim. Kayıkçı dönüp baktı. İki elimi birden salladım, buraya gel işareti yaparak.

Az sonra geldiğim kayıkta, Sirkeci istikametine geri dönüyordum.

Çok sıcak bir geceydi. Süt liman denizde yağ gibi kayıyordu kayık. Çoğu zaman çırpıntılı olan Boğaz'ın suları, itinayla ütülenmiş çarşaf gibiydi adeta.

Ben bunu hayra yordum.

İşim rast gidecekti. Nasıl gitmesin, körün istediği bir göz iken, Rabbim bana kaç göz birden nasip ediyordu.

Hükümet toplantısı... Mithat Paşa, Kayserili Ahmet Paşa, Avni melununun yanı sıra o içten pazarlıklı tilki Sadrazam Rüştü Paşa da mutlaka oradaydı.

Mahşerin dört atlısından dördüncüsünü, o sesinden başka her tarafı çirkin, ahlakı en çirkin, halkın Şerullah adını taktığı Şeyhülislam Hayrullah'ı da çağırmışlar mıydı acaba?

Eğer o da davetli idiyse bu akşam, Sultan Aziz'i tahtından ve hayatından eden dörtlüyü, ilahi cezayı beklemeden önce ben cezalandıracaktım. Bu dünyadaki hesapları görülsün tarafımdan, ötesini Allah'ıma havale ediyordum!

Cehennem ateşlerinde mi yanarlar, vicdan azaplarına mı düçar olurlar... Elbette vardı bir cezaları daha!

Sirkeci'den Beyazıt'a kadar yürüdüm.

Yürümek mi? Yürümedim de uçtum galiba.

275

Sanırım zaman mefhumu bende kaybolmuştu. Attığım her bir adım, bir başka ölçüyle on adım yerine geçiyor olmalıydı ki, yokuşundan dolayı tırmanması bana hep eziyetli gelmiş yolu nasıl geçtiğimi, yolda kimlere rastladığımı hiç hatırlamıyorum.

Kimseye rastlamamış olmam şaşırtıcı değildi zira geceleri Müslüman halkın ikamet ettiği bu mahallede akşam ezanından sonra sokakta kimse kalmazdı. Bu cadde üzerinde dükkânları, ticarethaneleri olan gayri müslimler ise, kendi mahallelerine çoktan geçmiş olurlardı o saatte. Lakin ben Divanyolu'na yürüyüşümü nedense hiç hatırlamıyordum. Sanki Sirkeci'de başlayan yokuşu kanatlanıp uçmuş ve bir anda kendimi Beyazıt'ta bulmuştum.

Konağın bulunduğu caddeye saptım. Mithat Paşa'nın adresini elbette biliyordum. Konağa doğru aceleci adımlarla yürümeye başladım.

Az önceki tuhaf halimden eser kalmamıştı. Rüyadaymışım gibi hissetmiyordum artık. Ayakları yere basan çok endişeli bir adamdım şimdi.

Ya geç kaldımsa, nazırlar dağıldıysa... Ya konağın içine girmemi engellerlerse... Ya hedefimi gerçekleştiremeden dönmek zorunda kalırsam... Hayır, başka gece yoktu, başka zaman yoktu.

Ya şimdi ya hiç!

Bahçe kapısını açmaya davrandığımda, bir muhafız kim olduğumu, kimi görmek istediğimi sordu. Kim olduğum, üniformamın kordonlarından belliydi... Saray yaveriydim.

"Serasker Paşa Hazretleri'ne saraydan çok önemli bir haber getirdim," dedim.

Kapıyı açtılar. Sert asker adımlarıyla konağa doğru yürürken, başka bir muhafız peşimden koşturdu.

"Hükümet müzakere halinde şu anda. Siz lütfen sofada bekleyin, Serasker Paşa âdeti üzere, sıkça çıkar abdesthaneye. Bir çıktığında konuşursunuz."

"Eyvallah ağam, yukarı çıkayım, öyle yaparım," dedim.

Hava çok sıcak ve bahçe nazırların muhafızlarıyla dolu olduğundan, konağın kapısı açıktı. İçeri girdim, mermer holün ortasındaki çifte merdivenlerinden sağ tarafı seçerek, koşar adım yukarı çıktım. Üst katta, sofaya açılan odalardan sadece iki tanesinin kapısı açıktı ve duvar kenarına dizilmiş kanepelerin birinde bir muhafız uzanmış uyukluyor, diğerinde iki muhafız yan yana oturmuş, orta masasının üzerinden aldıklarını tahmin ettiğim bir mecmuaya bakıyorlardı.

Beni görünce telaşla ayaklandılar, biri mecmuayı arkasına sakladı.

Hiç oralı olmadan, "Müzakere şu odada mı?" diye parmağımla ortadaki kapalı kapıyı işaret ettim.

"Kimi aramıştınız efendim?" diye sordu biri.

"Serasker Hazretleri'ne saraydan bir haber getirdim."

"Kim geldi diyeyim?"

"Şu kapı mı?"

"Evet... Kim geldi diyeyim?"

"Zahmet etme, beni bekliyorlar zaten," dedim ben.

Kapıyı sol elimle usulca açarken, sağ elimle pantolonumun kemerine soktuğum tabancamı çıkarttım, içeri girince kapıyı ayağımla itip kapatırken, koskocaman masanın etrafında oturanlara göz attım. Paşalardan biri ayakta açık pencerenin önünde duruyordu. Raşit Paşa, yanında eski serasker Rıza

Paşa'yla sırtı bana dönük kapıya yakın oturuyorlardı. Rıza Paşa'nın yanında Mithat Paşa vardı ki, henüz hiçbiri beni fark etmemişti.

Benim esas avım nerede?

Nerede o melun?

Hah! Buldum işte, masanın tam orta yerinde, elbette kendinden beklen eceği gibi, baş köşeye kurulmuş. Ben içeri gireli birkaç saniye olmuştu ancak, bir hamlede karşısına geçtim, altıpatlar Amerikan malı revolverimin kurşunu vınladığı anda, "DAVRANMAYIN, DAVRANMA SERASKER!" diye bağırdım.

Beni duydular da ihtarıma aldırmadılar. Bir anda herkes ayaklandı, ona rağmen ilk kurşunum hedefini buldu.

Hemen bir kurşun daha attım. Serasker Avni ilk kurşunu göğsüne, ikinciyi karnına yedi lakin ölmedi! Can havliyle kapıya koştu, sofaya kaçtı.

Dokuz canlı bir canavar bu, vallahi insan değil!

Fakat bırakmayacağım peşini.

Ben de fırladım sofaya... Biri beni arkamdan kucaklar gibi, kollarıyla çembere aldı. Silkindim, lakin atamadım üstümden...Kollarını çözmeye dermanımın yetmeyeceğini anlayınca, tabancamı sağ elimden bırakmadan, sol elimle belimdeki Çerkez kamamı çektim ve arkaya savurarak galiba kulağının dibinde derin bir yara açtım. Arkamdaki her kim ise, sıcak kanı benim de enseme akıyordu ve hâlâ çözmüyordu kollarını.

Öyle mi? Arkadan göğsüme uzanan koluna da sapladım kamayı.

Yine bırakmıyor beni, o her kimse! Parmaklarını doğradım bu sefer. Pastırma doğrar gibi dilim dilim... Kolları gevşedi nihayet, bir an sonra tam çözüldü, silkindim, fırlayıp yerde yatmış, inildeyen Serasker'in üzerine atladım, kanlı kamayı bu sefer ona sapladım. Son defa titreyip kasıldı kaldı.

Artık ben bir insan değildim, öldürdüğüm Avni gibi bir canavardım.

Bir canavardım ben! Canavardım!

Kamayı sapladım, sapladım, sapladım.

Ablam için sapladım, bilekleri kesilerek öldürülen Hünkâr eniştem için sapladım, anasız babasız kalan yeğenlerim için sapladım, balıklara yem olan Çerkezlerin intikamı için sapladım, Rusların tecavüzüne uğrayan Çerkez kızları, kadınları için... Evleri yakılıp yıkılan soydaşlarım için... Tarumar edilen tarlalarımız, yağmalanan mallarımız, el konulan madenlerimiz için... Defalarca... defalarca... Sonra sağ elimdeki tabancayla iki el de havaya ateş ettim sırf şan olsun diye!

Ne yapıyordum ben? Zaman kaybediyordum! İşim vardı daha! Mithat ve Kayserili Ahmet Paşalar da ölmeliydi, Rüştü Paşa da...

Gerisin geriye yemek odasına koştum. Oda boşalmıştı. Sadece tek bir kişi dimdik oturuyordu masada... Ona da bir kurşun... Aaa, galiba vurduğum Hariciye Nazırı Raşit Paşa'ydı!

Hay Allah! Onun Abdülaziz'in hali ve ölümüyle hiç ilgisi yoktu ki! Pat diye yüzüstü masaya düştü, o yüzden tam göremedim kim olduğunu.

Ya Raşit Paşa ise? Ah, ya o ise!

Şimdi bunu düşünmenin zamanı değil, diğerlerini bulmalıyım.

Nereye kaçmış olabilirler?

Yemek odasının karşısındaki odaya sığınmış olacaklar;, fırladım sofaya, kilitli kapıyı açamadım lakin bana da bir azman kuvveti gelmiş olmalı ki, nasıl omuzlamışsam, aralandı kapı. Kolumu soktum aralıktan... Ayyy!

Demir bir çubukla çok sert bir darbe yedim koluma, elimdeki tabanca oda tarafında yere düştü. Kapının gerisinde, Rüştü Paşa'nın "Tabancayı alın!" diye bağıran sesini duydum. Hemen odanın az ilerdeki ikinci kapısına koştum. Zorladım. Masa başındakiler toplu olarak kapının arkasında olmalıydılar. O kadar kişiye karşı tek başıma bir ben, açamayacaktım kapıyı... Vazgeçtim, araladığım kapıya geri geldim,

"Aç kapıyı Rüştü Paşa," dedim, "kimseye zarar vermeyeceğim, sadece Kayseriliyi verin bana, gideyim. İşim onunladır."

"Hasan Bey oğlum, şu anda hiddetlisin, yarın gel görüşelim," dedi bana çocuk eğler gibi. Yarınım yok ki benim, beni ya kurşuna dizecekler inşallah ya da rütbelerimi söküp, önce askerlikten atacak, sonra asacaklar.

Yarınım ölüm!

Bunu o da biliyor, iki yüzlü herif!

"Kayseriliyi verin, yoksa tabanca sıkacağım rastgele, bir masum ölebilir!"

"Burada değil," dedi Rüştü Paşa.

Kayserili Ahmet Paşa'ya olan husumetim Rüştü Paşa'ya olandan daha fazlaydı. Alaylı olmasına rağmen, kaptanderyalık ve Bahriye nazırlığı yaptırmıştı ona merhum Abdülaziz Han. Donanma yenilenince başkasını tayin etmişti o makama. Zira zırhlı donanma bambaşka bir şeydi, cesur asker olmak yetmiyor, tahsil ve mühendislik bilgisi de gerektiriyordu. Sanki kaptanderyalık babasının malıymış gibi, o mevkiden alındığında nasıl bir hırsa kapıldı ise intikam hissiyle katılmıştı eniştemi önce haledip sonra da öldürenlerin arasına.

Cezasını mutlaka vermeliydim!

Hafazanallah, arkamda biri var... Enseme sivri bir şey dayadı; döndüm, elinde bıçakla bir uşak... DAN! Tek kurşun! Düştü ayaklarımın dibine...

Tam o sırada yerde kıvranan adamı gördüm, parmaklarını doğradığım kişi, Kayserili Ahmet'miş meğer!

Aaa, merdivende postal sesleri... bir tabur asker üzerime geliyor, bana doğru koşan ilk zaptiyeye de bir kurşun sıktım, tam alnının ortasına geldi, iyi atıcıyım ya ben! Ben niye vurdum onu yahu? O bir emir kuluydu, vazifesini yapıyordu... Allah'ım beni affet, bir masumu öldürdüm.

Gelenlerin hepsini vuracak kurşunum var. Tam dört tabanca saklı oramda buramda... Kamalarım da cabası lakin gelenlerin hepsi masum insanlar, bu devlet için tıpkı benim gibi şevk ile çalışanlar. Onları vurmam, vuramam!

Tabancamı attım önlerine, etrafımı sardılar, aralarından ikisi üstümü aramak üzere yanaşırken, bir ses duydum.

"Açılın... O ahlaksız ile önce ben konuşacağım. Onu ben tevkif edeceğim."

Baktım, saray yaverlerinden Bahriye Kolağası Şükrü Bey. Çok iyi tanırım kendisini.

"Silahlı mı?" diye sordu.

İki tabancam ile Çerkez kamam ayağım dibinde yerde duruyordu.

"Silahlarını attı," dedi zaptiyelerden biri.

"Bana bak ulan it!" diye başladı Şükrü Bey ve bir beye asla yakışmayacak kelimelerle hakaretlerini art arda sıralamaya başladı. Benim kulaklarım uğuldamakta tam o anda. İçimde bir fırıldak hızla dönüyor. Eğildim, çizmemde saklı küçük tabancayı aldım ve DAN! Alnının tam ortasına, yine tam isabet! Şükrü, yüzükoyun düştü.

"Üzerime gelmeyin, bütün silahlarımı çıkarıyorum," dedim, "Onu bana hakaret ettiği için vurdum. Size hiçbir şey yapmam."

Gözlerini Şükrü'den önce vurduğum yerdeki zaptiyeden kaldırıp, müstehzi bir ifade ile yüzüme bakan genç askere, "O biçare arkadaş için çok pişmanım. Kaza oldu, Allah günahımı affetsin. Niyetim hiçbirinize zarar vermek değildi," dedim, "Ben yapmam gerekeni yaptım, Hünkâr eniştemin, ablamın ve intikamı alınmamış bütün Çerkezlerin hesabını kapattım. Sadece Mithat ve Kayserili Ahmet Paşaları öldüremediğime yanarım."

Askerler çepeçevre etrafımdaydılar. Üzerime çevrilmiş namluların tam ortasında duruyordum. Bir kurşun da kendime mi sıksam?

Olmaz, Müslümanım ben!

Üzerimde başka ne silah varsa yere attım hepsini. Zaptiyeler onca silaha hayretle baktılar. Birinin gözlerinde hayranlık ışığı yakaladım, sanki.

Silahları topluyorlar, biri kelepçeliyor ellerimi. Bir diğeri izin isteyip sırmalarımı sökerken elleri titriyor hafifçe.

Boşuna korkuyor.

Hayır, hayır, hiç kızmıyorum onlara.

Tıpkı Babıâli yokuşunu çıkarken ki halet-i ruhiye içindeyim şu anda, bedenim sanki bir boşlukta yüzüyor.

Sakinim, kendimle imtizaç içindeyim, mesudum adeta.

On yedi günden beri ilk defa tarifsiz huzur duyuyorum.

Fırtınam dindi!

Gözlerimi yumdum. Kendimi darağacında gördüm. Üzerimde beyaz kefen, kulağımda bağırtıların çağırtıların postal seslerine karıştığı bir uğultu vardı ve bu uğultunun içinden yanık bir ses öne çıkıyordu, türkü mü okuyordu, bana mı öyle geliyordu... Yarını bugüne mi taşıdım yoksa ben, muhayyelemde?

Aksaray'dan kar geliyor / Ben sandım ki yar geliyor
Çıktım baktım pencereye / Çerkez Hasan can veriyor
Beyazıt'ın meydan yeri / Hanımların seyran yeri
Çerkez Hasan'ı astılar / Sol yanında ferman yeri

Değerli vaktinden ayırarak, romanı baştan sona okuyan,
derin Osmanlı tarihi bilgisiyle saray içi konuşmalarda
hitabet usulleri ve sarayların romanın geçtiği dönemdeki
adları gibi gözden kaçabilecek hatalarımı düzelten
Murat Bardakçı'ya şükranla.

Romana giriş sırasıyla bölümlere adını veren saraylıların sonlarını merak edenlerin bilgisine sunulur.

PERTEVNİYAL VALİDE SULTAN

II. Mahmut Han'ın beşinci kadınefendisi Pertevniyal, 25 Haziran 1861 tarihinde oğlu Abdülaziz'in tahta çıkmasıyla, 30 Mayıs 1876 yılına kadar Valide Sultan olarak saltanat sürdü. Abdülaziz Han'ın 4 Haziran 1876 tarihindeki vefatıyla, Topkapı Sarayı'na götürülerek, otuz sekiz gün boyunca çok kötü şartlarda zindan hayatı yaşadı. Sultan V. Murat Han'ın emriyle tekrar nakledildiği Feriye Sarayı'nda, kapı ve pencerelerinin çivilendiği bir odada sekiz gün daha geçirdi. II. Abdülhamit Han'ın 31 Ağustos 1876'da tahta çıkışıyla esaretten kutulan Pertevniyal Valide, oğlundan sekiz yıl sonra, 26 Ocak 1884 yılında Çırağan Sarayı'nda vefat etti ve kendi inşa ettirdiği Aksaray'daki Valide Sultan Camii yakınındaki türbesine gömüldü.

ADİLE SULTAN

II. Mahmut Han'ın kızları arasında en uzun yaşayanı ve şiir divanı bulunan yegâne padişah kızıdır. Adile Sultan, saray kurallarına çok dikkat ederken, bir yandan da Tanzimat ile getirilen yeniliklere öncülük ederek, kadın dünyasının uyanışında çaba harcamış, yaşadığı sürece, kardeşi II. Abdülhamit Han'ı Yıldız Sarayı'ndaki ziyaretlerinde padişahlara özgü merasim ve Mızıka-i Hümayun'la karşılanacak derecede büyük saygı ve itibar görmüştür.

12 Ocak 1899 tarihinde yetmiş üç yaşında vefat etmiş, cenazesi ikametgâhı olan Fındıklı Sarayı'ndan alınarak, Eyüp Bostan İskelesi'ndeki aile türbesine, eşi Mehmet Ali Paşa ve evlatlarının yanına defnedilmiştir.

SERASKER AVNİ PAŞA

Abdülaziz Han tarafından iki kez sadrazamlık üç kez de seraskerlik makamına atanmış olan Hüseyin Avni Paşa, II. Abdülhamit'in emriyle 1881'de Yıldız Sarayı'nda başlatılan çadır mahkemesinde, 30 Mayıs 1876'da Abdülaziz Han'ı tahtından indiren darbeden ve altı gün sonraki ölümünden suçlu bulundu. Ne var ki, bu dünyadaki cezası, Abdülaziz Han'ın kayınbiraderi Çerkez Hasan tarafından verilmiş bulunuyordu. Serasker Avni Paşa'nın cenazesi, ölümünün ertesi günü, 16 Haziran 1876 tarihinde kaldırıldı ve Süleymaniye Camii'nde Sadrazam Âli Paşa'nın ayakucuna gömüldü.

V. MURAT HAN

V. Murat Han, Abdülaziz Han'ın hal'ine de fetva vermiş olan Şeyhülislam Hayrullah Efendi'nin fetvası ile tahttan indirildi ve 1876 yılının 31 Ağustos günü Beşiktaş Sarayı'ndan, 28 yıl sürecek saray hapsini çekmek üzere Çırağan Sarayı'na nakledildi. Tedavisi süren eski padişahı tahta iade etmek için yapılan teşebbüsler, mahpusluk hayatını ağırlaştırmaktan öte bir işe yaramadı.

İlerleyen yıllarda akıl sağlığına tamamen kavuşan V. Murat Han, ömrünü çocuklarını ve torunlarını eğitmeye, piyano için besteler yapmaya vakfetti.

1904 yılının 29 Ağustos'unda, tedavi edilmeyen şeker hastalığı nedeniyle altmış dört yaşında vefat etti. Evlatları babalarının Yahya Efendi Türbesi'ne gömülmeyi vasiyet ettiğini söyleseler de, II. Abdülhamit Hanın emriyle, cenazesi birkaç Yıldız Sarayı görevlisi tarafından sessiz sedasız kaldırılarak, tören alayı düzenlenmeksizin, namazı Bahçekapı'daki Hidayet Camii'nde kılınıp, Yeni Cami Havatin Türbesi'nde, annesi Şevkefza Valide'nin yanına gömüldü.

ŞEVKEFZA VALİDE SULTAN

Abdülmecit Han'ın ikinci kadınefendisi Şevkefza Valide Sultan, 1876 yılının 30 Mayıs günü oğlu V. Murat'ın tahta çıkışıyla 'valide sultanlık' makamına erişmiş, 93 gün süren bir saltanat döneminden sonra, V. Murat Han'ın akıl hastalığı nedeniyle tahttan indirilmesi sonucu, Çırağan Sarayı'nda oğlu ve torunlarıyla birlikte başlayan mahpusluğu, 17 Eylül 1886 yılındaki vefatına kadar on üç yıl sürmüştür. Bu on üç yıl boyunca, oğlunun iyileşmesi umudunu hiç yitirmeyip, varını yoğunu hekimlere ve üfürükçü hocalara harcamaya devam etti. Murat Han'ın tamamen iyileşmesinden sonra ise tekrar tahta çıkabilmesi için verdiği çabaların duyulması, II. Abdülhamit Han'ın koyduğu mahpushane şartlarının daha da ağırlaştırılması ve dış dünya ile ilgisinin tamamen kesilmesiyle sonuçlandı. Vefatında, cenazesi ancak tabutunu taşımaya yeterli saray hademesi tarafından Yeni Cami avlusundaki Havatin Türbesi'ne taşındı, diğer valide sultanlara layık görülen resmi tören ve cenaze alayı düzenlenmeksizin, gizlice gömüldü.

DAMAT NURİ PAŞA

Ferik Arif Paşa'nın oğlu olan Nuri Paşa, Sultan Abdülmecit'in üçüncü mabeyincisi iken Abdülmecit Han'ın kızı Fatma Sultan ile evlendirilince, önce paşa, sonra vezir rütbesi alarak devlet nazırı olarak kabineye girdi. Sultan V. Murat'ın tahta çıkmasıyla rütbesi müşirliğe yükseltildi.

II. Abdülhamit Han'ın emriyle, Abdülaziz'in ölümünü araştıran Yıldız Mahkemesi'nde suçlu bulundu. Padişah tarafından Fatma Sultan'la olan nikâhı feshedilen Nuri Paşa'nın idam hükmü, II. Abdülhamit tarafından müebbet hapse çevrildi. Taif'e sürülen Nuri Paşa, şartlara dayanamayıp akıl sağlığını yitirdi ve dokuz yıl sonra, elli yaşındayken hücresinde ölü bulundu. Taif'te gömülüdür.

MABEYİNCİ FAHRİ BEY

Gümrük Başkâtibi Hacı Hüseyin Bey'in oğlu olan Fahri Bey, eylem sırasında Abdülaziz Han'ın ikinci mabeyincisi idi. Yıldız Mahkemesi'nin hakkında verdiği idam cezası, II. Abdülhamit Han tarafından müebbet hapse çevrildi. Sürüldüğü Taif''te 27 yıl hapis yattıktan sonra, sonra, 1908 yılında Meşrutiyet'in ilanıyla İstanbul'a döndü. 1918 yılında İstanbul'da vefat etti.

ARABACI NAFİZ AĞA

Arabacı Nafiz Ağa, Hamza ve Halil'in yanı sıra romandaki üç kurgu karakterden biri olduğu için, sonu okurların arzusuna bırakılmıştır.

MİTHAT PAŞA

Niş, Kosova, Tuna, Bağdat valiliklerinde itibar kazanan Mithat Paşa, nazırlık, sadrazamlık ve Şuray-ı Devlet reisliği yaptı. II. Abdülhamit'in emriyle Abdülaziz Han'ın ölümünü soruşturmak üzere kurulan Yıldız Mahkemesi'nde, 66 gün süren soruşturma sonucu hakkında verilen idam kararı, II. Abdülhamit tarafından müebbete çevrildi. Taif Kalesi'nde iki yıl dokuz ay süren mahkûmiyeti sırasında iki ciltlik hatıratını kaleme alan Mithat Paşa, 1884 yılının 6 Mayıs akşamı, hücresinde askerler tarafından boğularak öldürüldü. 1951 yılında, kemikleri Taif'ten İstanbul'a getirilerek, Hürriyet-i Ebediye'deki kabrine defnedildi.

62 yaşındaki Mithat Paşa'yı öldürme emrinin kimin tarafından verildiği, tahminler II. Abdülhamit Han'ı işaret etse de, bugüne kadar kesinlik kazanmamıştır.

HÜMAYUN YAVERİ ÇERKEZ HASAN BEY

Çerkez Hasan Bey, 15 Haziran 1876'da Mithat Paşa'nın konağını basarak beş kişiyi öldürdüğü gece, Seraskerlik binasının yanındaki Süleymaniye Kışlası'na götürüldü. Sorgusu çok acele bir şekilde, o gecenin geç saatlerinde yapıldı. Konağa Serasker Avni Paşa başta olmak üzere, Kayserili Ahmet Paşa ve Mithat Paşa'yı öldürmek üzere gittiğini, bu işi tek başına planlayıp gerçekleştirdiğini itiraf etti. Divan-ı Harbe çıkarılmadan ve eylemin ardında başka kişilerin de olabileceği araştırılmadan, 16 Haziran günü ordudan ihraç edilen Çerkez Hasan, bir gün sonra, 17 Haziran Cumartesi sabahı Beyazıt

Meydanı'nda, büyük kapının yanındaki dut ağacına asılarak idam edildi ve Edirnekapı mezarlığına gömüldü. Mezar taşının, II. Abdülhamit tahta çıktıktan sonra, Pertevniyal Valide tarafından yaptırıldığı rivayet edilir.

* * *

Her Yerde Kan Var aşağıda sıralanan eserlerden yararlanarak yazılmıştır.

1) *Bir Darbenin Anatomisi*, Yılmaz Öztuna.
2) *Haremin Padişahı*, Ali Akyıldız.
3) *Bu Mülkün Kadın Sultanları*, Necdet Sakaoğlu.
4) *Bu Mülkün Sultanları*, Necdet Sakaoğlu.
5) *Valide Sultanlar ve Harem*, Ahmet Şimşirgil.
6) *Beşinci Sultan Murat'ın Tedavisine ve Ölümüne Ait Rapor ve Mektuplar*, İsmail Hakkı Uzunçarşılı.
7) *Osmanlı Hanedanı Saray Notları* (1808-1809) Hanzade Sultan Efendi.
8) *Son Osmanlılar*, Murat Bardakçı.
9) *Türkiye'nin Yakın Tarihi* (1789-1980), Sina Akşit.
10) *Osmanlının Valide Sultanları*, Sevinç Kuşoğlu.
11) *Osmanlı Türk Tarihinde 1774-1923 Batı Etkisi*, Roderic H. Davison.
12) *Osmanlı İmrapatorluğu'nun Gerileyiş ve Çöküş Tarihi*, Alan Palmer.
13) *Sultanların İhtişamı*, Philip Mansel.
14) *Adsız Roman* (1864 Çerkez Sürgünü ve Soykırımı), Sema Soykan.
15) *Osmanlı Tarihi Sözlüğü*, Necdet Sakaoğlu.
16) *Osmanlıca-Türkçe Sözlük*, Mustafa Nihat Özön.

SÖZLÜK*

Adabımuaşeret: Görgü kuralları
Ağalar
Ahval: Durumlar, haller, vaziyetler; davranışlar; olaylar
Akli meleke: Kişilik ehliyeti, zihinsel olarak ehil durumda olmak
Amil: Etken, etmen, sebep, faktör
Arş-ı âlâ: Göğün dokuzuncu katı
Arz-ı endam: Boy göstermek, ortaya çıkmak, görünmek
Asude: Rahat, sakin; sıkıntı ve üzüntülerden uzak, dağdağasız, gailesiz, rahat, huzurlu
Ati: Gelecek olan, gelecek, müstakbel; gelecek zaman, istikbal
Avdet: Dönüş, geri geliş, gidilen yerden dönme
Azamet: Büyüklük, ululuk, yücelik, celal; görkem, gösteriş, heybet; çalım, kurum, tekebbür
Azimet: Gidiş; sebat, kararlılık
Azil: Görevine son verme, işinden çıkarma
Bedbaht: Mutsuz, bahtsız, talihsiz
Bedbin: Kötümser
Bendegân: Osmanlı'da devlet memuru görevli kalfa anlamına gelir

---

* Sözlükçeyi hazırlarken güncel TDK Türkçe Sözlük'ten ve Kubbealtı Lügati'nden yararlanılmıştır. [ed.n.]

292

Beşiktaş Sarayı: Dolmabahçe Sarayının resmi adı. 1846'da Abdülmecit tarafından yapımına başlandı. 1856'da biten saray bugün Dolmabahçe Sarayı adıyla anılmaktadır

Biat: Bir kimsenin egemenliğini tanıma; Osmanlı Devleti'nde padişah öldüğünde tahta geçecek oğlunun devlet yönetimindeki etkili gruplarca kabul edilip onaylanması

Brokar entari: Sırma veya gümüş işlemeli ipekli kumaştan kadın elbisesi

Cariye: Yabancı ülkelerden kaçırılıp özgürlükten yoksun bırakılan, alınıp satılabilen, her konuda efendisinin isteklerine bağlı bulunan genç kadın, halayık

Cülus: Hükümdarlık tahtına çıkma, tahta oturma

Cülus bahşişi: Osmanlı padişahlarının tahta çıkışlarında yeniçerilere dağıttıkları bahşiş

Çerağ: Enderun veya haremde çalışanların evlenerek veya sürelerini doldurarak saraydan ayrılmaları

Dar-ı dünya: Yeryüzü, dünya

Divan-ı harp: Askerler tarafından işlenen suçlara bakan olağanüstü askerî mahkeme

Duhul: Girme, giriş, dahil olma

Düçar: Uğramış, yakalanmış, tutulmuş

Düstur: Genel kural; devlet kanunlarını içine alan kitap, kanun dergisi

Düşes: Bir dükün karısı veya miras yoluyla bir düklüğün sahibi olan kadın

Ekâbir: Büyükler, devlet büyükleri, ileri gelenler

Elan: Şimdi, şu anda; hâlâ, şu anda bile

Encam: Son, işin sonu

Esvap: Giysi, giyecek, elbise

Faş: Gizli olanı açığa vurma, duyurma, ortaya dökme

Ferace: Kadınların sokakta giydikleri, mantoya benzer, arkası bol, yakasız, çoğu kez eteklere kadar uzayan üst giysisi

Feraset: Anlayış, seziş, sezgi; bir insanın ahlakını, yeteneğini yüzünden anlama melekesi

Galebe çalmak: Yenmek, mağlup etmek; üstün gelmek, bastırmak

Gülhâne Hatt-ı Hümayunu: 1839'da Gülhane Meydanı'nda Abdülmecit Han tarafından okutulan, tüm tebaaya eşitlik vaat eden ferman

Hadım: Kısırlaştırılmış erkek

Hadım ağası: Saraylarda harem bölümünde hizmet eden kısırlaştırılmış erkek, harem ağası

Hafiye: Bir kişi veya bir mesele hakkındaki gizli şeyleri araştırıp ilgililere haber veren kimse, dedektif

Hal (etmek): Tahttan indirme

Harem ağası: Osmanlı saraylarında ve büyük konaklarda haremle selamlık arasında hizmet gören zenci köle, hadım ağası

Hayrat: Sevap kazanmak için yapılan iyilik; halkın yararlanması için yapılan okul, çeşme, hastane vb. yapı

Hazine-i hassa: Osmanlılarda doğrudan doğruya padişahın özel gelir ve giderlerinin resmî bir teşkilat bünyesinde idare edildiği daire

Hazinedar: Bir hazineyi bekleyen, yöneten kimse

Hemşire: Kız kardeş

Hercümerç: Altüst, karmakarışık, darmadağınık, allak bullak

Himmet: Lütuf, iyilik, iyi davranma; çalışma, emek, gayret; yardım, kayırma

Hin-i hacet: İhtiyaca göre, ihtiyaç vakti

Hotoz: Kadınların süs için saçlarının üstüne taktıkları, çeşitli renk ve biçimde yapılmış küçük başlık; tavuskuşu, tavuk vb.'nin başında bulunan tüyler

Hümayun: Padişaha, padişahlığa ait; kutlu, mübarek, saadetli

Hünkâr: Osmanlılarda yalnız padişahlar için kullanılan bir unvan

İçtima: Toplanma, toplantı; askerlerin silahlı ve donatılmış olarak toplanmaları

İhsas: Üstü kapalı anlatma, sezdirme, ima; duyum

İhtimam: Bir şeyin iyi olması için özenerek gayret gösterme, üzerinde dikkatle çalışma, özen, özenme

İhtiyaten: Ne olur ne olmaz düşüncesiyle, her ihtimale karşı, tedbirli davranarak

İhzari: Hazırlık niteliğinde olan, hazırlayıcı; hazırlık sınıfı

İkbal: Osmanlı sarayında padişahlara zevce olmaya aday kız, odalık

İkmal: Eksikliklerini tamamlayıp tam hale getirme, tamamlama; bitirme, sona erdirip tamamlama; bütünleme sınavı

İktifa: Olduğu kadarını yeterli bulma, kâfi görme, fazlasını istememe, yetinme

İlanihaye: Sonuna kadar, sonsuza kadar

İlmiye sınıfı: Osmanlı devlet teşkilatında din, eğitim ve öğretim işleriyle görevli sınıf

İmtizaç: İyi geçinme, uyuşma, anlaşma

İnkişaf: Gelişme, açılma; meydana çıkma, zahir ve aşikâr olma

İsmetli (İsmetlü): Sultan ve şehzade kızları ve hanımları için kullanılan unvan sözü

İstibdat: Uyruklarına hiçbir hak ve özgürlük tanımayan sınırsız monarşi, despotluk, despotizm

İstifra: Kusma, dışarı çıkarma

İşret: İçki içme, içki

İtikat: İnanma, kalben tasdik ederek inanma, inanç, inan; bir dinin, bir mezhebin ibadet dışındaki inanç kısmı; inanılan düşünce

İzdivaç: Evlenme

İzzet-i nefis: Özsaygı; kişinin kendine verdiği değer

Jöntürk: Tanzimat'tan sonra, sosyal ve kültürel bakımdan kendilerine Avrupa'yı örnek alan ve onlar gibi olmaya çalışıp devlet ve milleti de buna zorlayan Genç Osmanlılara 1868'den sonra Batılılarca verilen isim

Jurnal: Biriyle ilgili olarak yetkililere verilen kötüleme, ihbar yazısı; günlük, günce

Kasır: Köşk

Kerime: Kız evlat

Kethüda: Osmanlılarda sadrazamın yardımcısı, devletin iç işlerine bakan kimse; yeniçeri ağasının yardımcısı durumunda olan yeniçeri zabiti

Kolağası: Eskiden orduda yüzbaşı ile binbaşı arasındaki subay rütbesi ve bu rütbedeki subay

Kifayetsiz muhteris: Bir iş için yeter güç ve ehliyete sahip olmadığı halde o konuda harisçe hareketlerde bulunan kimse

Kontes: Kont hanımları için kullanılan unvan

Köçek: Kadın kılığına girip oynayan erkek; ağırbaşlı olmayan kimse

Lahza: Zamanın bölünemeyecek kadar kısa bir parçası, an

Lando: Dört tekerlekli, içinde dingillere paralel olarak düzenlenmiş karşılıklı iki oturma sırası bulunan, üstü açılıp kapanabilen çift körüklü binek arabası

Liyakat: Bir kimsenin, kendisine iş verilmeye uygunluk, yaraşırlık durumu

Maarif: Öğretim ve eğitim sistemi; bilgi ve kültür

Mahdum: Erkek evlat, oğul; kendisine hizmet edilen kimse, efendi

Malul: Hasta, sakat, illetli

Markiz: Bir markinin hanımına verilen unvan; 18. yüzyıl Avrupa'sında çok kullanılan, arkalığı alçak veya arkalıksız koltuk, salon iskemlesi

Maslahatgüzar: Bir büyükelçinin temsilci olarak bulunduğu ülke dışına çıkması durumunda veya o ülkeye gelmesinden önce ona vekâlet eden diplomat, işgüder

Masun: Saklanmış; korunan, korunmuş

Mavna: Gemilere ve yakın kıyılara yük taşıyan, güvertesiz büyük tekne; büyük, üç köşe yelkenli yük gemisi

Medyunu şükran: Şükran, teşekkür borçlu hisseden kimse

Mehd-i ulya: Padişah annelerinin unvanı

Menfi: Olumsuz; her şeyi olumsuz yönden ele alan, her şeyin olumsuz ve kötü taraflarını gören kimse

Menhus: Uğursuz

Mesnet: Dayanak; mevki, makam

Meşihat: Şeyhülislâmın bulunduğu makam, dâire.

Meşrutiyet: Yürütme organının başı durumundaki bir hükümdar yanında, yasama yetkisi kısmen halk tarafından seçilmiş meclis veya meclislerce kullanılan ve nazari de olsa kuvvetler ayrılığı sistemine dayanan yönetim şekli, şartlı monarşi;

Osmanlı Devleti'nde Birinci ve İkinci Meşrutiyet isimleriyle anılan ve 1876, 1908 yıllarında ilan edilen siyasi ve hukuki dönem

Mızıka-yı hümayun: Osmanlı döneminde Batı tarzını benimsemiş ilk bando

Miralay: Albay

Mirliva: Tuğgeneral

Muasır: Çağdaş

Muayede: Bayramlaşma, birbirinin bayramını kutlama

Muharrir: Yazar, edip

Muhasara: Kuşatma, çevirme

Mukallit: Taklitçi kimse

Mukim: Bir yerde, bir evde oturan, eğleşen, ikamet eden

Muttali: Öğrenmiş, haber almış, bilgi edinmiş

Mükellef: Eksiksiz, özenli bir biçimde yapılmış; yükümlü

Müphem: Belirsiz

Müsamaha: Hoşgörü; görmezlikten gelme, göz yumma

Müsavat: Eşitlik, denklik

Müsavi: Eşit

Müspet: Olumlu

Müsrif: Tutumsuz kimse

Müstebit: Zorba

Müşfik: Sevecen, şefkat sahibi kimse

Mütalaa: Herhangi bir konu üzerinde ayrıntılı düşünme ile oluşan görüş ve yorum

Mütedeyyin: Dindar, dinine bağlı kimse

Mutedil: Ilımlı kimse

Naip: Tahtta hükümdar olmadığı zaman veya hükümdarın çocukluğu sırasında devleti yöneten kimse

Name: Mektup
Namütenahi: Sonsuz, ucu bucağı olmayan
Namzet: Aday
Nazır: Bakan, devlet bakanı
Nedamet: Pişmanlık
Okka: 1,282 kilogram veya 400 dirhemlik ağırlık ölçüsü birimi, kıyye
Rahle-i tedris: Birinin bilgisi ve görgüsü altında alınan eğitim
Rastık: Kadınların kaşlarını veya saçlarını boyamak için sürdükleri siyah boya
Refika: Eş, karı
Revolver: Altıpatlar
Rikap: Padişaha ait, pahişahın olan. Saray dilinde padişahın maiyetini oluşturanlar
Rûy-i zemin: Yeryüzünün halifesi
Sabık: Geçen, önccki, eski
Sadaret: Sadrazamlık
Sakıt: Hükmü kalmamış, eski önemini yitirmiş; düşen, düşmüş
Salahiyet: Yetki
Sefir: Elçi
Selis: Akıcı
Suiistimal: Görev, yetki vb.'yi kötüye kullanma
Sulbünden gelmek: Bir kimsenin öz evladı olmak
Sübek: Bazı yerlerde beşikteki çocukların bacakları arasına yerleştirilen sidik şişesi veya sidiği bir kaba akıtacak boru
Sübyan mektebi: İlk tahsilin verildiği okul, mahalle mektebi
Süfera: Sefirler, elçiler
Şehremini: Osmanlı Devleti'nde Tanzimat'a kadar İstanbul'daki saray ve devlet binalarının tamir ve bakımı ile

uğraşan, saraylar için gerekli şeyleri satın alan, haremin maaş ve masraflarına bakan, saray vekilharçlığı yapan görevli; şehremanetinin başında bulunan kimse, belediye başkanı

Şehzade: Padişahların ve oğullarının erkek çocuklarına verilen san

Şer: Kötülük, fenalık

Şilte: Üstünde oturulan, yatılan, içi yünle, pamukla doldurulmuş döşek

Şürekâ: Ortaklar, şerikler

Tahakkuk: Gerçekleşme

Tahkik: Bir şeyin ne olduğunu, doğru olup olmadığını anlamak için yapılan araştırma, soruşturma

Tahkir: Hakaret etme

Tahvilat: Borç senetleri, tahviller

Takdir-i hüda: Allah'ın takdiri

Taksirat: Kusurlar, kabahatler, suçlar

Tatbik: Uygulama

Tavassut: Araya girme, arabuluculuk etme, vasıta olma

Tazarruname: Bir şey istemek için yalvararak yazılan tezkere, mektup veya manzume

Tebdil: Kıyafet değiştirerek halkın arasında gezme; değiştirme, değiştirilme, başka şekle sokma

Teçhiz: Gerekli olan şeylerle donatma

Tefrik: Ayırma, ayırt etme

Tefrişat: Mobilya, döşemenin gerektirdiği bütün parçalar veya eşyanın tümü

Tekfin: Kefenleme

Telkin: Bir duyguyu, bir düşünceyi aşılama

Temenna: Öne doğru eğildikten sonra doğrulurken eli başa götürerek verilen selam

Terakki: İlerleme, yükselme, gelişme

Terennüm: Güzel ve alçak sesle şarkı söyleme; anlatma, ifade etme

Teşrin: Sonbahar

Tevdi: Verme, bırakma

Tevessül: Başlama, girişme

Tezkire: Bir iş için izin verildiğini bildiren resmî kâğıt; divan şairlerinin hayatlarını ve şiirlerini genellikle öznel bir bakış açısıyla değerlendiren eser. Teskere

Ümmü cihan: Bütün cihanın annesi

Vasıl: Ulaşan, varan

Vakka-ı hayriye: 1826'da Yeniçeri Ocağı'nın II. Mahmut tarafından kaldırılması

Veladet: Doğum, doğma, doğuş

Vesvese: Kuruntu

Vükela: Vekiller

Yaşmak: Kadınların ferace ile birlikte kullandıkları, gözleri açıkta bırakan, ince yüz örtüsü

Yeknesak: Tekdüze

Yüksük: Dikiş dikerken, iğnenin batmasını önlemek için parmak ucuna takılan kesik koni biçiminde gereç

Zevce: Eş

Zıll'ullâhi fi: Allah'ın yeryüzündeki gölgesi, Tanrı'nın adeletini yeryüzüne yayan, Tanzimat padişahlarının benimsedikleri unvan